"十四五"时期国家重点出版物出版专项规划项目

 转型时代的中国财经战略论丛 ◢

新时代中国实践
与中国经验研究

Research on
China's Practice and Experience in the New Era

刘华军　孙曰瑶　杨　骞　等著

中国财经出版传媒集团

经济科学出版社
Economic Science Press

图书在版编目（CIP）数据

新时代中国实践与中国经验研究/刘华军
等著．－－北京：经济科学出版社，2022.9
（转型时代的中国财经战略论丛）
ISBN 978 - 7 - 5218 - 4015 - 5

Ⅰ.①新… Ⅱ.①刘… Ⅲ.①中国经济 - 经济发展 -
文集 Ⅳ.①F124 - 53

中国版本图书馆 CIP 数据核字（2022）第 168295 号

责任编辑：宋　涛
责任校对：郑淑艳
责任印制：范　艳

新时代中国实践与中国经验研究

刘华军　孙曰瑶　杨　骞　等著

经济科学出版社出版、发行　新华书店经销

社址：北京市海淀区阜成路甲 28 号　邮编：100142

总编部电话：010 - 88191217　发行部电话：010 - 88191522

网址：www. esp. com. cn

电子邮箱：esp@ esp. com. cn

天猫网店：经济科学出版社旗舰店

网址：http：//jjkxcbs. tmall. com

北京季蜂印刷有限公司印装

710 × 1000　16 开　19.75 印张　300000 字

2022 年 9 月第 1 版　2022 年 9 月第 1 次印刷

ISBN 978 - 7 - 5218 - 4015 - 5　定价：79.00 元

（图书出现印装问题，本社负责调换。电话：010 - 88191510）

（版权所有　侵权必究　打击盗版　举报热线：010 - 88191661

QQ：2242791300　营销中心电话：010 - 88191537

电子邮箱：dbts@ esp. com. cn）

总　序

　　"转型时代的中国财经战略论丛"是山东财经大学与经济科学出版社在"十三五"系列学术著作的基础上，在"十四五"期间继续合作推出的系列学术著作，属于"'十四五'时期国家重点出版物出版专项规划项目"。

　　自 2016 年起，山东财经大学就开始资助该系列学术著作的出版，至今已走过 6 个春秋，期间共资助出版了 122 部学术著作。这些著作的选题绝大部分隶属于经济学和管理学范畴，同时也涉及法学、艺术学、文学、教育学和理学等领域，有力地推动了我校经济学、管理学和其他学科门类的发展，促进了我校科学研究事业的进一步繁荣发展。

　　山东财经大学是财政部、教育部和山东省人民政府共同建设的高校，2011 年由原山东经济学院和原山东财政学院合并筹建，2012 年正式揭牌成立。学校现有专任教师 1690 人，其中教授 261 人、副教授 625 人。专任教师中具有博士学位的 982 人，其中入选青年长江学者 3 人、国家"万人计划"等国家级人才 11 人、全国五一劳动奖章获得者 1 人、"泰山学者"工程等省级人才 28 人，入选教育部教学指导委员会委员 8 人、全国优秀教师 16 人、省级教学名师 20 人。近年来，学校紧紧围绕建设全国一流财经特色名校的战略目标，以稳规模、优结构、提质量、强特色为主线，不断深化改革创新，整体学科实力跻身全国财经高校前列，经管类学科竞争力居省属高校首位。学校现拥有一级学科博士点 4 个，一级学科硕士点 11 个，硕士专业学位类别 20 个，博士后科研流动站 1 个。在全国第四轮学科评估中，应用经济学、工商管理获 B＋，管理科学与工程、公共管理获 B－，B＋以上学科数位居省属高校前三甲，学科实力进入全国财经高校前十。2016 年以来，学校聚焦内涵式发展，全面实施了科研强校战略，取得了可喜成绩。获批国家级课题项目 241 项，教育部及其他省部级课题项目 390 项，承担各级各类横向课题 445 项；教师共发表高水平学术论文 3700 余篇，出版著作 323 部。同时，新增了山东省重点实验室、山东省重点新型智库、山东省社科理论重点研究基地、山东省协同创新中心、山东省工程技术研究中心、山东省两化融合促进中心等科研平台。学校的发展为教师从事科学研究提供了广阔的平台，创造了更加良好的学术生态。

"十四五"时期是我国由全面建成小康社会向基本实现社会主义现代化迈进的关键时期，也是我校合校以来第二个十年的跃升发展期。今年党的二十大的胜利召开为学校高质量发展指明了新的方向，建校 70 周年暨合并建校 10 周年校庆也为学校内涵式发展注入了新的活力。作为"十四五"时期国家重点出版物出版专项规划项目，"转型时代的中国财经战略论丛"将继续坚持以马克思列宁主义、毛泽东思想、邓小平理论、"三个代表"重要思想、科学发展观、习近平新时代中国特色社会主义思想为指导，结合《中共中央关于制定国民经济和社会发展第十四个五年规划和二〇三五年远景目标的建议》以及党的二十大精神，将国家"十四五"期间重大财经战略作为重点选题，积极开展基础研究和应用研究。

"十四五"时期的"转型时代的中国财经战略论丛"将进一步体现鲜明的时代特征、问题导向和创新意识，着力推出反映我校学术前沿水平、体现相关领域高水准的创新性成果，更好地服务我校一流学科和高水平大学建设，展现我校财经特色名校工程建设成效。通过向广大教师提供进一步的出版资助，鼓励我校广大教师潜心治学，扎实研究，在基础研究上密切跟踪国内外学术发展和学科建设的前沿与动态，着力推进学科体系、学术体系和话语体系建设与创新；在应用研究上立足党和国家事业发展需要，聚焦经济社会发展中的全局性、战略性和前瞻性的重大理论与实践问题，力求提出一些具有现实性、针对性和较强参考价值的思路和对策。

山东财经大学校长

2022 年 10 月 28 日

前　言

　　量化分析必须要与时代发展实践密切结合才有旺盛的生命力。2021年11月召开的中国共产党第十九届六中全会做出了《中共中央关于党的百年奋斗重大成就和历史经验的决议》（以下简称《决议》），聚焦总结了中国共产党百年历史成就和奋斗经验，突出了中国特色社会主义新时代这个重点，特别是着重总结了十八大以来党和国家事业取得的历史性成就、发生的历史性变革。学习贯彻并深入阐释好《决议》精神成为科研工作者的一项重要任务。

　　党的十九届六中全会闭幕之后，山东财经大学经济增长与绿色发展科研团队、经济数据量化分析教学创新团队立即组织团队成员围绕《决议》开展深入学习研讨，加深对《决议》精神的认识。2021年12月，科研团队决定发挥团队在经济数据量化分析上积累的科研优势，重点选择几个领域开展深入的阐释工作。考虑到近年来科研团队的研究领域主要集中在经济增长与绿色发展，为此经过团队成员反复讨论酝酿，设定了9个主题，分别是创新驱动发展、能源革命、大气污染治理、减污降碳协同效应、减污降碳协同推进与中国3E绩效、绿色发展、农业绿色发展、乡村振兴、民生发展。

　　经济数据量化分析工具多种多样，在本书撰写中，我们采用的基本量化分析工具有数据包络分析、核密度估计、Markov链分析、熵值法等，我们试图用简洁的量化分析工具阐释新时代中国发展取得的重大成就。在本书撰写过程中，孙日瑶教授提供了大量富有建设性的意见，对于完成本书做出巨大贡献。同时，本书撰写过程中，吸收了团队成员和部分研究生参与，从研究生培养角度，这也是我们团队研究生学术训练的一个成果。具体如下：创新发展（杨骞、刘华军、陈晓英、田震）、能源革命（刘华军、石印、乔列成、郭立样）、大气污染治理（刘华军、邵明吉、孙东旭、郭立祥）、减污降碳协同效应（刘华军、郭立样、乔列成）、减污降碳协同推进与3E绩效（刘华军、乔列成、郭立样）、绿色发展（刘华军、邵明吉、孙东旭）、农业绿色发展（杨骞、刘华军、司祥慧）、乡村振兴战略（杨骞、刘华军、祝辰辉）、民生发展（刘华军、吴倩敏）。

　　由于时间仓促，书中难免存在疏漏之处，有任何问题，请联系：刘华军，huajun99382@163.com，我们将及时订正。

2022 年 3 月于泉城

目　录

第一章 新时代的中国创新之路

本章简介: 党的十八大以来,中国坚持把创新作为引领发展的第一动力,成功探索出一条从人才强、科技强,到产业强、经济强、国家强的创新之路。本章聚焦新时代中国创新发展,从基本逻辑、战略思想、实践历程和重大成就四个方面系统总结梳理新时代创新发展的中国实践和中国道路。新时代的中国创新发展是马克思主义创新理论的当代中国化;从要素驱动向创新驱动转变则是高质量发展的内在要求。"三个必然选择"则突出了新时代中国实施创新驱动发展战略的实践导向和问题导向。在习近平总书记关于创新发展重要论述的指引下,中国围绕人才资源、自主创新、基础研究、新兴产业、创新高地、科技成果转化和体制机制等推出一系列重大举措,创新之路迈出坚实步伐。文章基于客观翔实的数据和科学可靠的方法,真实立体全面展现了新时代中国创新发展取得的重大成就。进入新时代的 10 年间,中国的创新投入持续增加,创新产出显著增长,创新环境日趋完善,创新效率不断提高,科技进步贡献率明显上升,数字经济加快发展,创新高地加速崛起,创新型国家建设取得重大进展,在全球创新版图的地位不断提升,建设世界科技强国迈出重要步伐。面向新时期创新发展的新任务新要求,中国应着力加快科技创新赋能高质量发展、推动研发和品牌两端发力、深化创新体制机制改革、加快人才和创新高地建设、推进科技对外开放,为新时期构建新发展格局和实现高质量发展提供更加有力支撑。

第一节 引 言

惟创新者进,惟创新者强,惟创新者胜。党的十八大作出了实施创新驱动发展战略的重大部署，将科技创新摆在国家发展全局的核心位置。党的十八届五中全会鲜明提出了创新、协调、绿色、开放、共享的新发展理念，深刻回答了发展的目的、动力、方式、路径等一系列重大理论和现实问题，成为解决好新发展阶段发展不平衡不充分问题的行动指南和实现"两个一百年"奋斗目标的思想指引。把创新摆在五大发展理念之首，突出强调了创新在中国经济社会发展中的重要地位。党的十九大对加快建设创新型国家作出了系统部署，确立了到2035年跻身创新型国家前列的战略目标。党的十九届五中全会明确提出坚持创新在我国现代化建设全局中的核心地位，把科技自立自强作为国家发展的战略支撑，中国对创新的重视达到前所未有的高度。党的十九届六中全会审议通过的《中共中央关于党的百年奋斗重大成就和历史经验的决议》强调指出，党坚持实施创新驱动发展战略，把科技自立自强作为国家发展的战略支撑，健全新型举国体制，强化国家战略科技力量，加强基础研究，推进关键核心技术攻关和自主创新，强化知识产权创造、保护、运用，加快建设创新型国家和世界科技强国。党的十八大以来，中国科技实力成功从量的积累迈向质的飞跃、从点的突破迈向系统能力提升，科技事业发生历史性、整体性、格局性重大变化，成功进入创新型国家行列，走出了一条人才强、科技强，到产业强、经济强、国家强的发展道路。自2012年11月召开党的十八大以来，中国特色社会主义新时代已经走过了十年，新时代中国创新之路也走过了十年。中国坚持创新发展的基本逻辑是什么？围绕创新发展形成了哪些重要思想？进入新时代以来的十年间中国是如何深入推进创新发展的？取得了哪些重大成就？面对新时期复杂的国际国内形势，中国如何继续走好创新之路？系统回答好上述问题，不仅有助于展示新时代中国创新发展取得的重大成就，而且对于持续深入实施创新驱动发展战略，建设世界科技强国，实现第二个百年奋斗目标具有重大意义。

创新是学界关注的热点问题，大量研究围绕中国创新发展的意义、实现路径等进行了理论探讨，并从不同侧面考察了创新发展的成效。第一，关于中国创新发展的重要意义，现有研究基于经济发展方式转变、人口红利、全球价值链、科技革命等视角进行了深入考察。蔡昉（2013）认为，随着"人口红利"逐渐减弱，经济增长方式迫切需要依靠创新向全要素生产率支撑型模式转换。卫兴华（2013）从经济发展方式转变及新一轮科技革命和产业变革浪潮出发，探讨了中国创新发展的紧迫性。洪银兴（2020）认为，创新对于中国攀升全球价值链中高端具有重要意义。第二，关于创新发展的内涵。秦宣（2015）认为，创新是一个系统工程，涉及生产力、生产关系的全要素、全系统、全方位变革。任保平和郭晗（2013）、陈诗一（2017）认为，创新驱动是包括科技、社会、文化等各个领域的综合创新。钱颖一等（2016）从科技创新、管理创新、商业模式创新、制度创新等方面对国家创新驱动发展战略进行了深入解读。邹吉忠（2021）认为，加强自主创新，实现高水平科技自立自强，需要从应用创新、增量创新、集成创新、范式创新 4 个方面发力。第三，关于中国创新发展的实践历程。黄群慧等（2020）基于中国对建设创新型国家的探索和对创新发展理念的再认识，回顾了党的十八大以来中国创新发展的实践历程。樊继达（2018）从创新强国论、创新地位论、创新"换场"论等方面系统梳理了党的十八大以来中国创新发展实践。陈劲和吴欣桐（2021）围绕企业创新活动、数字化发展、国家创新体系、教育发展、中华传统文化等方面总结了中国建设创新强国的探索。杨骞等（2022）从国家战略、顶层设计、创新发展成果和地方实践 4 个层面总结了进入新时代以来创新发展的中国实践。第四，关于中国创新发展取得的成效。国家统计局从创新环境、创新投入、创新产出、创新成效 4 个维度构建创新能力评价指标体系，对 2005 ～ 2020 年中国创新指数进行了测度。中国科学技术发展战略研究院自 2011 年以来连续发布 10 期《国家创新指数报告》，从创新资源、知识创造、企业创新、创新绩效和创新环境 5 个维度构建国家创新指数的指标体系，考察了包括中国在内的 40 个国家的创新发展情况。中国科技发展战略研究小组和中国科学院大学中国创新创业管理研究中心自 1999 年起连续 21 年发布《中国区域创新能力评价报告》，从企业创新、创新绩效、知识创造、知识获取、创新环境 5 个维度构建指标体系，对中国省际层面的创新能力开展综合评价。此外，还有文献基于 DEA 模型从创新效率层面考察中国创新发展的成效（白俊红和蒋伏心，2015；杨骞和刘鑫鹏，2021）。第五，关于中国创新发展的路径及重点问题。2020 年国家发改委创新和高技术发展司和创新驱动发展中心编写了《深入实施创新驱动发展战略》，从建设新设施、突破新技术、发展新产业、用好新要素、做强新高地、构建新生态等方面提出相关建议。任平（2021）认为中国坚持创新发展要以国家"导航"、以企业"引航"、以人才"起航"、以制度"护航"。陈劲和吴欣桐（2021）围绕创新发展新格局、新重点、新动力、新范式和新方向，探索中国自主创新体系的构建路径。

创新是一个民族进步的灵魂，是一个国家兴旺发达的不竭动力，也是中华民族最深沉的民族禀赋。在全面建成小康社会，开启第二个百年奋斗目标的新时期，本章聚焦新时代的中国创新发展，开展了以下三个方面的工作：第一，深刻回答新时代中国为什么坚持走创新之路这一重大认识问题。围绕马克思主义创新理论，系统梳理新时代中国创新发展的理论渊源；借助宏观生产函数深入阐述创新发展的理论逻辑；基于习近平总书记关于创新驱动发展战略的"三个必然选择"重要论述，从国家战略高度深刻阐释创新发展的现实逻辑。第二，基于党的十八大以来习近平总书记关于创新发展的一系列重要论断，梳理总结新时代中国创新发展的战略思想和实践历程。从发展理念、战略位置、战略目标和战略任务等方面，深入阐释中国创新发展的战略思想。从人才资源、自主创新、基础研究、新兴产业、创新高地、科技成果转化和体制机制等层面细致梳理中国创新发展的实践历程。第三，运用客观翔实的数据和科学可靠的量化分析工具，从全球、全国、区域、创新高地等不同空间层面开展量化分析，真实立体全面展现新时代中国创新发展取得的重大成就。在全球层面，采用世界知识产权组织（WIPO）① 发布的全球创新指数考察中国在国际创新版图中的地位及其演变趋势。在全国层面，从创新投入、创新产出、创新环境、创新效率、科技进步贡献率②、数字经济核心产业增加值及其占比③等维度对新时代中国创新发展的重大成就开展量化分析。在区域层面，从创新投入、创新产出、创

---

① 资料来源：世界知识产权组织发布的《全球创新指数报告》，https：//www. wipo. int/ global_innovation_index/zh/。

② 《中国科技统计年鉴》对科技进步贡献率的解释为：指广义技术进步对经济增长的贡献份额，它反映在经济增长中投资、劳动和科技三大要素作用的相对关系。其基本含义是扣除了资本和劳动后科技等因素对经济增长的贡献份额。

③ 考虑到"十四五"规划将数字经济核心产业增加值占 GDP 比重作为创新驱动的主要指标之一，因此将数字经济核心产业增加值及其占 GDP 比重纳入衡量全国层面创新驱动发展成就的多维度指标中。

新环境和创新效率等维度出发，对四大区域①创新发展的重大成就进行量化分析。同时，围绕京津冀、长三角和粤港澳三大创新集聚区②的创新发展开展量化分析，深入考察新时代中国创新高地建设进展，并进一步对北京、上海和深圳三个城市的创新高地建设成就进行总结。第四，面向构建新发展格局和推动高质量发展对创新发展提出的新任务新要求，就新时期如何更加深入推动创新发展进行展望，为建设世界科技强国提供决策参考。

第二节　新时代中国创新发展的基本逻辑

理论指导实践，实践催生理论。新时代中国坚持走创新之路，必须系统梳理新时代中国创新发展的理论渊源，深入阐述创新发展理论逻辑，深刻阐释其现实逻辑，这是新时代中国坚持走创新之路的认知基础。

一、理论渊源

奥地利经济学家熊彼特在《经济发展理论》一书中首次提出"创新"概念，然而，在对创新理论溯渊时，大量学者认为创新可以追溯到马克思的创新理论（保罗·斯威齐，1942；陈宇学，2014；郑烨和吴建南，2017）。当代西方著名的进步经济学家保罗·斯威齐（1942）指出，熊彼特的创新理论在于用生产技术和生产方法的变革来解释资本主义的基本特征和经济发展过程，熊彼特的理论与马克思的理论具有某些

---

① 四大区域分别为东部、中部、西部和东北地区。其中，东部地区包括北京、天津、河北、山东、江苏、浙江、上海、福建、广东、海南10个省份；中部地区包括山西、河南、安徽、江西、湖北、湖南6个省份；西部地区包括内蒙古、广西、重庆、四川、贵州、云南、陕西、甘肃、青海、宁夏、新疆11个省份；东北地区包括辽宁、吉林、黑龙江3个省份。

② 根据中国科技发展战略研究小组等发布的《中国区域创新能力评价报告2021》，中国已经基本形成了多个创新集聚区：以北京为中心的京津冀创新集聚区，以上海为中心的长三角创新集聚区，以广东为中心的珠三角创新集聚区，以成都、重庆、武汉、西安为中心的区域性创新集聚区。本章选取京津冀、长三角、粤港澳三大创新集聚区。其中，京津冀创新集聚区包括北京、天津、河北3个省份；长三角创新集聚区包括江苏、浙江、上海、安徽4个省份；基于数据的可得性，粤港澳创新集聚区仅包括广东。

惊人的相似之处。《新帕尔格雷夫经济学大辞典》指出："马克思恐怕领先于其他任何一位经济学家把技术创新看作为经济发展与竞争的推动力。"马克思主义理论体系蕴含丰富且独特的创新思想，构成了新时代中国创新驱动发展的理论渊源。

在马克思的经典著作中，他用"机器""技术""发明""科学技术"等表示技术的含义，"机器为基础的生产方式的变革""资本有机构成的变化"等表示技术创新的含义，用"劳动生产率"的变化、"资本有机构成"的变化等来表示技术创新的进步程度。同时，马克思认为科学技术创新和制度创新之间存在着相互依存关系，提出了"手推磨产生的是封建主为首的社会，蒸汽磨产生的是工业资本家为首的社会"①"随着一旦已经发生的、表现为工艺革命的生产力革命，还实现着生产关系的革命"② 等观点，从生产力和生产关系视角，生动反映了科学技术对制度创新的促进作用。

马克思高度重视科学技术和生产力的关系，他在 1857～1858 年《经济学手稿》中提出了"生产力中也包括科学"③"另一种不费资本分文的生产力，是科学的力量"④ 等一系列创造性观点，不仅是对生产力构成的理论分析，也是对科学地位的重要判断。马克思进一步指出"科学获得的使命是：成为生产财富的手段，成为财富的手段"⑤。马克思认为科学技术进步推动生产力不断提高，强调"劳动生产力是随着科学和技术的不断进步而不断发展的"⑥。此外，马克思经典著作中也可以发现有关科学技术决定生产力的重要表述。例如，马克思在《资本论》中提出，生产力是由多种因素决定的，"包括科学的发展水平和它在工艺上应用的程度"⑦"现实财富的创造较少地取决于劳动时间和已耗费的劳动量，……，相反地却取决于一般的科学水平和技术进步，或者说取决于科学在生产上的应用"⑧，以上论述隐含着科学技术是生产力发

---

① 《马克思恩格斯选集》，人民出版社 1972 年版，第 108 页。
② 《马克思恩格斯全集（第 47 卷）》，人民出版社 1979 年版，第 472～473 页。
③ 《马克思恩格斯全集（第 46 卷）（下册）》，人民出版社 1980 年版，第 211 页。
④ 《机器。自然力和科学的应用》，人民出版社 1978 年版，第 190 页。
⑤ 《马克思恩格斯文集（第 8 卷）》，人民出版社 2009 年版，第 357 页。
⑥ 《马克思恩格斯文集（第 5 卷）》，人民出版社 2009 年版，第 698 页。
⑦ 《马克思恩格斯文集（第 5 卷）》，人民出版社 2009 年版，第 53 页。
⑧ 《马克思恩格斯全集（第 46 卷）（下册）》，人民出版社 1980 年版，第 217 页。

展根本动力的重要思想。马克思认为，生产和社会的需要是科学技术不断提高的动力。马克思指出，"机器劳动这一革命因素是直接由于需求超过了用以前的生产手段来满足这种需求的可能性引起的"①"社会一旦有了技术上的需求，则这种需要就会比十所大学更能把科学推向前进"②。马克思关于科学技术和生产力的重要论述，蕴含着丰富的创新思想，为后续研究创新理论奠定了重要的基础。

　　马克思创新思想是马克思主义的重要组成部分，中国共产党人将马克思主义的创新理论与中国具体实践相结合，继承和创新了马克思主义科技创新思想，形成了中国特色的马克思主义创新思想。毛泽东发出"向科学进军"的号召，开启了中国科技创新事业的良好开端，具有里程碑意义；邓小平同志基于马克思的"科学技术是生产力"的论断进一步提出了"科学技术是第一生产力"③，对科学技术的重要性认识提升到新阶段，深刻揭示了科学技术对经济发展的重要作用；江泽民同志继承了邓小平同志"科学技术是第一生产力"思想，指出科学技术是"先进生产力的集中表现和主要标志"④，不断深化科学技术和生产力的认识；胡锦涛同志确立建设创新型国家的目标，并提出要"坚持走中国特色自主创新道路，把增强自主创新能力贯彻到现代化建设各个方面"⑤。党的十八大以来，习近平总书记将马克思主义基本理论和中国特色社会主义实践相结合，坚持马克思主义政治经济学的基本立场、基本原理和基本方法，围绕创新发展提出一系列重要论断，作出了许多原创性理论贡献。这是习近平总书记对马克思主义创新发展理论和马克思主义中国化规律的新把握新认识，不仅极大丰富了马克思主义创新理论，而且实现了马克思主义创新理论中国化的重大突破，开辟了中国特色社会主义政治经济学新境界。

二、理论解释

　　创新发展致力于促进发展方式从要素驱动转向创新驱动，且具有坚

---

①　《马克思恩格斯全集（第47卷）》，人民出版社1979年版，第472页。
②　《马克思恩格斯全集（第39卷）》，人民出版社1980年版，第198页。
③　《邓小平文选（第3卷）》，人民出版社1993年版，第274页。
④　《江泽民文选（第3卷）》，人民出版社2006年版，第275页。
⑤　《胡锦涛文选（第2卷）》，人民出版社2016年版，第629页。

实的理论基础。假设一个国家或地区的生产函数是 $y = l(x)$。该生产函数表示投入 x 和产出 y 之间的技术关系，满足 $l'(x) > 0$，$l''(x) < 0$。$l'(x) > 0$ 表示该生产函数满足单调性，即产出随着生产要素投入的增加而增加。$l''(x) < 0$ 表示边际报酬递减规律（The Law of Diminishing Marginal Return），即随着生产要素的增加，每增加一单位生产要素所带来的产出增量是减少的。

对于一个国家或地区来说，要素驱动发展在一定时期内具有重要意义，然而长期依靠要素驱动的外延型增长模式是不可持续的。根据图 1-1（a），假定一个国家或地区的要素投入为 x_1，对应的产出是 y_1。在 $y = l(x)$ 技术水平的约束下，实现经济增长必须依靠要素投入增加，若要素投入从 x_1 增加至 x_2，对应的产出将从 y_1 增加至 y_2。y_1 对应着经济发展的初期产量，此时经济体量较小，随着要素不断增加，经济体量不断增大至 y_2。由于存在边际报酬递减规律，依靠要素投入增加扩大产出的效果是不断减弱的。假定在上述两个不同的阶段增加相同投入量 Δx，即要素投入分别增加至 x_1' 和 x_2'，相应的产出分别增加至 y_1' 和 y_2'，产出增加量分别为 Δy_1 和 Δy_2，由于存在边际报酬递减规律，$\Delta y_1 > \Delta y_2$[①]。换言之，如果在（x_1，y_1）和（x_2，y_2）两个不同的阶段，若要通过增加要素投入获得相同的产出增加量，即 $\Delta y_1 = \Delta y_2$，那么（x_2，y_2）阶段下需要增加的投入量 $\Delta x'$ 远大于（x_1，y_1）阶段需要增加的投入量 Δx，即 $\Delta x' > \Delta x$[②]。在技术水平不变的情况下，只能依靠要素的过度投入来抵销边际报酬递减规律。上述分析表明，一个国家经济体量较小时，边际报酬递减的作用较弱，要素驱动型的增长方式可以为该国经济发展带来较大的驱动力。从中国发展实践来看，改革开放后中国利用人口红利和资源优势实现了经济快速增长，然而随着人口红利的逐渐消退和资源环境问题日趋严峻，依靠要素驱动的外延型增长模式难以为继，经济增长方式迫切需要转变。

---

① 由 $l''(x) < 0$，得出 $l'(x_1) > l'(x_2)$（$x_1 < x_2$），因为 $\Delta y_1 = l'(x_1) \times \Delta x$，$\Delta y_2 = l'(x_2) \times \Delta x$，所以产出增加幅度 $\Delta y_1 > \Delta y_2$。

② 由 $l''(x) < 0$，得出 $l'(x_1) > l'(x_2)$（$x_1 < x_2$），因为 $\Delta y_1 = l'(x_1) \times \Delta x$，$\Delta y_2 = l'(x_2) \times \Delta x'$，所以要使产出增加幅度 $\Delta y_1 = \Delta y_2$，即 $l'(x_1) \times \Delta x = l'(x_2) \times \Delta x'$，那么一定有 $\Delta x' > \Delta x$。

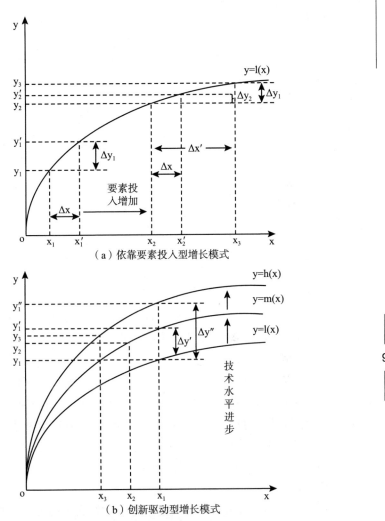

图 1-1 要素驱动转向创新驱动的理论解释

资料来源：笔者绘制。

从要素驱动转向创新驱动是中国经济发展到一定时期的必然选择。根据图 1-1（b），在 $y=l(x)$ 技术水平的约束下，要素投入 x_1 对应的产出为 y_1。在生产要素投入不变的情况下，技术水平进步可以实现产出增加，即生产函数由 $y=l(x)$ 移动到 $y=m(x)$，此时产出增加至 y_1'，产出增加量为 $\Delta y'$。若技术水平进一步提高，则产出将继续增加。假设生产函数由 $y=m(x)$ 移动到 $y=h(x)$，相应产出增加至 y_1''。相较于 y_1，此时

的产出增加量为 $\Delta y''$，这意味着技术进步在要素投入不变的情况下，可以实现产出增加。不仅如此，当生产函数由 $y = l(x)$ 移动到 $y = m(x)$，要素投入由 x_1 减少至 x_2，相应的产出从 y_1 增加至 y_2。当生产函数继续由 $y = m(x)$ 移动到 $y = h(x)$，要素投入由 x_2 进一步减少至 x_3，相应的产出从 y_2 增加至 y_3。这意味着，只有通过创新不断推动技术进步，才可以实现更少的要素投入获得更多的产出。从中国情况看，在边际报酬递减规律的作用下，"高投入、高消耗"的经济发展模式不可持续，同时中国资源环境承载能力达到瓶颈，旧的生产函数组合方式难以为继。中国持续深入实施创新驱动发展战略，坚持创新驱动的内涵型增长模式，不仅有助于提升经济发展的质量和效率，而且可以为经济发展提供取之不尽用之不竭的重要动力。

三、现实逻辑

2016 年 5 月 30 日，习近平总书记在全国科技创新大会、两院院士大会、中国科协第九次全国代表大会的讲话中指出[①]，实施创新驱动发展战略，是应对发展环境变化、把握发展自主权、提高核心竞争力的必然选择，是加快转变经济发展方式、破解经济发展深层次矛盾和问题的必然选择，是更好引领中国经济发展新常态、保持中国经济持续健康发展的必然选择。习近平总书记立足党和国家事业发展大局，围绕创新驱动发展战略的"三个必然选择"，从国家战略高度把握新时代中国创新发展大势，深刻阐明新时代中国坚定不移走创新之路的现实逻辑。

第一，实施创新驱动发展战略，是应对发展环境变化、把握发展自主权、提高核心竞争力的必然选择。从发展环境看，中国创新发展面临良好的机遇，也面临严峻挑战。国际上，全球科技创新进入密集活跃期，以智能化、数字化、网络化为核心特征的新一轮科技革命和产业变革，正从导入期转变为拓展期（谢伏瞻，2019）。第五代移动通信（5G）、人工智能、物联网、大数据等新一代信息技术加快突破应用，经济活动的数字化、智能化使得劳动、资本等传统生产要素的相对地位

---

① 资料来源：中国政府网，网址：http: // www. gov. cn/ xinwen/ 20105/30/ content _ 5078085. htm#1。

下降，技术、数据、人力资本等新要素成为促进新时期经济发展的重要力量和各国竞争的新战场（陈昌盛等，2020）。中国与前几次科技革命和工业革命失之交臂（见图1-2），处于技术辐射和技术扩散的外围区域，与中心地位的英美等发达国家在创新方面存在较大落差（王一鸣等，2020）。但是经过改革开放40多年的快速发展，中国创新能力明显提升。面对新一轮科技革命和产业变革的重大机遇和挑战，中国在继续发挥好后发优势的同时，以"非对称"的策略加快在科技创新领域"换道超车"，抢占创新发展的战略制高点。正如2013年9月30日，习近平总书记在十八届中央政治局第九次集体学习时的讲话中所指出的①，要紧紧抓住和用好新一轮科技革命和产业变革的机遇，把创新驱动发展作为面向未来的一项重大战略实施好。

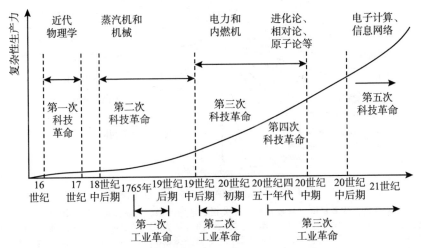

图1-2 中国科技革命和工业革命的历程演变

资料来源：笔者根据《世界正处在新科技革命前夜》（白春礼，2013）一文整理绘制科技革命发展阶段；根据传统工业史研究提出的以工业"通用技术"的突破为依据来界定工业发展阶段。

从发展自主权看，中国关键核心技术亟待突破。作为世界第二大经济体，中国具有相对完备的产业体系，但部分现代产业体系中基础性、

————————————

① 资料来源：中国政府网，网址：http://www.gov.cn/ldhd/2013 – 10/01/content_2499370.htm。

战略性和先导性的产业长期受制于人，严重威胁中国的产业链供应链安全稳定。2018年《科技日报》推出系列文章对制约中国工业发展的芯片、光刻机、触觉传感器、扫描电镜、核心算法等35项"卡脖子"技术进行了连续报道（见图1-3）。以芯片产业为例，中国芯片消费量超过美洲和欧洲总和，约占全球消费量33%，但芯片自给比例仅为10%左右（韩振等，2021）。中国芯片大量依靠进口，2013年中国芯片进口

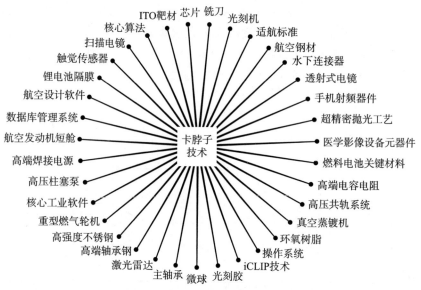

图1-3 中国35项"卡脖子"技术清单

资料来源：笔者根据《科技日报》相关报道整理绘制。其中，光刻机（2018年4月19日）、芯片（2018年4月20日）、操作系统（2018年4月23日）、航空发动机短舱（2018年4月24日）、触觉传感器（2018年4月25日）、真空蒸镀机（2018年4月26日）、手机射频器件（2018年5月7日）、iCLIP技术（2018年5月8日）、重型燃气轮机（2018年5月9日）、激光雷达（2018年5月10日）、适航标准（2018年5月11日）、高端电容电阻（2018年5月14日）、核心工业软件（2018年5月17日）、ITO靶材（2018年5月18日）、核心算法（2018年5月22日）、航空钢材（2018年5月23日）、铣刀（2018年5月24日）、高端轴承钢（2018年5月25日）、高压柱塞泵（2018年5月28日）、航空设计软件（2018年5月30日）、光刻胶（2018年5月31日）、高压共轨系统（2018年6月4日）、透射式电镜（2018年6月6日）、掘进机主轴承（2018年6月7日）、微球（2018年6月12日）、水下连接器（2018年6月13日）、燃料电池关键材料（2018年6月14日）、高端焊接电源（2018年6月20日）、锂电池隔膜（2018年6月21日）、医学影像设备元器件（2018年6月25日）、超精密抛光工艺（2018年6月26日）、环氧树脂（2018年6月27日）、高强度不锈钢（2018年6月28日）、数据库管理系统（2018年7月2日）、扫描电镜（2018年7月3日）等35项"卡脖子"技术均来自《科技日报》第01版。

费用达到 2000 多亿美元，超过石油进口额。特别是处理器、控制器、存储器等高端芯片，对外依赖程度最高（张百尚和商惠敏，2019）。作为芯片制造过程中最复杂和最昂贵的关键设备，光刻机生产也是中国被严重"卡脖子"的领域。"十二五"科技成就展览上，上海微电子装备公司（SMEE）生产的中国最好的光刻机加工精度为 90 纳米，而此时国外顶级光刻机已做到了十几纳米（高博，2018），且对中国封锁禁售。关键核心技术是要不来、买不来、讨不来的。2020 年 8 月 24 日，习近平总书记在经济社会领域专家座谈会上提出"我们更要大力提升自主创新能力，尽快突破关键核心技术"，[①] 从长远发展的视角为中国突破"卡脖子"技术难题指明了方向。

从核心竞争力看，中国经济实力与核心竞争力不相匹配。伴随着改革开放以来经济的快速发展，中国经济体量逐渐壮大。但从国家竞争力视角看，中国依然相对较弱。这是因为国家竞争力问题不仅涉及经济领域，而是一个跨学科的范畴（裴长洪和王镭，2002）。与美国和日本相比，中国经济总量上升幅度最大，2010 年超过日本，成为世界第二大经济体，此后仍然保持较快的增长速度，中美经济总量的差距进一步缩小，这意味着中国经济建设取得了重大成就，且保持良好增长态势。然而，随着中国经济体量逐渐壮大，核心竞争力并没有明显提升。如图 1-4 所示，相较于一些发达国家，中国国家竞争力排名始终靠后，尽管在 2007～2011 年有所上升，但与美国和日本相比仍有较大差距。波特（Porter，1990）在《国家竞争优势》中指出，一个国家竞争力取决于其行业的创新和升级能力，科技创新是增强国家核心竞争力的决定性因素。2013 年 10 月 7 日，习近平总书记在亚太经合组织工商领导人峰会上提出"要不断提高创新能力，用创新培育新兴产业，用创新发掘增长动力，用创新提升核心竞争力"，[②] 为中国增强国家核心竞争力提供行动指南。

13

---

① 资料来源：新华网，网址：https：//baijiahao. baidu. com/s? id = 16759221091513480 77&wfr = spider&for = pc。

② 资料来源：中国政府网，网址：http：//www. gov. cn/ldhd/2013 - 10/08/content _ 2501676. htm。

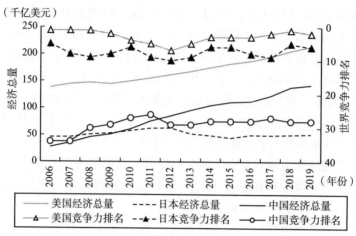

（千亿美元）

图1-4 中国与美国和日本经济总量和竞争力的比较
资料来源：笔者根据世界经济组织和世界银行的相关数据整理绘制。

第二，实施创新驱动发展战略，是加快转变经济发展方式、破解经济发展深层次矛盾和问题的必然选择。一方面，过度依靠要素投入支撑经济增长和规模扩张的方式已不可持续。改革开放40多年以来，中国经济实现了快速增长，但发展不持续问题也相继凸显。一是人口红利逐渐消失（蔡昉，2010）。已有研究表明，中国人口抚养比每下降1个百分点，人均GDP增长率就会提高0.115个百分点（Cai and Wang, 2005）。然而，中国的人口优势正逐渐减弱。中国劳动年龄人口（15~64岁）数量在2012年左右开始进入下降通道，中国即将面临劳动力供给收缩的挑战（见图1-5（a））。同时，就业人员平均工资水平以10%的年均增长率上升，这意味着中国劳动力成本优势也在递减。二是经济发展与资源环境的矛盾日益凸显（张小筠和刘戒骄，2019）。从中国能源消费情况看，中国能源消费量保持着5.30%的年均增长速度，且在2009年成为世界第一大能源消费国（见图1-5（b））。能源消费对中国经济增长的贡献不可忽视，但巨大的能源消费量造成中国CO_2排放量持续上升，2006年中国超过美国成为全球碳排放最多的国家（Gregg et al., 2008）。综上，以要素数量扩张方式驱动经济高增长问题突出。2014年6月9日，习近平总书记在两院院士大会上的讲话中指出"主要依靠资源等要素投入推动经济增长和规模扩张的粗放型发展方式是不可持续的"，强调要"加快从要素驱动、投资规模驱动发展为主向以创新驱动发展为主的转变上"。①

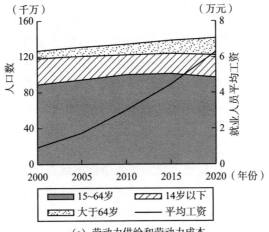

（a）劳动力供给和劳动力成本

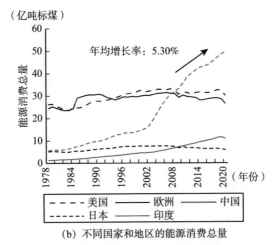

（b）不同国家和地区的能源消费总量

图1-5　劳动力结构变化和能源消费国际比较

资料来源：笔者根据国家统计局和《世界能源统计年鉴》的相关数据整理绘制。

另一方面，中国制造业的产品附加值低，经济大而不强、大而不优问题比较突出。改革开放以来，中国出口量呈增加态势，2009年中国的出口额约占世界出口总额的1/10，中国成为世界第一大出口国。然

---

① 资料来源：中国政府网，网址：http://www.gov.cn/govweb/xinwen/2014-06/09/content_2697437.htm。

而，中国的出口主要以加工贸易为主，凭借劳动力相对优势，嵌入全球价值链中加工组装等劳动密集型生产环节，成为世界工厂（王岚和李宏艳，2015）。根据全球价值链微笑曲线理论，组装和制造处于全球价值链低端，而研发设计、品牌服务则占据主导地位。以苹果手机为例，苹果公司通过自身研发、品牌优势和售后服务等多方面价值把控，获取产品总价值的42%，而中国依靠劳动力优势参与手机组装等环节，仅得到了产品总价值的1%①。不仅如此，中国还存在着被发达国家掣肘于全球价值链"低端"的风险。从微笑曲线左端研发情况看，以知识产权使用费用为例，日本和美国的知识产权使用费净收入远远领先中国，中国的知识产权使用费始终为净支出状态，净支出数额呈逐渐扩大态势（见图1-6（a）），这意味着中国研发相对较弱。从微笑曲线的右端品牌看，中国占世界500强品牌数量的比例较低，始终不超过10%（见图1-6（b））。而美国占500强品牌数量的比例接近一半，处于绝对优势地位。正如习近平总书记在2014年5月上海考察时的讲话中所指出的，老是在产业链条的低端打拼，老是在"微笑曲线"的底端摸爬，总是停留在附加值最低的制造环节而占领不了附加值高的研发和销售这两端，不会有根本出路。② 因此，实施创新驱动发展战略是新时期中国提高产品附加值、向微笑曲线两端移动的必由之路。

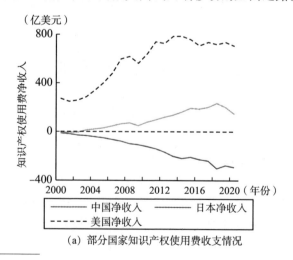

（a）部分国家知识产权使用费收支情况

① 资料来源：2017年《世界知识产权报告》，网址：https：//www.wipo.int/publications/zh/details.jsp?id=4225&plang=ZH。

② 《习近平关于科技创新论述摘编》，中央文献出版社2016年版，第26页。

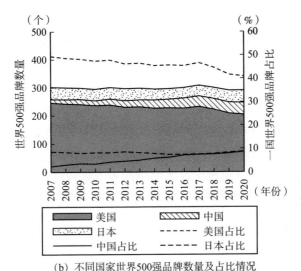

（b）不同国家世界500强品牌数量及占比情况

图1-6　国际比较——基于品牌和研发情况

资料来源：知识产权使用费净收入数据来源于世界银行；世界500强品牌数据来源于世界品牌实验室官网。

　　第三，实施创新驱动发展战略，是更好引领中国经济发展新常态、保持中国经济持续健康发展的必然选择。新常态是中国经济发展到一定阶段必然会出现的一种状态。新常态下，中国经济发展的主要特点是：增长速度要从高速增长转向中高速、发展方式要从规模速度型转向质量效率型、经济结构调整要从增量扩能为主转向调整存量、做优增量并举，发展动力要从主要依靠资源和低成本劳动力等要素投入转向创新驱动①。从增长速度看，拉动中国经济增长的"三驾马车"发生变化，即消费需求升级、传统产业投资相对饱和、全球总需求疲软（赵昌文等，2015），中国经济由长时期的两位数增长进入个位数增长阶段。中国迫切需要通过创新供给激活消费需求，通过创新投融资方式把握新的投资机遇，通过开放创新培育新的国际比较优势。从发展方式看，中国资源环境约束接近上限，创新驱动可以通过减少资源投入实现经济增长（洪银兴，2013），中国亟须将发展方式转向创新驱动

---

　　①　2016年1月18日，习近平总书记在省部级主要领导干部学习贯彻党的十八届五中全会精神专题研讨班上发表的重要讲话。具体参见新华网，网址：http://www.xinhuanet.com/politics/2016-05/10/c_128972667.htm。

的内涵型发展模式。从经济结构看,当前中国面临产能过剩、制造业水平低等问题(洪银兴,2014)。新时期要通过创新驱动产业结构升级,支持战略性新兴产业的发展。从发展动力看,中国人口红利逐渐消失,国外先进技术引进遭遇封锁,致使要素的规模驱动力减弱(任保平和郭晗,2013)。中国迫切需要通过创新提高人力资本质量和技术水平,让创新成为驱动发展新引擎。总之,新常态经济是创新驱动型的经济,必须将创新放在其核心位置(梁达,2014)。正如习近平总书记在 2015 年 3 月 5 日参加十二届全国人大三次会议上海代表团审议时所指出的,适应和引领我国经济发展新常态,关键是要依靠科技创新转换发展动力。①

第三节 新时代创新发展的战略思想与实践历程

进入新时代以来,习近平总书记高度重视创新,站在统筹中华民族伟大复兴战略全局和世界百年未有之大变局的高度,围绕创新提出了一系列重要论述,思想深邃,内涵丰富。在习近平总书记关于创新发展一系列重要论述指导下,中国坚持走创新之路,围绕人才资源、自主创新、基础研究、新兴产业、创新高地、科技成果转化和体制机制等方面进行战略谋划和系统部署,形成了关于创新发展的完整体系。

一、习近平总书记关于创新发展的重要论述

党的十八大以来,习近平总书记基于历史和现实、理论和实践、国内和国际的高度,围绕创新提出一系列新理念新思想新战略(见图 1-7)。习近平关于创新发展的一系列重要论述不仅是习近平经济思想体系的重要组成部分,也是习近平新时代中国特色社会主义思想的重要组成部分,是马克思主义政治经济学在当代中国、21 世纪世界的最新理论成

① 《习近平关于科技创新论述摘编》,中央文献出版社 2016 年版,第 7 页。

果，是新时代中国坚定不移走好创新之路、加快建设世界科技强国、实现高水平科技自立自强的科学指南。

第一，创新位于五大发展理念之首。面对复杂的国际形势和中国经济社会发展中出现的新问题新挑战，2015 年 10 月，习近平总书记在党的十八届五中全会上创造性地提出创新、协调、绿色、开放、共享的新发展理念。新发展理念是习近平总书记对马克思主义发展观的重大创新，是中国特色社会主义发展理论的重大创新，是新时代坚持和发展中国特色社会主义的基本方略之一。作为五大发展理念之首的创新理念就像一根红线，把创新、协调、绿色、开放、共享这五个理念有机地联系在一起。习近平总书记强调："把创新摆在第一位，是因为创新是引领发展的第一动力。发展动力决定发展速度、效能、可持续性。抓住了创新，就抓住了牵动经济社会发展全局的'牛鼻子'。"[1] 发展理念是发展行动的先导，贯彻新发展理念是新时代中国发展壮大的必由之路，坚持创新发展是应对发展环境变化、增强发展动力、把握发展主动权，更好引领新常态的根本之策。

第二，将创新上升为国家战略高度并摆在国家发展全局的核心位置。创新是一个民族进步的灵魂，是一个国家兴旺发达的不竭动力，也是中华民族最深沉的民族禀赋。习近平总书记指出"实施创新驱动发展战略决定着中华民族的前途命运"。[2] 因此，创新发展位居五大新发展理念的首位，需要从国家和民族前途命运的高度来充分认识坚持创新发展的重要性和紧迫性。创新驱动发展是党中央在新的发展阶段确立的立足全局、面向全球、聚焦关键、带动整体的国家重大发展战略，契合中国发展的历史逻辑、实践逻辑和现实逻辑。2013 年 9 月 30 日，习近平总书记在主持中共中央政治局第九次集体学习时强调"全党全社会都要充分认识科技创新的巨大作用，把创新驱动发展作为面向未来的一项重大战略，常抓不懈"。[3] 习近平总书记将创新提升到事关国家前途命运的战略高度，不断开拓创新发展新境界。

---

[1] 《十八大以来重要文献选编（下）》，中央文献出版社 2018 年版，第 157 页。

[2] 丁元竹：《全面建成小康社会与中国梦》，人民出版社 2015 年版，第 69 页。

[3] 中共中央文献研究室：《习近平关于社会主义经济建设论述摘编》，中央文献出版社 2017 年版，第 128 页。

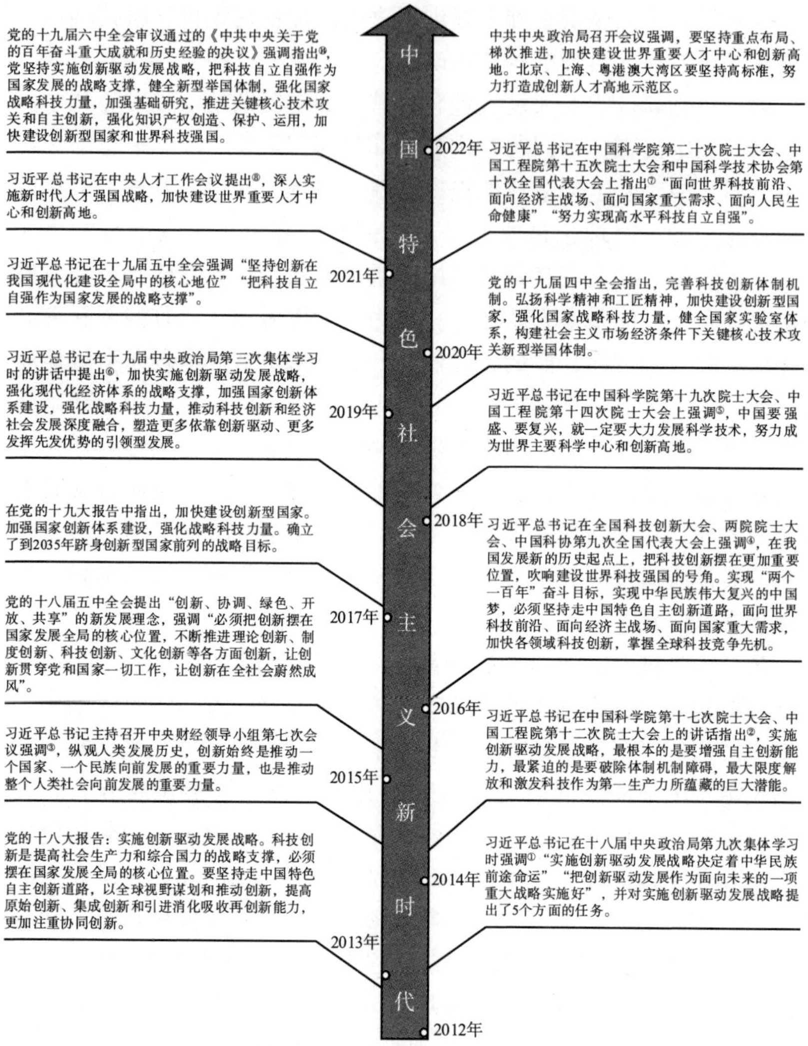

党的十九届六中全会审议通过的《中共中央关于党的百年奋斗重大成就和历史经验的决议》强调指出⑧，党坚持实施创新驱动发展战略，把科技自立自强作为国家发展的战略支撑，健全新型举国体制，强化国家战略科技力量，加强基础研究，推进关键核心技术攻关和自主创新，强化知识产权创造、保护、运用，加快建设创新型国家和世界科技强国。

习近平总书记在中央人才工作会议提出⑦，深入实施新时代人才强国战略，加快建设世界重要人才中心和创新高地。

2021年 习近平总书记在十九届五中全会强调"坚持创新在我国现代化建设全局中的核心地位""把科技自立自强作为国家发展的战略支撑"。

习近平总书记在十九届中央政治局第三次集体学习时的讲话中提出⑥，加快实施创新驱动发展战略，强化现代化经济体系的战略支撑，加强国家创新体系建设，强化战略科技力量，推动科技创新和经济社会发展深度融合，塑造更多依靠创新驱动、更多发挥先发优势的引领型发展。

2019年

在党的十九大报告中指出，加快建设创新型国家。加强国家创新体系建设，强化战略科技力量。确立了到2035年跻身创新型国家前列的战略目标。

党的十八届五中全会提出"创新、协调、绿色、开放、共享"的新发展理念，强调"必须把创新摆在国家发展全局的核心位置，不断推进理论创新、制度创新、科技创新、文化创新等各方面创新，让创新贯穿党和国家一切工作，让创新在全社会蔚然成风"。

2017年

习近平总书记主持召开中央财经领导小组第七次会议强调④，纵观人类发展历史，创新始终是推动一个国家、一个民族向前发展的重要力量，也是推动整个人类社会向前发展的重要力量。

2015年

党的十八大报告：实施创新驱动发展战略。科技创新是提高社会生产力和综合国力的战略支撑，必须摆在国家发展全局的核心位置。要坚持走中国特色自主创新道路，以全球视野谋划和推动创新，提高原始创新、集成创新和引进消化吸收再创新能力，更加注重协同创新。

2013年

中国特色社会主义新时代

中共中央政治局召开会议强调，要坚持重点布局、梯次推进，加快建设世界重要人才中心和创新高地。北京、上海、粤港澳大湾区要坚持高标准、努力打造成创新人才高地示范区。

2022年 习近平总书记在中国科学院第二十次院士大会、中国工程院第十五次院士大会和中国科学技术协会第十次全国代表大会上指出⑤"面向世界科技前沿、面向经济主战场、面向国家重大需求、面向人民生命健康""努力实现高水平科技自立自强"。

党的十九届四中全会指出，完善科技创新体制机制。弘扬科学精神和工匠精神，加快建设创新型国家，强化国家战略科技力量，健全国家实验室体系，构建社会主义市场经济条件下关键核心技术攻关新型举国体制。

2020年

习近平总书记在中国科学院第十九次院士大会、中国工程院第十四次院士大会上强调⑤，中国要强盛、要复兴，就一定要大力发展科学技术，努力成为世界主要科学中心和创新高地。

2018年 习近平总书记在全国科技创新大会、两院院士大会、中国科协第九次全国代表大会上强调⑤，在我国发展新的历史起点上，把科技创新摆在更加重要位置，吹响建设世界科技强国的号角。实现"两个一百年"奋斗目标，实现中华民族伟大复兴的中国梦，必须坚持走中国特色自主创新道路，面向世界科技前沿、面向经济主战场、面向国家重大需求，加快各领域科技创新，掌握全球科技竞争先机。

2016年 习近平总书记在中国科学院第十七次院士大会、中国工程院第十二次院士大会上的讲话指出④，实施创新驱动发展战略，最根本的是要增强自主创新能力，最紧迫的是要破除体制机制障碍，最大限度解放和激发科技作为第一生产力所蕴藏的巨大潜能。

2014年 习近平总书记在十八届中央政治局第九次集体学习时强调②"实施创新驱动发展战略决定着中华民族前途命运""把创新驱动发展摆为面向未来的一项重大战略实施好"，并对实施创新驱动发展战略提出了5个方面的任务。

2012年

图1-7 习近平总书记关于创新发展的一系列重要论述

注：图中资料具体来源：①中国政府网，网址：http://www.gov.cn/ldhd/2013-10/01/content_2499370.htm。②中国政府网，网址：http://www.gov.cn/xinwen/2014-06/09/content_2697437.htm。③中国政府网，网址：http://www.gov.cn/xinwen/2014-08/18/content_2736502.htm。④中国政府网，网址：http://www.gov.cn/xinwen/2016-05/30/content_5078085.htm#1。⑤中国政府网，网址：http://www.gov.cn/xinwen/2018-05/28/content_5294268.htm。⑥中国政府网，网址：http://www.gov.cn/xinwen/2018-01/31/content_5262618.htm。⑦中国政府网，网址：http://www.gov.cn/xinwen/2021-05/28/content_5613746.htm。⑧新华网，网址：http://www.xinhuanet.com/politics/2021-09/29/c_1127914487.htm?showOutlinkMenu=1。

资料来源：笔者根据公开资料整理绘制。

第三，不断完善创新发展目标。新时期新形势下，创新发展有新目标新使命。2016 年 5 月 30 日，在全国科技创新大会、两院院士大会、中国科协第九次全国代表大会上，习近平总书记把"面向世界科技前沿、面向经济主战场、面向国家重大需求"[1] 作为出发点，吹响了建设世界科技强国的号角。习近平总书记在党的十九大确立了到 2035 年跻身创新型国家前列的战略目标，党的十九届五中全会提出"科技自立自强"，对创新发展提出了更高的目标。2018 年 5 月 28 日，习近平总书记在中国科学院第十九次院士大会、中国工程院第十四次院士大会上提出"努力成为世界主要科学中心和创新高地""建设世界科技强国"，[2] 再一次为创新发展指明方向。2021 年 5 月 28 日，在中国科学院第二十次院士大会、中国工程院第十五次院士大会和中国科学技术协会第十次全国代表大会上，习近平总书记将"三个面向"丰富到"四个面向"，新增了"面向人民生命健康"。[3] 这不仅是科技创新发展以人为本理念最集中、最深刻的体现，也是对建设世界科技强国战略目标的重大完善与提升。面向实现"两个一百年"奋斗目标和实现中华民族伟大复兴的宏伟目标，需要将发展需要和长远目标、近期工作统筹起来，让创新成为国家意志和全社会的共同行动。

第四，制定创新发展任务。2013 年 9 月 30 日，习近平总书记在中共中央政治局第九次集体学习时围绕实施创新驱动发展战略提出了 5 个方面的任务[4]：一是着力推动科技创新与经济社会发展紧密结合；二是着力增强自主创新能力；三是着力完善人才发展机制；四是着力营造良好政策环境；五是着力扩大科技开放合作，这五个"着力"从国家战略高度为新时期坚持创新发展勾勒了宏伟蓝图。从科技创新与经济社会发展结合看，创新是引领发展的第一动力，只有破解经济与科技"两张皮"的问题，才能更好地将科技转化为现实生产力。从自主创新看，只有牵住自主创新这个"牛鼻子"，把关键核心技术牢牢掌握在自己手中，才可以顺利攀登世界科技高峰。从人才发展机制看，人

21

---

① 《党的十九大报告辅助读本》，人民出版社 2017 年版，第 205 页。

② 中共中央党史和文献研究院：《十九大以来重要文献选编（上）》，中央文献出版社 2019 年版，第 461 页。

③ 《习近平重要讲话单行本（2020 年合订本）》，人民出版社 2021 年版，第 207 页。

④ 资料来源：中国政府网，网址：http://www.gov.cn/ldhd/2013 - 10/01/content_2499370.htm。

才是创新的根基，新时期迫切需要破除人才体制机制障碍，激发人才的创新创造活力。从政策环境看，创新离不开良好的政策环境，新时期要依靠基础设施等"硬件"支撑和制度等"软件"保障同时发力，营造良好的政策环境。从科技合作开放看，当今世界是开放的世界，任何国家都不可能依靠自己解决所有创新难题，开放创新是经济全球化的必然选择。

二、新时代中国创新发展的实践历程

伟大理论升华伟大实践。党的十八大以来，在习近平总书记关于创新发展重要论述的指引下，中国坚定不移走创新之路，抓好创新发展的顶层设计和任务落实，对创新的重视之高、政策密度之大、推动程度之强前所未有。"十三五""十四五"规划将创新摆在极为重要的位置，特别是"十四五"规划47次提到"创新"，将创新放在各项规划任务的首位，进行专章部署。国家出台《国家创新驱动发展战略纲要》等纲领性文件以及《"十三五"国家科技创新规划》《"十四五"国家科学技术普及发展规划》《科技体制改革三年攻坚方案（2021～2023年)》《企业技术创新能力提升行动方案（2022～2023年)》等专项规划方案，不断完善创新发展的战略规划体系。为更加深入实施创新驱动发展战略，党中央、国务院确定在京津冀、上海、广东（珠三角）、安徽（合芜蚌）、四川（成德绵）、湖北武汉、陕西西安、辽宁沈阳等8个区域部署开展全面创新改革试验，并在2017～2020年推广了三批支持创新的改革举措。

（1）着力夯实创新发展人才基础。作为创新活动中最活跃、最积极的因素，国家高度重视人才。2016年3月，中共中央印发《关于深化人才发展体制机制改革的意见》，为最大限度激发人才创新创造活力提供保障。随后，国家继续围绕破除人才发展的障碍，相继出台了《关于进一步完善中央财政科研项目资金管理等政策的若干意见》《关于优化科研管理提升科研效若干措施的通知》等一系列优化科研经费管理的政策文件和改革措施。人才评价是人才资源开发管理和使用的前提，国家先后出台的《关于分类推进人才评价机制改革的指导意见》《关于深化项目评审、人才评价、机构评估改革的意见》加快了人才评价制度改革进程。2022 年 4 月，中共中央政治局审议《国家"十四五"期间人才发展规划》，突出强调"牢固确立人才引领发展的战略地位""全方位培养引进用好人才"，为加快建设世界重要人才中心和创新高地进行战略布局。

（2）持续走好自主创新之路。提高自主创新能力是科学技术发展的战略基点。党的十八大以来，中国坚持走中国特色自主创新道路，加快实现高水平科技自立自强。2013 年 1 月，国务院印发《"十二五"国家自主创新能力建设规划》，为指导全社会加强自主创新能力建设，加快推进创新型国家建设制定顶层设计。2020 年 9 月，国家发展改革委、科技部等四部门发布了《关于扩大战略性新兴产业投资培育壮大新增长点增长极的指导意见》，直接聚焦"卡脖子"技术难题，提出要加快主轴承、IGBT、控制系统等核心技术部件研发，加快在光刻胶、高纯靶材等领域实现突破。为了加快提高自主创新能力，国家相继建成深圳、苏南、长株潭、天津、成都、西安、杭州等 19 个国家自主创新示范区，推进自主创新和高技术产业发展先行先试、探索经验，发挥自主创新示范区对推进创新驱动发展的引领、辐射、带动作用。

（3）持之以恒加强基础研究。基础研究是科技进步与科技创新的先导和源泉。党的十八大以来，中国陆续出台了多项关于加强基础研究的政策文件和重要举措。2018 年 1 月，国务院发布《关于全面加强基础科学研究的若干意见》（以下简称《意见》），对新时期加强基础研究作出一系列部署，是推进基础研究的纲领性文件。为贯彻落实《意见》，2020 年科技部联合相关部门出台了《加强"从 0 到 1"基础研究工作方案》《新形势下加强基础研究若干重点举措》等文件。此外，《高等学校基础研究珠峰计划》《教育部和科技部共同推进高校加强"从 0 到 1"基础研究行动方案》等一系列配套文件发布，逐渐形成加强基础研究的政策体系。2021 年 12 月中央经济工作会议提出"制定实施基础研究十年规划"，基础研究即将进入十年攻坚阶段。

（4）推动新兴产业蓬勃发展。新兴产业是现代化经济体系的重要组成部分，是新发展阶段我国科技实力和经济活力的集中体现。2016年 12 月 19 日，国务院印发《"十三五"国家战略性新兴产业发展规划》，对"十三五"期间我国战略性新兴产业发展目标、重点任务、政策措施等作出全面部署安排。2020 年 7 月 17 日，国务院印发《关于促进国家高新技术产业开发区高质量发展的若干意见》，从六个方面总结了国家高新区发展的任务举措，并走出了一条具有中国特色的高新技术产业化道路。2021 年 9 月，广东省发布《数字经济促进条例》，成为国内首个数字经济地方性法规。2022 年 1 月 12 日，国务院印发《"十四五"数字经济发展规划》，明确了"十四五"时期推动数字经济健康发展的指导思想、基本原则、发展目标、重点任务和保障措施。

（5）加快建设世界主要科学中心和创新高地。进入新时代以来，党中央深入把握创新区域高度集聚规律，以京津冀、长三角、粤港澳大湾区等区域为重点，提升创新策源能力和全球资源配置能力。2016 年 7 月，国务院批复《京津冀系统推进全面创新改革试验方案》，有力促进京津冀地区创新资源合理配置，开放共享与高效利用，推动形成京津冀协同创新共同体。2019 年，中共中央、国务院先后印发《粤港澳大湾区发展规划纲要》《长江三角洲区域一体化发展规划纲要》，明确了长三角地区、粤港澳大湾区建设全球科技创新高地的战略定位。此外，2016 年国务院先后印发《上海系统推进全面创新改革试验加快建设具有全球影响力的科技创新中心方案》《北京加强全国科技创新中心建设总体方案》，加快推动北京、上海建成国际科技创新中心。

（6）打通创新"最后一公里"。促进科技成果转化、加速科技成果产业化是实施创新驱动发展战略的内在要求。党的十八大以来，国家把促进科技成果转化放在重要位置进行谋划部署，加快打通科技创新成果转化之路。相继修订《促进科技成果转化法》，印发《实施〈促进科技成果转化法〉若干规定》，制定《促进科技成果转移转化行动方案》，形成了从法律条款修订到具体任务部署的促进科技成果转化"三部曲"。为健全科技成果评级体系，2021 年 8 月国务院办公厅发布了《完善科技成果评价机制的指导意见》，围绕"评什么""谁来评""怎么评""怎么用"完善评价机制，做出了明确工作安排部署。中国逐渐形成科技成果转化制度的"四梁八柱"，极大地促进了科技成果转化为现实生产力。

（7）不断完善科技创新体制机制。开展科技体制改革攻坚，目的是从体制机制上增强科技创新和应急应变能力。党的十八大以来，党中央系统布局和整体推进科技创新体制改革。2015 年 3 月，中共中央、国务院出台《关于深化体制机制改革加快实施创新驱动发展战略的若干意见》，对深化科技体制改革、加快实施创新驱动发展战略作出了全方位部署。2015 年 9 月，中共中央办公厅、国务院办公厅印发《深化科技体制改革实施方案》，为打通科技创新与经济社会发展的通道、整体推进科技创新体制机制改革描绘了详细施工图。2021 年 11 月，中央全面深化改革委员会第二十二次会议审议通过《科技体制改革三年攻坚方案（2021～2023 年）》，为新形势新要求下加快建立保障高水平科技自立自强的制度体系，提升科技创新体系化能力进行布局。

第四节 新时代中国创新发展成就的量化分析

在习近平同志为核心的党中央坚强领导下，新时代中国坚定不移走创新之路，创新发展取得了重大成就。本部分运用多维度指标和翔实的数据，从全球、全国、区域、创新高地 4 个空间层面真实、立体、全面地呈现新时代中国创新发展取得的重大成就。

一、中国在全球创新版图中的地位变化

党的十八大以来，中国的全球创新指数排名、创新投入次级指数排名以及创新产出次级指数排名均明显提高，中国在全球创新版图中的地位不断提升。根据 WIPO 发布的《2021 全球创新指数报告》（见图 1 - 8），在全球创新指数的排名上，中国的创新指数实现了由"跟跑者"向"领跑者"的跨越。进入新时代以来，中国的创新指数排名从 2012 年的第 34 位上升到 2021 年的第 12 位，已经成为全球重要的创新型国家（马建堂，2018）。中国与美国、日本、德国的差距不断缩小，在 2019 年超越日本，对发达国家的追赶势头强劲，正朝着"跻身创新型国家前列、建成世界科技强国"的目标奋进。在创新投入次级指数的排名上，中国的创新投入次级指数连续多年保持稳定进步态势。党的十八大以来，中国的创新投入次级指数排名从 2012 年的第 55 位上升到 2021 年的第 25 位，实现了 30 个名次的跨越，是世界上进步最快的国家之一。中国的创新投入次级指数不断向美国、日本、德国等领先国家靠拢。但

由于制度创新指数等方面与发达国家存在差距，中国创新投入次级指数排名在进入 30 名后上升速度放缓，存在较大提升空间。在创新产出次级指数的排名上，中国的创新产出次级指数进入全球领先行列。在全球排名靠前的情况下，中国的创新产出次级指数仍实现了新突破，排名从2012 年的第 19 位上升到 2021 年的第 7 位，领先日本和德国，逼近美国。特别是 2019 年，中国的创新产出次级指数领先美国、日本和德国等发达国家，位居全球第 5 位。相较于创新投入次级指数，中国的创新产出次级指数在全球范围内表现更加突出，中国将创新投入转化为创新产出的能力尤为突出。

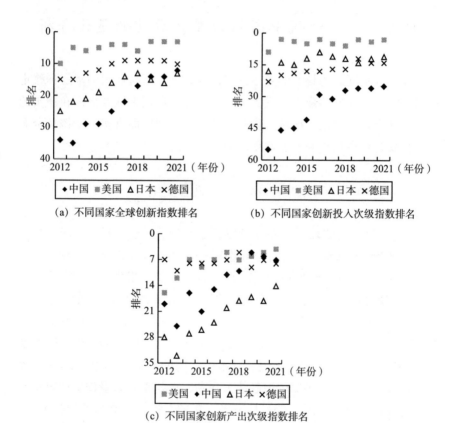

（a）不同国家全球创新指数排名　　　（b）不同国家创新投入次级指数排名

（c）不同国家创新产出次级指数排名

图 1-8　中国创新驱动发展的重大成就：基于全球创新指数的考察

资料来源：笔者根据世界知识产权组织发布的《全球创新指数报告》整理绘制。

二、全国层面的创新发展成就

党的十八大以来，中国深入实施创新驱动发展战略，在战略高技术领域抢占科技制高点，C919 大飞机准备运营、5G 网络建设世界领先、高铁发展进入快车道、"天问一号"开启火星探测、载人航天领域实现重大突破、载人深潜领域不断实现跨越，创新驱动发展取得了显著成效，为加快实现高水平科技自立自强奠定了坚实基础。从各维度创新驱动发展指标看，在创新驱动发展战略实施的 10 年间，中国创新投入持续增加，创新产出大幅攀升，创新环境日趋完善，创新效率不断提高，科技进步贡献率明显上升，数字经济快速发展，创新型国家建设取得了重大进步（见图 1-9）。

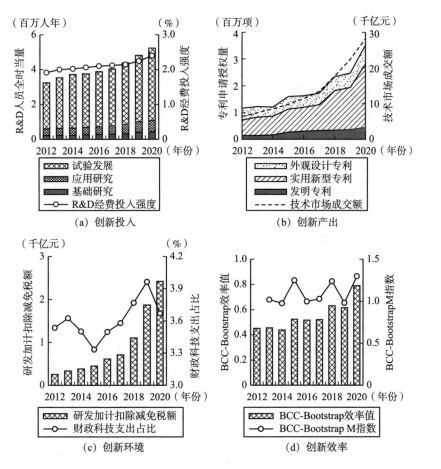

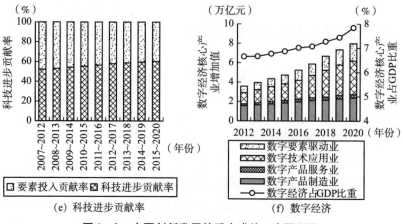

(e) 科技进步贡献率　　　　　(f) 数字经济

图 1-9　中国创新发展的重大成就：全国层面

资料来源：笔者根据《工业企业科技活动统计年鉴》《中国科技统计年鉴》以及国家统计局、《中国数字经济核心产业规模测算与预测》（鲜祖德和王天琪，2022）整理绘制。图1-9（c）中的2012~2015年的研发加计扣除减免税额为《工业企业科技活动统计年鉴》中规模以上工业企业研发加计扣除减免税额，2016~2020年为《中国科技统计年鉴》规模以上企业研发加计扣除减免税额。

　　具体地，在创新投入上，党的十八大以来，中国 R&D 人员全时当量实现了 6.15% 的年均增长。其中，基础研究人员全时当量保持 9.13% 的年均增速，在三类研发人员中增速最快。R&D 经费投入强度呈稳步上升态势，2020 年达到 2.40%，已接近经合组织（OECD）国家疫情前的平均水平（2.47%）。在创新产出上，进入新时代以来，中国专利申请授权量增长了 202.68%，增长势头强劲。特别是发明专利、实用新型专利分别增长了 206.36%、317.94%。中国市场成交额由 2012 年的 6437.07 亿元攀升到 2020 年的 28251.51 亿元，年均增长 20.31%，创新活力不断增强。在创新环境上，党的十八大以来，中国财政科技支出占财政总支出比例保持在 3.6% 左右，呈波动上升态势。中国对企业研发费用的加计扣除也在不断提高扣减比例和扩大适用范围，企业研发加计扣除减免额由 2012 年的 252.39 亿元上升到 2020 年的 2421.90 亿元。持续完善的创新环境为国家科技活动和科技发展提供了重要保障。在创新效率上，中国创新效率呈现波动上升趋势，由 2012 年的 0.45 上升到 2020 年的 0.79，年均增长 7.25%。在科技进步贡献率方面，党的十八大以来，中国科技进步贡献率呈稳定上升的态势，2020 年达到 60.2%，这说明中国经济发展方式正逐渐从要素驱动转向创新驱动。在数字经济发展方面，数字经济的核心产业规模增长迅猛，由 2012 年的 35825.40 亿元增长到 2020 年的 79637.90 亿元，实现了 10.50% 的年均增长。数字经济核心产业占 GDP 比重逐年攀升，2020 年达到 7.84%，数字经济逐渐成为中国经济增长的助推器。其中，数字技术应用业和数字要素驱动业发展最为迅速，已经成为带动核心产业发展的关键产业。[①]

三、四大区域的创新发展成就

党的十八大以来，四大区域依靠自身特色不断促进区域创新能力提升，在创新投入、创新产出、创新环境和创新效率等方面取得了不同程度的进展（见图 1 - 10）。第一，东部地区 R&D 经费投入强度、R&D 人员全时当量、专利申请授权量、技术市场成交额和财政科技支出占比均处于遥遥领先态势。其 R&D 经费投入强度由 2012 年的 2.43% 上升到 2020 年的 3.04%，R&D 人员全时当量由 2012 年的 210.46 万人年上升到 2020 年的 344.06 万人年。专利申请授权量、技术市场成交额分别由 2012 年的 85.62 万项、4285.24 亿元上升到 2020 年的 246.41 万项、18389.90 亿元，创新产出实现了倍数增长。财政科技支出占比由 2012 年的 3.38% 上升到 2020 年的 4.06%，创新环境优于全国平均水平。第二，中部地区 R&D 经费投入强度、R&D 人员全时当量、专利申请授权量、技术市场成交额和财政科技支出占比增长速度最快。特别是其 R&D 经费投入强度由 2012 年的 1.31% 上升到 2020 年的 1.96%，实现了对西部和东北地区的赶超。财政科技支出占比由 2012 年的 1.45% 上升到 2020 年的 3.00%，增长了 106.32%，远高于东部、西部地区 20.20%、16.47% 的增长幅度。第三，西部地区 R&D 经费投入强度、专利申请授权量、技术市场成交额和财政科技支出占比增长速度仅低于中部地区，高于东部和东北地区。特别是 2014～2016 年，西部地区创新效率处于全国领先地位。第四，东北地区专利申请授权量、技术市场成交额、创新效率均实现较快增长，向好发展态势明显。其创新效率由 2012 年的 0.28 上升到 2020 年的 0.71，年均增长 12.45%，增速位居四

---

① 资料来源：《中国科技统计年鉴》和国家统计局。

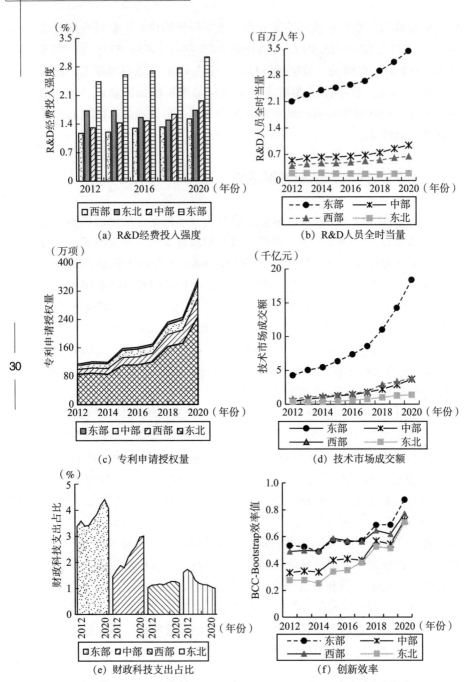

图1-10 中国创新发展的重大成就：基于四大区域板块的考察

资料来源：笔者根据《中国科技统计年鉴》和国家统计局相关数据整理绘制。

大区域之首。受地理位置与资源禀赋影响，党的十八大以来东北地区
R&D 经费投入强度增速放缓，R&D 人员全时当量和财政科技支出占比
出现了负增长，这意味着东北地区创新投入与创新环境有待进一步提升
和改善。①

四、创新高地建设

党的十八大以来，创新要素快速在京津冀、长三角和粤港澳等区域
集聚，形成了京津冀、长三角和粤港澳三大创新集聚区，为创新高地建
设奠定了坚实基础。在三大创新集聚区的基础上，北京、上海和深圳三
个城市充分发挥各自优势，成为全国重要创新策源地，在建设具有全球
影响力的国际科技创新中心上迈出重要步伐。

（1）三大创新集聚区为创新高地建设奠定了坚实基础。创新的空
间集聚现象是创新活动最重要的空间特征（孙瑜康等，2017）。党的十
八大以来，中国遵循创新区域高度集聚的规律，不断推动区域创新能力
提升，京津冀、长三角和粤港澳三大创新集聚区已成为中国增加创新投
入、提高创新产出、完善创新环境、优化创新效率的开拓者、主引擎，
创新高地加速崛起（见图 1－11）。

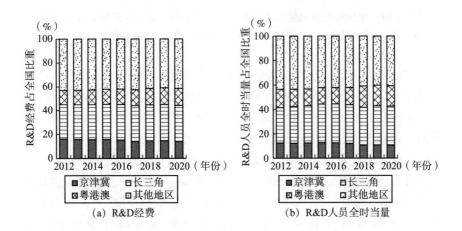

（a）R&D 经费　　　　　　（b）R&D 人员全时当量

---

① 资料来源：《中国科技统计年鉴》和国家统计局。

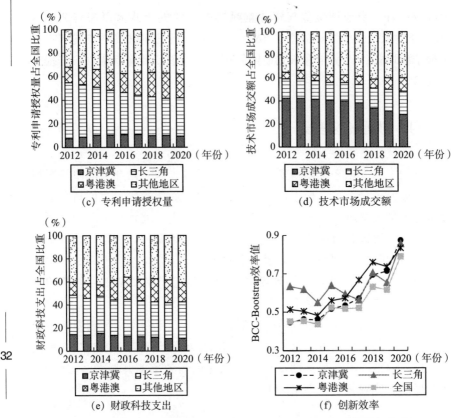

图1-11　中国创新发展的重大成就：基于三大创新集聚区的创新高地建设

资料来源：笔者根据《中国科技统计年鉴》和国家统计局相关数据整理绘制。

在创新投入上，三大创新集聚区R&D经费支出占全国比重由2012年的57.08%上升到2020年的58.59%，R&D人员全时当量占全国比重由2012年的56.46%上升到2020年的59.23%，为打造创新高地夯实基础。得益于优越的地理位置和对外开放度，以及在人才生产、保有、吸引上的显著优势（聂晶鑫和刘合林，2018），长三角地区在创新投入方面具有领先优势，2020年R&D经费、R&D人员全时当量占全国比重分别达到30.20%、32.02%。在创新产出上，截至2020年，三大创新集聚区专利申请授权量、技术市场成交额占全国比重分别高达62.21%、60.04%，创新产出高地基本形成。其中，长三角地区专利申请授权量占全国比重由2012年的47.56%下降到2020年的32.67%，仍具有绝对领先优势，其下降占比基本被京津冀、粤港澳大湾区填补。

技术市场成交额出现类似情况，作为全国最大的技术交易中心，京津冀地区技术市场成交额占比下降，长三角和粤港澳大湾区占比上升。粤港澳大湾区实现了专利申请授权量和技术市场成交额占全国比重的全面上升，成为全国重要的创新源。创新产出在三大创新集聚区内部呈现更均衡的分布态势。在创新环境上，党的十八大以来，三大创新集聚区财政科技支出占全国比重始终保持在60%左右，发挥着打造具有全球竞争力创新环境的主力军作用。尤其是长三角地区，2020年的财政科技支出占全国比重达到31.64%，处于遥遥领先地位。粤港澳大湾区以国家自主创新示范区和全面创新改革试验试点省建设为引领，不断优化科技创新环境，其财政科技支出占全国比重显著提升，由2012年的11.03%上升到2020年的16.50%。在创新效率上，党的十八大以来，三大创新集聚区一同引领中国创新效率的提升。2020年京津冀、长三角、粤港澳大湾区创新效率分别达到0.87、0.86和0.83，均明显高于全国平均水平（0.79）。特别是京津冀地区的创新效率由2012年的0.45上升到2020年的0.87，保持着8.80%的年均增速，实现从追赶者到领跑者的跨越。[①]

　　（2）创新中心城市的地位日益凸显，在创新高地建设中发挥重要引领作用。城市是创新的重要载体，是创新动力的主要来源之一（吕拉昌等，2015）。党的十八大以来，北京、上海、深圳以建设具有全球影响力的科技创新中心为导向，科技创新能力持续引领全国，创新中心的核心功能不断强化，科技创新之路越走越稳，为中国跻身创新型国家前列、实现高水平科技自立自强提供有力支撑。根据WIPO发布的《2021年全球创新指数报告》，北京和上海在全球科技城市集群榜单中排名第三、第八，大湾的香港、广州、深圳联合科技创新集群排名世界第二，意味着北京、上海和深圳的科技创新实力不断增强。从北京的创新表现看，2020年北京R&D经费投入强度、技术市场成交额均位居全国首位。其中，R&D经费投入强度高达6.47%，位居国际创新城市前位。技术市场成交额高达63.16百亿元，占全国比例高于1/4，且技术交易合同额有70%输出到外地，北京创新辐射能力较强。此外，北京不断增加基础研究投入，2020年基础研究经费占R&D经费比例16.07%，

33

远超全国平均水平（6.01%）①。根据《2021 全球独角兽榜》②，2021 年中国拥有 301 家独角兽企业，北京占据其中 91 家，在全球城市排名中位居第二，是全球"独角兽之都"。从上海的创新表现看，进入新时代以来，上海 R&D 经费支出由 2012 年的 6.79 百亿元增加到 2020 年的 16.15 百亿元，年均增长 11.44%。2020 年上海 R&D 经费强度为 4.14%，与纽约、东京等全球科技创新城市不相上下。上海高水平人才高地建设取得重大成效，根据《2021 上海科技进步报告》③，2021 年上海有 106 人次入选全球"高被引科学家"，占全国入选总数的 10%。2021 年上海科研人员在《科学》《自然》《细胞》三大国际顶尖学术期刊上发表 107 篇论文，占全国总数 29.8%。从深圳的创新表现看，党的十八大以来，深圳 R&D 经费强度由 2012 年的 3.62% 增加到 2020 年的 5.46%，实现了 5.27% 的年均增长。截至 2021 年，深圳专利授权量连续四年位居全国城市首位，PCT 国际申请量连续 18 年保持领先地位。同时深圳的创新载体数量呈现出裂变式增长，国家、省、市级重点实验室、工程室、企业技术中心等创新载体由 2012 年的 749 家增加到 2020 年的 2681 家，是提高深圳原始创新能力、建设国际科技创新中心的中坚力量。

第五节　结论与展望

一、结论

党的十八大以来，在习近平总书记关于创新发展一系列重要论述的指引下，中国围绕人才资源、自主创新、基础研究、新兴产业、创新高地、创新成果转化和体制机制改革等方面进行了系统谋划和战略部署，

---

① 资料来源：《中国科技统计年鉴》和国家统计局。
② 《2021 全球独角兽榜》（Global Unicorn Index 2021）由胡润研究院与广州市商务局、广州市黄埔区联合发布。
③ 资料来源：上海市科学技术委员会：《2021 上海科技进步报告》，网址：https://www.shanghai.gov.cn/nw4411/20220120/73aa6570581e4e749452fcc985208b76.html。

探索出了一条具有自身特色的创新之路。进入新时代以来，中国在全球创新版图中的地位不断提升，创新投入持续增加，创新产出显著增长，创新环境日趋完善，创新效率不断提高，科技进步贡献率明显上升，数字经济加快发展。在区域层面，四大区域在创新投入、创新产出、创新环境和创新效率等方面均取得了不同程度的进展。京津冀、长三角和粤港澳三大创新集聚区成为中国增加创新投入、提高创新产出、完善创新环境、优化创新效率的开拓者和主引擎，中国创新高地加速崛起。北京、上海和深圳三个创新中心城市的创新地位日益凸显，在创新高地建设中发挥重要引领作用。在习近平总书记为核心的中国共产党领导下，中国的创新发展取得了历史性成就，创新型国家建设取得了重大进展，走出了一条从人才强、科技强，到产业强、经济强、国家强的创新之路。

二、展望

进入新时代以来，中国坚持创新在现代化建设全局中的核心地位，创新发展取得了历史性成就，为新时期创新发展奠定了坚实基础。面对复杂的国际国内形势，新时期中国构建新发展格局，推动高质量发展的任务更加艰巨，这对走好高水平自立自强的创新之路提出了更高要求。

第一，加快形成以创新为主要引领和支撑的经济体系和发展模式，以科技创新赋能高质量发展。党的十九大明确提出我国经济已由高速增长阶段转向高质量发展阶段。高质量发展是创新驱动的发展，创新是高质量发展的第一动力（刘鹤，2021）。目前中国科技创新对经济发展的支撑作用仍显不足，与发达国家相比仍存在一定差距，这在客观上决定了必须把创新摆在国家发展全局的核心位置。为此，要通过科技创新，实现对传统生产要素的替代，改变要素组合方式，提高资源利用效率，推动中国经济从外延式扩张上升为内涵式发展。同时，抓住科技创新与经济升级的结合点，推动先进科技成果向传统产业转移和面向市场商业化应用，加快科技创新成果向现实生产力转化，大力发展数字经济，推进数字产业化和产业数字化，推动数字经济和实体经济深度融合，打造出更多依靠创新驱动的经济增长点。

第二，既要注重"硬"技术创新，又要注重"软"技术创新，研发和品牌两端发力，提升自主创新能力。党的十八大以来，中国创新能力不断提高，但依然存在被掣肘于全球价值链低端的风险，迫切需要向微笑曲线两端升级。一方面，中国部分关键核心技术受制于人的情况没有根本改变。新时期要加强技术研发攻关，大力发展高技术产业，把科技命脉牢牢掌握在自己手中，提高发展独立性、自主性和安全性。另外，基础研究跟不上是中国面临"卡脖子"技术问题的深层次原因，迫切需要加大基础研究研发投入力度，夯实基础研究根基。另一方面，通过科技创新不断塑造"中国制造"优质品牌形象。自主创新的根本目的是通过自主创新来创建新的品类品牌，从而提升中国的国际竞争力（孙曰瑶，2006）。同时品牌建设能够提高品牌的信用度，使得在价格提高的条件下需求量增加（刘华军，2007）。为此，需要不断通过创新加强品牌建设，提高产品附加值，提升国际竞争力，从而摆脱"价格战"怪圈，推动"中国制造"向微笑曲线品牌端延伸。

第三，持续深化创新体制机制改革，不断营造更加良好的创新环境。中国创新体制机制改革在重点领域和关键环节取得了实质性进展，但与发达国家相比，创新体制机制依旧存在短板。新时期要破除一切制约创新的思想障碍和制度藩篱，激发全社会创新活力和创造潜能。不断完善知识产权保护制度，打破制约创新的行业垄断和市场分割，清除限制新技术新产品新模式发展的不合理准入障碍，营造激励创新的公平竞争环境；加快下放科技成果使用、处置和收益权，提高科研人员成果转化收益比例，完善成果转化激励政策，充分调动科研人员创新积极性；构建包含基础教育和高等教育的创新人才培养模式，完善人才在事业单位与企业间的流动机制，面向全球实行具有竞争力的人才吸引制度，更好地培养、用好、吸引人才。充分发挥新型举国体制优势，在关乎国家发展和国家安全的重大科技创新领域和关键核心技术攻关上，集中力量、协同攻关。

第四，加快建设人才高地和创新高地，发挥人才引领发展战略作用。积极谋划创新中心建设已成为众多发达国家应对新一轮科技革命和产业变革的重要举措，而人才是创新发展的根本。新时期中国要建设世界人才高地和创新高地，一方面，高水平创新区域要先行。北京、上海和粤港澳大湾区要发挥建设人才创新高地的"头雁效应",激活"雁群活力",成渝双城经济圈等地区依靠后发优势,打造成全国重要的人才高地。国家自主创新示范区、创新型省份和城市等注重"筑巢引凤",破除人才发展桎梏,厚植高水平创新生态,盘活人才和科技创新活力,发挥"雁群"的节点支撑作用。另一方面,高层次创新人才要发力。战略人才是支撑我国高水平科技自立自强的重要力量。各地区要坚持全方位培养具有国际竞争力的青年科技人才后备军,坚持深化人才发展体制机制改革,精准引进急需紧缺人才,支撑创新人才高地建设。

第五,秉持人类命运共同体理念,加快科技创新对外开放,让全人类共享创新发展成果。科学技术是世界性的、时代性的。立足新发展阶段,中国要不断拓展科技创新对外开放的深度和广度,以全球视野拓宽创新之路。要以"一带一路"创新共同体建设为依托,构建区域技术转移平台,努力打破制约知识、技术、人才等创新要素流动的壁垒,推动科技成果共享,将"一带一路"建成世界创新之路;聚焦全球共同关注的粮食安全、人类健康和气候变化等重大现实问题开展科技合作,共同应对全球性挑战。特别是在全球新冠肺炎疫情背景下,与世界各国一起加强病毒溯源、检测、疫苗研发等方面的科研合作,为世界战胜新冠肺炎疫情病毒、恢复经济发展、构建人类命运共同体贡献中国力量;以全球创新的跨界融合、协同联合、包容聚合为契机,把握创新发展大势,不断深化高科技领域开放合作,积极主动融入全球科技创新网络,最大限度用好全球创新资源。

抓创新就是抓发展,谋创新就是谋未来。中国坚持创新发展,不仅有助于稳定中国经济,促进中国发展,而且对于全球其他国家的创新发展具有借鉴意义。一方面,中国的创新发展为中国构建新发展格局和经济高质量发展提供了强有力的科技支撑。另一方面,中国创新成为全球进步新动力源,中国创新发展与全球创新融合,有助于全球经济复苏,走上一条快速增长之路。同时,中国为世界上其他国家提供了一条可借鉴的创新之路,为世界创新发展贡献了中国智慧和中国方案。站在"两个一百年"奋斗目标的历史交汇点,中国要始终坚持创新是引领发展的第一动力,深入实施创新驱动发展战略,推动创新之路再踏新征程,托举起中华民族伟大复兴的中国梦。

参考文献

［1］白俊红、蒋伏心：《协同创新、空间关联与区域创新绩效》，载《经济研究》2015 年第 7 期。

［2］保罗·斯威齐：《资本主义发展的理论（英文版）》，纽约牛津大学出版社 1942 年版。

［3］陈昌盛等：《"十四五"时期我国发展内外部环境研究》，载《管理世界》2020 年第 10 期。

［4］蔡昉：《人口转变、人口红利与刘易斯转折点》，载《经济研究》2010 年第 4 期。

［5］蔡昉：《中国经济增长如何转向全要素生产率驱动型》，载《中国社会科学》2013 年第 1 期。

［6］陈劲、吴欣桐：《大国创新》，中国人民大学出版社 2021 年版。

［7］陈诗一：《上海创新驱动和转型发展的评估指标研究》，载《湖南科技大学学报（社会科学版）》2017 年第 1 期。

［8］陈宇学：《创新驱动发展战略》，新华出版社 2014 年版。

［9］樊继达：《创新驱动与强国征程》，人民出版社 2018 年版。

［10］高博：《这些"细节"让中国难望顶级光刻机项背》，载《科技日报》2018 年 4 月 19 日。

［11］国家统计局社科文司"中国创新指数（CII）研究"课题组：《中国创新指数研究》，载《统计研究》2014 年第 11 期。

［12］黄群慧、贺俊、杨超：《创新发展理念与创新型国家建设》，广东经济出版社 2020 年版。

［13］洪银兴：《产业结构转型升级的方向和动力》，载《求是学刊》2014 年第 1 期。

［14］洪银兴等：《创新驱动产业迈向全球价值链中高端》，高等教育出版社 2020 年版。

［15］洪银兴：《论创新驱动经济发展战略》，载《经济学家》2013 年第 1 期。

［16］韩振、戴军、任浩：《芯片技术反向外包影响因素分析及对策研究》，载《同济大学学报（社会科学版）》2021 年第 2 期。

［17］梁达：《以新常态视角看待经济增速的变化》，载《宏观经济

管理》2014 年第 12 期。

[18] 刘鹤：《必须实现高质量发展》，载《人民日报》2021 年 11 月 24 日。

[19] 刘华军：《品牌经济学的理论基础——引入品牌的需求曲线及其经济学分析》，载《财经研究》2007 年第 1 期。

[20] 吕拉昌、梁政骥、黄茹：《中国主要城市间的创新联系研究》，载《地理科学》2015 年第 1 期。

[21] 马建堂：《中国发展战略的回顾与展望》，载《管理世界》2018 年第 10 期。

[22] 聂晶鑫、刘合林：《中国人才流动的地域模式及空间分布格局研究》，载《地理科学》2018 年第 12 期。

[23] 裴长洪、王镭：《试论国际竞争力的理论概念与分析方法》，载《中国工业经济》2002 年第 4 期。

[24] 秦宣：《把创新摆在国家发展全局的核心位置》，载《光明日报》2015 年 12 月 17 日。

[25] 钱颖一等：《创新驱动中国》，中国文史出版社 2016 年版。

[26] 任保平、郭晗：《经济发展方式转变的创新驱动机制》，载《学术研究》2013 年第 2 期。

[27] 任平：《全面塑造发展新优势——论坚持创新在我国现代化建设全局中的核心地位》，载《人民日报》2021 年 10 月 28 日。

[28] 孙瑜康、李国平、袁薇薇、孙铁山：《创新活动空间集聚及其影响机制研究评述与展望》，载《人文地理》2017 年第 5 期。

[29] 孙日瑶：《自主创新的品牌经济学研究》，载《中国工业经济》2006 年第 4 期。

[30] 王岚、李宏艳：《中国制造业融入全球价值链路径研究——嵌入位置和增值能力的视角》，载《中国工业经济》2015 年第 2 期。

[31] 卫兴华：《创新驱动与转变发展方式》，载《经济纵横》2013 年第 7 期。

[32] 王一鸣：《百年大变局、高质量发展与构建新发展格局》，载《管理世界》2020 年第 12 期。

[33] 谢伏瞻：《论新工业革命加速拓展与全球治理变革方向》，载《经济研究》2019 年第 7 期。

［34］学习贯彻习近平新时代中国特色社会主义经济思想 做好"十四五"规划编制和发展工作系列丛书编写组：《深入实施创新驱动发展战略》，中国计划出版社 2020 年版。

［35］鲜祖德、王天琪：《中国数字经济核心产业规模测算与预测》，载《统计研究》2022 年第 1 期。

［36］杨骞、陈晓英、田震：《新时代中国实施创新驱动发展战略的实践历程与重大成就》，载《数量经济技术经济研究》2022 年第 8 期。

［37］杨骞、刘鑫鹏：《中国区域创新效率的南北差异格局：2001—2016》，载《中国软科学》2021 年第 12 期。

［38］张百尚、商惠敏：《国内外芯片产业技术现状与趋势分析》，载《科技管理研究》2019 年第 17 期。

［39］赵昌文、许召元、朱鸿鸣：《工业化后期的中国经济增长新动力》，载《中国工业经济》2015 年第 6 期。

［40］中国科技发展战略研究小组、中国科学院大学中国创新创业管理研究中心：《中国区域创新能力评价报告 2021》，科学技术文献出版社 2022 年版。

［41］邹吉忠：《加强自主创新 努力实现高水平科技自立自强》，载《光明日报》2021 年 11 月 11 日。

［42］中国科学技术发展战略研究院：《国家创新指数报告 2020》，科学技术文献出版社 2021 年版。

［43］张小筠、刘戒骄：《新中国 70 年环境规制政策变迁与取向观察》，载《改革》2019 年第 10 期。

［44］郑烨、吴建南：《内涵演绎、指标体系与创新驱动战略取向》，载《改革》2017 年第 6 期。

［45］Cai, F. and Wang, D. W., "China's Demographic Transition: Implications for Growth", in Garnaut and Song, eds: *The China Boom and Its Discontents*, Canberra: Asia Pacific Press, 2005.

［46］Gregg, J. S., Andres, R. J. and Marland, G., "China: Emissions Pattern of the World Leader in CO_2 Emissions from Fossil Fuel Consumption and Cement Production", *Geophysical Research Letters*, Vol. 35 (8), pp. L08806, 2008.

［47］Porter, M. E., *The Competitive Advantage of Nations*, New

York：The Free Press，1990.

［48］Solow，R. M.，"A Contribution to the Theory of Economic Growth"，*The Quarterly Journal of Economics*，Vol. 70（1），1956，pp. 65 – 94.

附录　创新效率测度的 Bootstrap – DEA 方法

（1）DEA 模型。在 DEA 模型选择上，诸多学者选择传统的 DEA 模型进行效率研究，传统 DEA 模型将样本的投入产出构成的生产前沿视作完全效率状态。然而，事实上即便处于生产前沿的投入产出组合也并非完全有效率，原因在于传统 DEA 模型实际测度的是一种相对效率，其只能被看成是绝对效率估计的上限，真实的效率水平要小于等于 DEA 的估计值（王亚华等，2008），并且 DEA 估计量渐进分布的一般情形难以确知（Kniep et al.，2003；王亚华等，2008）。为解决以上局限，基于重复自抽样的 Bootstrap 技术可以对传统 DEA 模型的估计效率及其变化进行更为精确的测度，在一定程度上改善 DEA 估计结果的有偏和一致性。具体地，Bootstrap – DEA 的原理是从样本集合中抽取无数个"伪样本"进行数值模拟，获得"伪样本"的"伪估计值"，通过大量迭代构造估计量的经验分布，逼近样本估计量的真实分布，从而可以对传统 DEA 模型测度的效率值进行纠偏，并给出效率值的置信区间（韩永辉，2017）。

本章采用基于规模报酬不变假设的 Bootstrap – DEA 方法对创新效率进行测度。生产可能性集合如式（1.1）所示，表示 p 项创新投入（x）可产生 q 项创新产出（y）。式（1.2）表示创新活动的投入要素集合，满足凸性假设、非零假设和投入产出的强可处置性假设。式（1.3）表示创新投入要素集合的效率边界，式（1.4）表示基于规模报酬可变假设的 DEA 模型，即 BCC 模型。

$$\varphi = \{(x, y) \in R_+^{p+q} \mid x\,can\,produce\,y\} \tag{1.1}$$

$$X(y) = \{x \in R_+^p \mid (x, y) \in \varphi\} \tag{1.2}$$

$$\partial X(y) = \{x \mid x \in X(y), \theta x \notin X(y), \forall 0 < \theta < 1\} \tag{1.3}$$

$$\hat{\theta}_k = \min\{\theta \mid y_k \leqslant \sum_{i=1}^n \lambda_i y_i; \theta x_k \geqslant \sum_{i=1}^n \lambda_i x_i; \theta > 0;$$

$$\sum_{i=1}^{n} \lambda_i = 1, \ i = 1, \ \cdots, \ n \} \tag{1.4}$$

为了评价创新效率的跨期动态变化，需要在 Bootstrap – DEA 框架下构建 Malmquist 指数，具体测度如式（1.5）所示。其中，$E_i^G(x_i^{t+1}, y_i^{t+1}, b_i^{t+1})$ 和 $E_i^G(x_i^t, y_i^t, b_i^t)$ 分别表示基于全局基准的第 t + 1 期以及第 t 期的创新效率。Malmquist 指数大于 1 表示创新效率从 t 时期到 t + 1 时期是提高的，Malmquist 指数小于 1 则表示创新效率从 t 时期到 t + 1 时期是下降的，Malmquist 指数等于 1 则表示创新效率保持不变。

$$\text{Malmquist}_i^G(x_i^{t+1}, \ y_i^{t+1}, \ b_i^{t+1}, \ x_i^t, \ y_i^t, \ b_i^t) = \frac{E_i^G(x_i^{t+1}, \ y_i^{t+1}, \ b_i^{t+1})}{E_i^G(x_i^t, \ y_i^t, \ b_i^t)}$$

$$\tag{1.5}$$

根据西玛和威尔逊（Simar and Wilson, 1998, 1999, 2000）提出的 Bootstrap – DEA 方法，本章在 95% 的置信度下进行 2000 次迭代。具体步骤如下：第一步，对于全部决策单元 (x_k, y_k)，$k = 1, \ \cdots, \ n$，采用标准 DEA 方法得到第 k 个决策单元的创新效率 $\hat{\theta}_k$；第二步，根据标准效率 $\hat{\theta}_k$，采用 Bootstrap 方法进行 b 次迭代，模拟生成 n 列随机创新效率 $\theta_{1b}^*, \ \cdots, \ \theta_{nb}^*$；第三步，测度模拟样本 (x_{kb}^*, y_k)，$k = 1, \ \cdots, \ n$，$x_{kb}^* = (\hat{\theta}_k / \theta_{nb}^*) \, X_k$；第四步，利用 DEA 方法测度模拟样本的效率估计值 $\hat{\theta}_{kb}^*$；第五步，对每一个决策单元 (x_k, y_k) 重复第二步至第四步 b 次，获得 b 个创新效率估计值 $\hat{\theta}_{kb}^*$，$b = 1, \ \cdots, \ B$。之后开始计算标准 DEA 模型的估计偏差，Bootstrap – DEA 通过重复抽样的方法模拟数据的生成过程，以此对效率测度偏差进行纠偏。其中，效率测度偏差的计算方法如式（1.6）所示，基于蒙特卡洛模拟的估计结果如式（1.7）所示。

$$\text{Bias}(\hat{\theta}_k) = E(\hat{\theta}_k) - \hat{\theta}_k \tag{1.6}$$

$$\hat{\text{Bias}}(\hat{\theta}_k) = B^{-1} \sum_{b=1}^{B} (\hat{\theta}_{kb}^*) - \hat{\theta}_k \tag{1.7}$$

最后，经过 Bootstrap – DEA 纠偏后的估计值及其置信区间如式（1.8）与式（1.9）所示：

$$\tilde{\theta}_k = \hat{\theta}_k - \hat{\text{Bias}}(\hat{\theta}_k) = 2\hat{\theta}_k - B^{-1} \sum_{b=1}^{B} (\hat{\theta}_{kb}^*) \tag{1.8}$$

$$\hat{\theta}_k + \hat{a}_\alpha \leqslant \theta_k \leqslant \hat{\theta}_k + \hat{b}_\alpha \tag{1.9}$$

（2）数据与来源。在投入变量的选择上，采用 R&D 人员投入和 R&D 资本存量两项指标。其中，R&D 人员投入用 R&D 人员全时当量来衡量。对于 R&D 资本存量，借鉴吴延兵（2006）的处理方法，基于永续盘存法（Perpetual Inventory Method，PIM）估算分省 R&D 资本存量。首先，构造 R&D 价格指数，以 2012 年为基期对 R&D 经费进行平减处理。其次，借鉴白俊红和蒋伏心（2015）、洪（Hong，2016）的处理方法，假设 R&D 资本存量的增长率与实际 R&D 经费保持一致，并将 R&D 资本的折旧率设定为 15%，根据公式 $K_{ro} = E_{ro}/(g + \delta)$ 核算以 2012 年为基期的 R&D 资本存量。其中 K_{ro} 为基期的 R&D 资本存量，E_{ro} 为基期实际 R&D 经费支出，δ 为折旧率，g 为实际 R&D 经费支出的几何增长率。最后，基于公式：$K_{rt} = (1 - \delta) \times K_{r(t-1)} + E_{r(t-1)}$，核算各省份实际的 R&D 资本存量。其中 K_{rt} 表示 R&D 资本存量，$E_{r(t-1)}$ 表示 r 地区的第 t-1 期实际 R&D 经费支出。

在创新产出的变量选择上，一方面采用国内三种专利申请授权量进行衡量，其中发明专利申请授权量、实用新型专利申请授权量和外观设计专利申请授权量分别赋予 0.5、0.3 和 0.2 的权重（杨骞等，2021），计算国内三种专利申请授权的加权数；另一方面采用技术市场交易额进行衡量。2012～2020 年国内三种专利授权数、技术市场成交额来自国家统计局数据库。

参考文献

［1］白俊红、蒋伏心：《协同创新、空间关联与区域创新绩效》，载《经济研究》2015 年第 7 期。

［2］韩永辉：《中国省域生态治理绩效评价研究》，载《统计研究》2017 年第 11 期。

［3］吴延兵：《R&D 存量、知识函数与生产效率》，载《经济学（季刊）》2006 年第 4 期。

［4］王亚华、吴凡、王争：《交通行业生产率变动的 Bootstrap - Malmquist 指数分析（1980—2005）》，载《经济学（季刊）》2008 年第 3 期。

［5］赵楠、李江华：《中国农业信贷效率及其影响因素研究》，载《数量经济技术经济研究》2015 年第 4 期。

［6］Hong, J., et al., "Do Government Grants Promote Innovation Efficiency in China's High-tech Industries?", *Technovation*, Vol. 57 - 58, 2016, pp. 4 - 13.

[7] Kniep A. , Simar L. , Wilson P. , "A Symptotics for DEA Estimators in Nonparametric Frontier Models", *IAP Technical Report*, 0323, 2003, pp. 27 – 29.

[8] Simar L. , Wilson P. W. , "Sensitivity Analysis of Efficiency Scores: How to Bootstrap in Nonparametric Frontier Models", *Management Science*, Vol. 44 (1), 1998, pp. 49 – 61.

[9] Simar L. , Wilson P. W. , "Of Course We Can Bootstrap DEA Scores! But Does it Mean Anything? Logic Trumps Wishful Thinking", *Journal of Productivity Analysis*, Vol. 11 (1), 1999, pp. 93 – 97.

[10] Simar L. , Wilson P. W. , "Statistical Inference in Nonparametric Frontier Models: The State of the Art", *Journal of Productivity Analysis*, Vol. 13 (1), 2000, pp. 49 – 78.

44

第二章 新时代的中国能源革命：历程、成就与展望[*]

本章简介： 进入新时代，面对能源供需矛盾日益突出、能源结构转型步伐加快的国内国际背景，中国坚定不移推进能源革命。本章深刻阐释了新时代中国能源革命的国际国内背景，全面回顾并系统梳理了能源革命的思想发展和重要举措，遵循"让事实说话、让数据说话"的原则，从能源强度、能源结构、非化石能源开发和全要素能源效率4个维度，通过量化分析，真实立体展示了党的十八大以来中国能源革命取得的重大成就。进入新时代以来，中国以"四个革命、一个合作"的能源安全新战略为指引，多措并举加快推进能源革命，推动形成了能源强度稳步下降、能源结构持续优化、非化石能源加快开发、能源效率明显改善的能源发展新格局，能源生产和消费方式实现了历史性变革，现代能源体系建设迈上新台阶，为新时代的高质量发展提供了重要支撑。面对"双碳"目标对新时期推进能源革命提出的新要求和新挑战，中国应在巩固能源革命成效的基础上，坚持完善能源消费强度和总量双控制度、正确把握能源结构以煤为主的基本国情、科学有序推进非化石能源开发利用、重视从全要素角度推进能源效率提升，持续向着保障国家能源安全、构建现代能源体系、加快建设能源强国的方向前进。

第一节 引 言

党的十八大以来，中国发展进入了新时代，中国能源发展也进入了

---

*　刘华军、石印、郭立祥、乔列成：《新时代的中国能源革命：历程、成就与展望》，载《管理世界》2022年第7期。

新时代。着眼世界能源百年变局和国家能源安全，新时代的中国正进行着一场轰轰烈烈的能源革命。2012 年 11 月，党的十八大首次提出了"推动能源生产和消费革命"。2014 年 6 月 13 日，习近平总书记在中央财经领导小组第六次会议上创造性地提出了"四个革命、一个合作"①的能源安全新战略（即推动能源消费革命、能源供给革命、能源技术革命、能源体制革命，并全方位加强国际合作），为新时代中国能源高质量发展指明了方向。2021 年 11 月召开的党的十九届六中全会审议通过了《中共中央关于党的百年奋斗重大成就和历史经验的决议》，全面总结了党的百年奋斗重大成就和历史经验，重点总结了新时代党和国家事业取得的历史性成就、发生的历史性变革和积累的新鲜经验。作为新时代党领导经济工作和生态环境保护工作的重要内容，中国的能源革命在哪些领域开展了实践？这些实践取得了哪些重大成就？未来又将如何深入推进能源革命？这些问题迫切需要进行全面总结和系统回答。在向着全面建成社会主义现代化强国的第二个百年奋斗目标迈进的重大历史关头，总结好新时代能源革命的实践历程和重大成就，对于保障国家能源安全、构建现代能源体系、实现"双碳"目标、加快建设能源强国具有极其重要的参考价值。

能源革命战略是习近平新时代中国特色社会主义思想的重要组成部分，大量文献对"四个革命、一个合作"能源安全新战略进行了深入阐释。周大地（2014）认为，能源革命能够推动绿色发展，只有通过能源革命，抑制高碳能源扩张，才能实现能源与经济社会可持续发展。何建坤（2014）认为，能源消费革命的实质就是习近平总书记所强调的"坚决控制能源消费总量"，②能源生产革命的实质就是要保证能源供应清洁低碳化。黄晓勇（2015）认为，贯彻"四个革命、一个合作"能源安全新战略，需要从"一带一路"国际能源合作、区域协同发展、技术创新和体制变革等方面落实。林伯强（2018）结合党的十九大报告，从经济学角度阐释了推进能源革命的重要性，并就能源生产和消费革命内涵进行了深入的学理阐释。童亚辉（2019）梳理了习近平总书记自 2002 年在浙江工作期间关于推动浙江能源转型变革发展的一系列

---

① 《习近平关于全面建成小康社会论述摘编》，中央文献出版社 2016 年版，第 175 页。

② 《习近平关于社会主义生态文明建设论述摘编》，中央文献出版社 2017 年版，第 59 页。

重要论述，回顾了习近平总书记"四个革命、一个合作"能源安全新战略的形成过程。孙宏斌（2020）认为，能源事关生态文明、经济重振、脱贫攻坚和创新创业，在经济社会发展关键期，能源革命将为发展带来巨大动能。舒印彪（2020）认为，习近平总书记提出的能源安全新战略代表了中国能源战略理论创新的新高度，对于保障中国能源安全、引领能源高质量发展、满足人民群众对美好生活向往、深度参与全球能源治理等方面具有重大指导意义。

能源革命的持续推进促进了新时代的能源发展，部分文献从多个方面对中国能源发展取得的重大成就进行了展示。国务院新闻办公室于2020年12月发布《新时代的中国能源发展》白皮书，从能源生产、消费、技术、体制、惠民、绿色发展以及国际合作等方面展示了新时代中国能源发展取得的成就。中国社会科学院数量经济与技术经济研究所"能源转型与能源安全研究"课题组撰写的《中国能源转型：走向碳中和》，详细展示了中国家庭、工业、交通、供暖等部门的用能结构，研究表明，进入新时代以来中国积极推进能源清洁替代工作，能源绿色低碳转型进程不断加快。在最新的研究中，尽管相关文献没有针对性考察新时代能源革命的进展问题，但通过构造相关能源指标，从不同侧面考察并反映了新时代以来中国能源革命所取得的成就。例如，史丹和李少林（2020）、高鹏和岳书敬（2020）等利用 DEA 方法测算了中国的全要素能源效率，结果表明，党的十八大以来中国的全要素能源效率显著提升，新时代中国能源革命在推动高质量发展上发挥了重要的积极作用。薛钦源等（2021）和杨等（Yang et al.，2021）分别利用 Shannon - Wiener 指数和马尔科夫链分析方法考察了中国能源结构的演变趋势和特征，他们的研究结果表明，党的十八大以来，中国非化石能源生产消费比重持续扩大，能源结构优化调整步伐不断加快。周等（Zhou et al.，2022）基于生产理论对中国城市能源强度的变化及其驱动因素进行了分解，研究发现，党的十八大以来，技术变革和要素替代在中国能源强度下降进程中发挥了重要作用。

"双碳"目标的提出对能源革命提出了新的挑战，部分学者紧跟前沿，围绕能源转型问题展开了深入研究。范英和衣博文（2021）在准确把握能源转型国际实践和国内趋势的基础上，考察了中国能源转型的四大驱动因素和两大机制障碍，从政策、创新、市场、行为 4 个方面提出了中国能源转型的多维驱动模式，并对"双碳"目标下中国能源革命的路径选择进行了深入讨论。张希良等（2022）利用"中国—全球能源模型（C-GEM）"对中国能源转型路径和减排措施进行定量模拟和识别，提出了提升能源利用效率、优化能源消费结构、增加非化石电力供应比重、完善碳定价机制等建议，明确了"双碳"目标下中国能源革命的推进方向。林伯强（2022）基于情景分析指出了能源结构调整对于实现"双碳"目标的重要作用，提出了涵盖供给和需求两侧的碳中和方案，为认识和把握"双碳"目标、有序推进能源转型提供了重要参考。鲁等（Lu et al.，2021）在"双碳"目标下建立了2020~2060年太阳能光伏发电潜力及其成本竞争力的综合评估模型，定量评估了中国技术可行、经济平价、电网兼容的光伏发电潜力，明确了"光伏＋储能"的应用前景，为新时期的能源结构调整与新型电力系统低碳零碳转型提供了有益参考。

以上文献加深了对新时代中国能源革命的理解，深化了对新时期中国能源革命重大成就的直观认识，但重点总结、梳理、阐释、分析新时代中国能源革命实践历程的文献相对较少，而专门针对新时代中国能源革命重大成就开展量化分析的文献更为稀少。因此，总结好、阐释好、量化好、展示好新时代中国能源革命的实践历程与重大成就，成为摆在心怀"国之大者"的科研工作者面前的一项重要任务。本章聚焦党的十八大以来中国能源革命的实践历程和重大成就，深刻阐释坚定不移推进能源革命的时代背景，全面总结并系统梳理新时代中国能源革命的实践历程，遵循"让事实说话、让数据说话"的原则，综合运用马尔科夫链等多样化量化分析工具，从能源强度、能源结构、非化石能源开发和全要素能源效率4个维度，以及全国、区域和省际3个层面，真实立体地展示党的十八大以来中国能源革命所取得的重大成就。同时，对标"双碳"目标，就如何深入推进能源革命进行展望，为新时期继续做好能源革命工作、保障国家能源安全、构建现代能源体系、加快建设能源强国提供决策参考。

第二节　新时代中国能源革命的实践历程

中国能源革命在国际能源格局重塑步伐加快、国内能源供需矛盾日益突出的时代背景下展开，以能源安全新战略为指引，围绕优化能源供给结构、推动能源清洁利用、协同推进减污降碳、强化能源科技攻关、深化能源体制改革、拓展能源国际合作等方面持续推进。

一、能源革命的时代背景

推进能源革命是党中央统筹国内国际两个大局，以保障国家能源安全为目标作出的重大战略部署。2014 年 6 月 13 日，习近平总书记在中央财经领导小组第六次会议上强调，"面对能源供需格局新变化、国际能源发展新趋势，保障国家能源安全，必须推动能源生产和消费革命"。[①] 下面从国际、国内两方面阐释能源革命提出的时代背景。

（一）国际背景

改革开放以来，中国经济快速增长，对于油气资源的必要需求急剧增加，而"富煤、贫油、少气"的能源结构特点使得中国只能被动适应国际油气资源贸易规则，过度煤炭消费也越发受到全球环境治理规则的约束。长此以往，不仅不利于保障国内能源安全，也不利于提升中国国际话语权，随着国际能源格局加速演变，推进能源革命迫在眉睫。

第一，气候谈判压力大。当前，全球能源消费结构以油气资源为主，而中国能源消费主要来自煤炭，大量煤炭消费使得中国碳排放量居高不下，在应对国际气候变化方面压力巨大。图 2 – 1（a）显示，平均而言，全球油气资源消费比重长期维持在 60% 左右，其中，中东地区的能源消费几乎全部来自石油和天然气，俄罗斯 74%以上的能源消费来自油气资源，欧美等国油气资源消费比重也在全球平均水平之上，而中国油气资源消费比重则不足 25%，远低于世界平均水平，且不足巴西的 1/2，甚至比印度低了 10 个百分点。居高不下的煤炭消费比重使得中国碳排放持续增加，2006 年，中国二氧化碳排放占全球排放的 1/5 以上，超过美国成为全球碳排放最多的国家

---

① 《习近平谈治国理政（第一卷）》，外文出版社 2018 年版，第 130 页。

（Gregg et al.，2008）。2009 年，中国碳排放总量占全球碳排放的比
重进一步扩大至 1/4 以上，面临着巨大的碳减排压力。因此，为了
深度参与全球气候治理，不断提升中国在国际气候谈判中的主动
权，推动能源生产和消费革命，加快建立清洁低碳、安全高效的现
代能源体系。

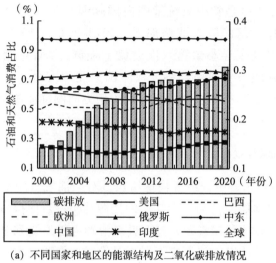

（a）不同国家和地区的能源结构及二氧化碳排放情况

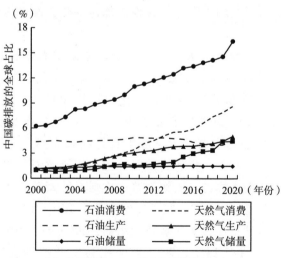

（b）油气资源生产、消费和储量的全球占比

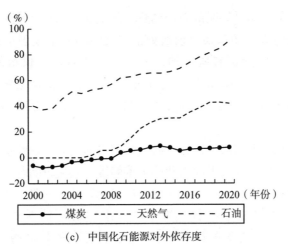

（c）中国化石能源对外依存度

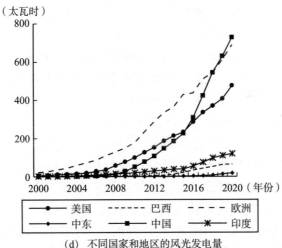

（d）不同国家和地区的风光发电量

图 2 - 1　中国能源革命的国际背景

资料来源：笔者根据 2021 年《BP 世界能源统计年鉴》相关数据整理绘制。其中，图 2 - 1（c）中的能源对外依存度通过"能源净进口量与能源消费量之比"计算得到。

　　第二，油气资源储量少。在国际上，中国油气资源消费快速增长，但产量和储量遇到增长瓶颈，且石油储量相对偏少，难以长期维系持续高强度的国内油气资源开采。根据中国油气资源消费量、产量和已探明储量的全球占比情况（见图 2 - 1（b）），在能源革命提出之前，中国石油消费增长迅速，石油消费量占全球石油消费总量比重由 2000 年的 6.21% 上升至 2011 年的 11.30%，石油产量占比则维持在 4.54% 水平上下波动，但历年已探明的石油储量不足全球 1.42%。天然气消费量、产量和储存量在能源革命之前所处的状况也与石油发展情况类似，尽管产量和已探明储量有所增加，但国内供给水平和供给能力依旧不足。在此背景下，中国迫切需要通过能源革命推进油气资源勘探开采技术，提高油气资源战略储备，突破油气资源开发瓶颈，确保国家能源安全。

第三，化石能源对外依存度高。受国内油气资源供给水平和供给能力不足影响，中国油气资源消费严重依赖进口，化石能源的对外依存度连年攀升（见图 2-1（c）），不仅加剧了地缘政治风险，而且容易在全球能源规则中失去话语权。2011 年，中国的石油对外依存度达到64.63%，而天然气净进口量占国内天然气消费总量的比重也达到22.57%。随着国际能源博弈日益加剧和国际不稳定局势不断演变，若中国长期受到全球能源贸易规则的约束和国际能源价格剧烈波动的不利影响，国家能源安全必然会受到严重威胁。为此，中国必须通过能源革命深化全球能源合作，从国际能源治理体系的接受者转变为参与者和引领者，推动多元化全球能源进口来源和进口方式，避免受到单个国家和群体制裁，打造安全高效的国际能源供需模式。

第四，全球能源变革速度加快。党的十八大之前，中国在探索、研发、布局石油替代能源方面与欧美等发达国家之间一直存在着较大差距，迫切需要在全球能源变革中抢占新的制高点。2011 年，中国风光发电量为 76.71 太瓦时，这一发电水平仅相当于美国 2009 年和欧洲2005 年的风光发电水平（见图 2-1（d））。尽管中国在新能源开发方面做出大量努力，风光发电量与其他发展中国家和资源富裕型国家相比有一定优势，但对新能源技术的研发与投入相对滞后。受技术水平限制，中国大量的风光资源被闲置，早期的风电光伏项目出现了严重的弃风弃光问题（周强等，2016），新能源开发水平和开发能力亟待提升。近些年，欧美发达国家在新能源和清洁能源开发方面所做的努力，均是为了打破现有国际石油秩序，实现本国能源独立，重构国际能源格局。对于油气资源贫乏的中国而言，能源革命迫在眉睫。中国拥有丰富的风光资源，随着能源革命持续推进，在新能源生产、储存、传输和使用方面已经具备技术优势和大规模开发新能源能力，必须通过能源革命另辟新能源开发蹊径，这也是打破国际能源规则的重要突破口。

（二）国内背景

新中国成立以来，中国迅速建立起较为完备的能源工业体系。改革开放以来，中国经济实现腾飞，能源生产和消费快速增长，并逐步发展成为世界上最大的能源生产和消费国。能源革命提出之时，中国已经拥有规模庞大的能源基础设施和较为健全的能源体系，但面临一系列突出问题。

第一，经济增长速度快，化石能源依赖程度高。化石能源为中国经济长期快速增长提供了重要支撑，对于促进经济社会发展至关重要，但过度依赖化石能源不利于经济的可持续发展和全面绿色转型。改革开放以来，中国经济长期维持高速增长，1978～2011年，中国平均经济增速高达16.19%（见图2-2（a）），并在2010年超过日本，成为世界第二大经济体。伴随经济的快速增长，中国的化石能源消费也持续攀升。1978～

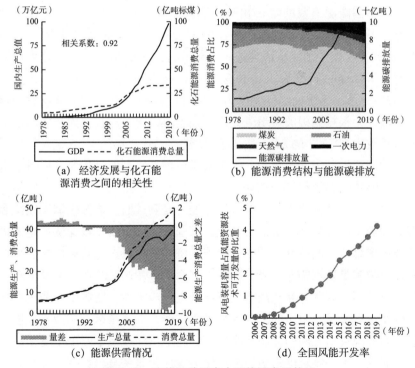

（a）经济发展与化石能源消费之间的相关性

（b）能源消费结构与能源碳排放

（c）能源供需情况

（d）全国风能开发率

图 2-2　改革开放以来中国能源发展状况

资料来源：笔者根据《中国能源统计年鉴》《中国电力年鉴》《中国电力统计年鉴》《全国风能资源详查和评价报告》以及德国波茨坦气候影响研究所（The Potsdam Institute for Climate Impact Research，PIK）数据库相关数据整理绘制。图2-2（d）中，全国风能开发率为风电装机容量与风能资源技术可开发量的比值。

2011年，中国化石能源消费总量由4.99亿吨标准煤上升至31.95亿吨标准煤，年均增长达到4.78%，并于2009年超过美国成为全球能源消费第一大国。中国经济增长与化石能源消费之间高度耦合，1978~2019年经济增长与化石能源消费之间的相关系数高达0.92。为此，必须加快转变过度依赖化石能源的经济增长模式，推动实现经济高质量发展。

第二，煤炭消费占比高，碳减排压力大。不合理的能源消费不仅造成了大量资源浪费，也扭曲了发展与保护之间的内在联系。以煤为主的能源消费结构在中国长期存在，使得中国面临着巨大的碳减排压力，为推动经济社会发展全面绿色转型带来了严峻挑战（见图2-2（b））。中国能源二氧化碳排放情况依次经历了三个时期，即"爬坡期"（1978~2001年）、"急升期"（2002~2011年）和"控制期"（2012年至今）。其中，"爬坡期"处在经济盘整恢复布局发展的改革开放初期阶段，这一时期中国能源消费的增长相对平稳，碳排放量以年均3.45%的增速温和上升。加入WTO以后，中国的能源生产消费碳排放进入"急升期"。这一时期中国经济活力进一步释放，但是在追求经济快速发展的同时，不合理的能源需求也快速增长，能源碳排放量年均增长达到10.69%，生态系统面临巨大压力。新时代以来，中国能源碳排放增速明显放缓，根据德国波茨坦气候影响研究所（PIK）数据库，中国的能源碳排放由2012年的88.4亿吨缓慢增长至2019年的94.6亿吨，这一时期中国积极开展能源革命，能源碳排放增速得到明显控制，彰显了党中央战略决策的敏锐性和正确性。

第三，能源供给不足，自主保障能力受到威胁。能源供需不匹配表现为能源生产和消费总量的不匹配，即国内能源供给总量无法满足国内能源需求总量。改革开放初期，中国经济体量较小，此时国内能源生产总量尚能满足发展需求（见图2-2（c））。1992年以来，中国出现了能源供给不足问题，并且随着经济规模进一步扩大，能源生产和消费均以较快速度增长，由于能源消费增速快于能源生产增速，从而导致能源生产与能源消费之间的差距不断拉大。能源供需规模不匹配主要受三个方面制约，一是煤炭供给多但减排压力大所带来的环境约束；二是石油天然气资源开发多但储量少所带来的进口依赖制约；三是清洁低碳能源供给种类多但占比少所带来的开发能力制约。为了解决日益突出的能源供给不足问题，中国迫切需要通过推动能源革命增强能源自主保障能力。

第四，新能源开发潜力大，开发技术亟待突破。中国拥有丰富的风能和太阳能资源，但中国的风电、光伏等新能源开发受到技术水平制约。根据中国气象局风能太阳能资源中心2015年发布的《全国风能资源详查和评价报告》，中国陆地70米高度平均风功率密度达到200瓦/平方米及以上等级的风能资源技术可开发量为50亿千瓦，而在2014年之前，中国风能装机容量只有0.97亿千瓦，仅为可开发风能资源的2%（见图2-2（d））。新能源开发能力受限主要源于技术水平落后，一方面是新能源发电设备、材料技术水平落后造成的新能源转换率较低；另一方面是新能源并网技术水平落后造成的弃风、弃光问题。根据国家能源局公布的数据①，2016年陕西、甘肃、青海、宁夏、新疆西北5省的弃风率高达33.34%，弃光率也在19.81%。因此，中国迫切需要推动能源革命，加快突破新能源开发与应用领域的关键技术，释放国内新能源开发潜力。

二、能源革命发展历程

进入新时代以来，在"四个革命、一个合作"的能源安全新战略指引下，中国能源革命经历了一个从"推动"到"推进""加快推进"再到"深入推动"的发展过程（见图2-3）。

首先是"推动能源生产和消费革命"。2012年11月召开的党的十八大首次提出"推动能源生产和消费革命"。以"革命"一词代替"改革"，意味着不能用固化思维去理解未来道路。新时代的中国能源发展不同以往，过去在能源领域暴露出的腐败、浪费、污染等问题将得到根本解决，新时代的能源发展之路由此开启。2014年6月13日，习近平总书记在中央财经领导小组第六次会议上明确提出了"四个革命、一个合作"②能源安全新战略，为新时代能源高质量发展指明了方向、开辟了道路，成为新时代推进能源革命的根本遵循。

其次是"推进能源革命"。2015年10月召开的党的十八届五中全会首次提出"推进能源革命"，并提出"建设清洁低碳、安全高效的现代能源体系"。党的十九大报告和《中华人民共和国国民经济和社会发展第十四个五年规划和2035年远景目标纲要》重申这一内容。能源革

55

---

① 资料来源：国家能源局官网：http://www.nea.gov.cn/2017-01/19/c_135996630.htm。
② 《习近平关于全面建成小康社会论述摘编》，中央文献出版社2016年版，第175页。

命由"推动"到"推进",意味着经过 3 年的努力,中国能源革命的基本路线不断清晰完善,"清洁低碳、安全高效"八个字高度概括了能源革命的内容和目标,明确了建设什么样的现代能源体系。

再次是"加快推进能源生产和消费革命"。2016 年 12 月 28 日,习近平总书记对神华宁煤煤制油示范项目建成投产作出重要指示强调,要加快推进能源生产和消费革命,增强我国能源自主保障能力。① 在加快

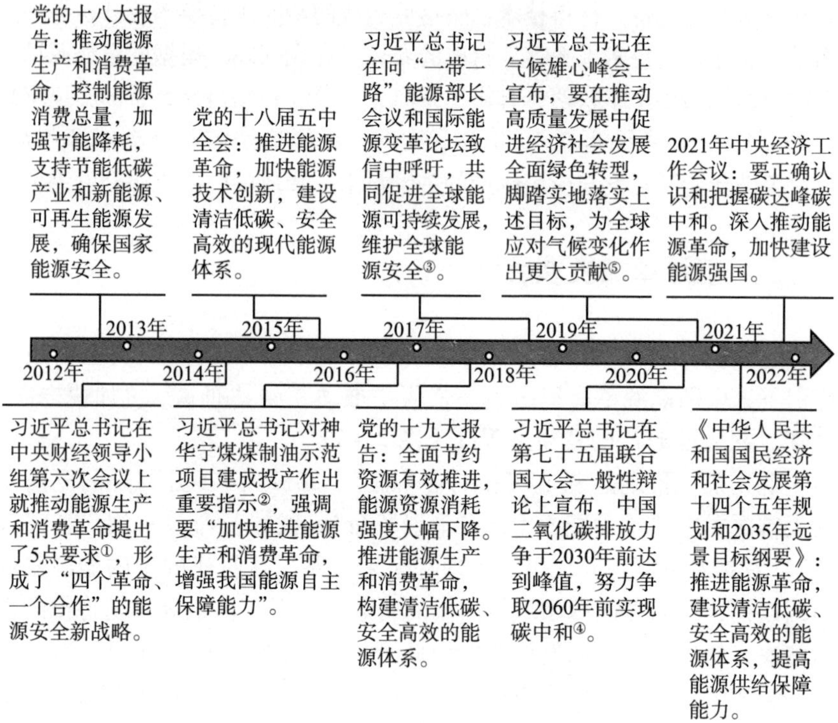

党的十八大报告:推动能源生产和消费革命,控制能源消费总量,加强节能降耗,支持节能低碳产业和新能源、可再生能源发展,确保国家能源安全。

党的十八届五中全会:推进能源革命,加快能源技术创新,建设清洁低碳、安全高效的现代能源体系。

习近平总书记在向"一带一路"能源部长会议和国际能源变革论坛致信中呼吁,共同促进全球能源可持续发展,维护全球能源安全③。

习近平总书记在气候雄心峰会上宣布,要在推动高质量发展中促进经济社会发展全面绿色转型,脚踏实地落实上述目标,为全球应对气候变化作出更大贡献⑤。

2021年中央经济工作会议:要正确认识和把握碳达峰碳中和。深入推动能源革命,加快建设能源强国。

2013年 2015年 2017年 2019年 2021年
2012年 2014年 2016年 2018年 2020年 2022年

习近平总书记在中央财经领导小组第六次会议上就推动能源生产和消费革命提出了5点要求①,形成了"四个革命、一个合作"的能源安全新战略。

习近平总书记对神华宁煤煤制油示范项目建成投产作出重要指示②,强调要"加快推进能源生产和消费革命,增强我国能源自主保障能力"。

党的十九大报告:全面节约资源有效推进,能源资源消耗强度大幅下降。推进能源生产和消费革命,构建清洁低碳、安全高效的能源体系。

习近平总书记在第七十五届联合国大会一般性辩论上宣布,中国二氧化碳排放力争于2030年前达到峰值,努力争取2060年前实现碳中和④。

《中华人民共和国国民经济和社会发展第十四个五年规划和2035年远景目标纲要》:推进能源革命,建设清洁低碳、安全高效的能源体系,提高能源供给保障能力。

图 2-3 中国能源革命发展历程

注:图中资料具体来源:①新华网,网址:http://www.xinhuanet.com/politics/2014-06/13/c_1111139161.htm。②新华网,网址:http://www.xinhuanet.com//politics/2016-12/28/c_1120207142.htm。③新华网,网址:http://www.xinhuanet.com/politics/leaders/2018-10/18/c_1123576860.htm。④新华网,网址:http://www.xinhuanet.com/politics/leaders/2020-09/22/c_1126527647.htm。⑤新华网,网址:http://www.xinhuanet.com/politics/leaders/2020-12/12/c_1126853599.htm。

资料来源:笔者根据公开资料整理绘制。

① 资料来源:新华网,网址:http://www.xinhuanet.com//politics/2016-12/28/c_1120207142.htm。

推进能源革命过程中，中国更加重视能源清洁低碳发展，并坚持与国际接轨，重视能源国际合作，成为全球能源治理的重要参与者。2020年9月22日，习近平总书记在第七十五届联合国大会一般性辩论上的讲话中宣布，中国二氧化碳排放力争于2030年前达到峰值，努力争取2060年前实现碳中和。[①] 2020年12月，习近平总书记在气候雄心峰会上进一步宣布了中国非化石能源消费比重目标，[②] 为中国能源的创新发展和低碳布局指明了方向。

最后是"深入推动能源革命"。2021年中央经济工作会议作出"深入推动能源革命，加快建设能源强国"的重大决策部署，从"加快"到"深入"，意味着新时代的能源革命工作需要更加注重把控细节。能源强国的建设并非朝夕，细节决定成败，必须正确理解和全面把握党中央的部署要求，与时俱进并及时纠偏，将新时代中国能源事业加快推向高质量发展轨道。

三、能源革命战略举措

党的十八大以来，中国践行能源安全新战略，多措并举推进能源革命，围绕优化能源供给结构、推动能源清洁利用、协同推进减污降碳、强化能源科技攻关、深化能源体制改革和拓展能源国际合作等方面不断加强能源领域改革与发展的顶层设计。相继出台能源发展"十二五""十三五""十四五"规划，以及《能源发展战略行动计划（2014—2020年）》《能源生产和消费革命战略（2016—2030年）》《"十四五"现代能源体系规划》等纲领性文件和《能源技术革命创新行动计划（2016—2030年）》《煤电节能减排升级与改造行动计划（2014—2020年）》《可再生能源发展"十三五"规划》《地热能开发利用"十三五"规划》等专项规划方案。2019年5月，中央全面深化改革委员会第八次会议审议通过了《关于在山西开展能源革命综合改革试点的意见》，将山西省确立为全国首个能源革命综合改革试点省份，并在全国范围内

---

①　资料来源：新华网，网址：http：//www.xinhuanet.com/politics/leaders/2020－09/22/c_1126527647.htm。

②　资料来源：新华网，网址：http：//www.xinhuanet.com/politics/leaders/2020－12/12/c_1126853599.htm。

建立起一大批低碳试点城市、新能源车试点城市和新能源示范城市。伴随能源领域一系列重磅规划和政策的密集出台，中国推进能源革命的战略规划体系已经形成并日益完善，为保障国家能源安全、构建现代能源体系、推进"双碳"目标、加快建设能源强国打下了坚实基础。

（1）优化能源供给结构。传统能源产能过剩是中国能源发展面临的一项重要挑战。党的十八大以来，中国持续推进能源供给侧结构性改革，围绕煤炭、煤电、石化等行业的落后低效产能淘汰和优质高效产能释放，出台《关于加快发展节能环保产业的意见》《重点地区煤炭消费减量替代管理暂行办法》《关于煤炭行业化解过剩产能实现脱困发展的意见》等政策文件。围绕清洁能源、可再生能源的开发利用，出台《关于促进光伏产业健康发展的若干意见》《关于促进地热能开发利用的若干意见》《可再生能源调峰机组优先发电试行办法》等政策文件。各地区各部门深入贯彻落实党中央决策部署，持续开展淘汰不达标燃煤机组、促进石化产业结构转型、扶持新能源和可再生能源发展工作，加快建立多轮驱动的能源供应体系。

（2）推动能源清洁利用。不合理的能源消费是造成能源效率低下的重要原因。党的十八大以来，中国严格落实能耗双控制度，两次修订《中华人民共和国节约能源法》，不断完善各领域节能制度，出台了《关于开展1.6升及以下节能环保汽车推广工作的通知》《关于加快新能源汽车推广应用的指导意见》《重点地区煤炭消费减量替代管理暂行办法》等政策文件。国家发改委、工信部、交通运输部、财政部等部门出台《工业领域煤炭清洁高效利用行动计划》《关于促进绿色消费的指导意见》《关于节约能源使用新能源车船车船税优惠政策的通知》《关于加快推进新能源汽车在交通运输行业推广应用的实施意见》《关于推进电能替代的指导意见》等专项文件，积极引导能源消费绿色转型。

（3）协同推进减污降碳。能源消费是污染排放和碳排放的共同根源。2020年中央经济工作会议强调，要继续打好污染防治攻坚战，实现减污降碳协同效应。党的十八大以来，中国将环境保护和气候治理工作提升到了前所未有的高度。2013年，面对频繁爆发的大范围重污染天气，中国秉持以人民为中心的执政理念，颁布实施《大气污染防治行动计划》（简称大气"国十条"），坚决向大气污染宣战，全面打响蓝天保卫战。为了打赢蓝天保卫战，2018 年，中共中央、国务院出台《关于全面加强生态环境保护坚决打好污染防治攻坚战的意见》，国务院印发《打赢蓝天保卫战三年行动计划》，明确了打赢蓝天保卫战的路线图和时间表。2021 年 11 月，中共中央、国务院印发《关于深入打好污染防治攻坚战的意见》，更加突出精准治污、科学治污、依法治污，充分彰显了中国在大气污染防治攻坚战上方向不变、力度不减的战略定力。在气候治理方面，中国的气候治理国际承诺从 2015 年的"2030 年左右二氧化碳排放达到峰值"转变为 2020 年的"力争 2030 年前实现碳达峰，2060 年前实现碳中和"，并就能源应对气候变化方面作出了"非化石能源占一次能源消费比重达 25%"的具体承诺。为了如期实现碳达峰、碳中和目标，2021 年，中国先后印发《中共中央、国务院关于完整准确全面贯彻新发展理念做好碳达峰碳中和工作的意见》和《2030年前碳达峰行动方案》，建立起实现"双碳"目标的"1 + N 政策体系"。

（4）强化能源科技攻关。创新是引领能源发展的第一动力，增强能源自主保障能力，将能源的饭碗牢牢端在自己手里，必须强化能源科技攻关。2016 年 5 月，中共中央、国务院发布《国家创新驱动发展战略纲要》，就"发展安全清洁高效的现代能源技术，推动能源生产和消费革命"提出具体要求。国家发改委、国家能源局、科学技术部等部委印发《能源技术革命创新行动计划（2016—2030 年）》《"十四五"能源领域科技创新规划》等推动能源科技进步的顶层设计文件，并出台《氢能产业发展中长期规划（2021—2035 年）》《关于"十四五"推动石化化工行业高质量发展的指导意见》等专项规划文件，明确了能源技术创新的 15 个重点方向，加大了新能源设备材料全产业链发展、煤矿智能化发展、新型储能技术研发、氢能技术应用、特高压远距离输电等方面的财政支持力度，为能源新技术、新模式、新业态的发展提供了良好的政策保障。

（5）深化能源体制改革。能源革命的核心在于体制革命。党的十八大以来，围绕能源价格形成机制、能源市场准入机制、能源"放管服"改革、全国统一能源市场建设等方面，中国持续深化能源体制改革。一是稳步推进能源价格形成机制。国家发改委就电解铝企业电价政策、居民生活用气价格、电解铝企业电价、新能源发电上网定价等出台

59

相应政策，不断完善能源价格机制。二是完善能源市场准入机制。在油品行业开采、销售和进口权限上放宽权限，电力行业也专门出台了《关于进一步深化电力体制改革的若干意见》，明确要求区分竞争性和垄断性环节，有效推动了能源领域的自然垄断性业务和竞争性业务分离。三是深化能源"放管服"改革。能源行业逐步从上下游一体化模式向"管住中间、放开两头"模式转变，《关于深化石油天然气体制改革的若干意见》《关于进一步深化电力体制改革的若干意见》和《能源领域深化"放管服"改革优化营商环境实施意见》等文件就如何更好发挥政府和市场两个职能作了明确规定。四是加快建设全国统一的能源市场。2022年1月，国家发改委、国家能源局发布《关于加快建设全国统一电力市场体系的指导意见》，为推动建立体系完整、功能完善、交易规则统一、交易市场畅通的全国统一电力市场体系提供政策保障。2022年4月，中共中央、国务院发布《关于加快建设全国统一大市场的意见》，强调要在有效保障能源安全供应的前提下，结合实现碳达峰碳中和目标任务，有序推进全国能源市场建设。

（6）拓展能源国际合作。加强能源领域合作是"四个革命、一个合作"能源革命战略的重要任务之一。党的十八大以来，中国扎实推进能源国际合作，持续扩大能源领域对外开放，不断增强和提升能源安全保障能力。2013年"一带一路"倡议提出以来，能源领域成为"一带一路"国际合作的先锋。2022年3月，国家发改委、外交部、生态环境部、商务部联合发布《关于推进共建"一带一路"绿色发展的意见》，明确了绿色基建、绿色能源、绿色交通、绿色金融等重点合作领域，为统筹推进"一带一路"绿色发展、着力打造更加紧密的国际能源合作伙伴关系擘画了总蓝图。与此同时，"一带一路"能源国际合作也不断向欧陆延展。在能源转型、新能源发展、天然气消费和能效提升等多个领域，中欧能源合作具有相当的深化合作潜力，随着《中欧领导人气候变化和清洁能源联合声明》《中欧能源安全联合声明》《中欧能源合作路线图（2021—2025）》等一系列重要文件的发布，中欧能源合作框架和合作路线图日臻完善。面对新一轮能源结构调整和能源技术变革趋势，中国适时提出建设全球能源互联网的重大构想。全球能源互联网具有共商、共建、共享、共赢的特征，是世界各国共担低碳减排责任、共享清洁发展成果、共建和平和谐世界的必然选择和务实行动，也是共享发展理念在能源领域的创造性运用。全球能源互联网将为构建人类命运共同体提供新的重要载体，为解决世界能源问题、推动世界能源转型发展、促进人类可持续发展提供了中国智慧和中国方案，得到国际社会高度赞誉和积极响应。

第三节　数据与方法

控制能耗强度及总量、优化能源结构、降低化石能源依赖程度、提高全要素能源效率，不仅是推进能源革命的重要目标，也是保障能源安全的必由之路。本章从能源强度、能源结构、非化石能源开发和全要素能源效率 4 个维度对新时代中国能源革命取得的重大成就进行量化分析。

一、样本数据

本章采用的各项能源指标的时间跨度为 2012～2019 年，样本数据涵盖中国 30 个省级行政区（不包含西藏、中国香港、中国澳门和中国台湾）。其中，全国层面的能源强度用单位国内生产总值的化石能源消费量表示；地区层面的能源强度用单位地区生产总值的化石能源消费量表示。化石能源包括原煤、原油和天然气三种一次能源。对于能源结构指标的选择，全国层面的数据涵盖原煤、原油、天然气、一次电力及其他能源的消费结构；根据数据的可得性，省际层面的能源结构以原煤占化石能源消费总量的比重表示。非化石能源开发以水能、风能、太阳能、核能四种能源的发电装机容量表示。上述数据来源于《中国统计年鉴》《中国能源统计年鉴》《中国电力年鉴（2013—2019）》《中国电力统计年鉴（2020）》。关于全要素能源效率测度指标及其数据来源详见研究方法中的介绍。

二、研究方法

本章的研究方法主要包括全要素能源效率测度以及马尔科夫链分析

方法等，其中马尔科夫链等方法已经是较为成熟的量化分析工具，此处不作过多赘述，具体可参见刘华军等（2021），本章着重对能源效率测度方法进行详细介绍。

能源效率分为单要素能源效率和全要素能源效率。单要素能源效率可用单位 GDP 能耗衡量，全要素能源效率则综合考虑了多个投入产出变量对于能源要素的影响。在诸多全要素能源效率测度方法中，DEA凭借效率测度的非参数估计和同时处理多投入多产出的优势，成为评价全要素能源效率的重要方法之一。在 DEA 框架下，按照投入产出是否同比例缩减或扩张，能源效率的测度分为径向和非径向两种方法。径向方法（如 CCR、BCC 模型）要求投入和产出同比例缩减或扩张，忽视了变量松弛问题，而基于松弛测度的非径向 DEA 模型，以实际能源投入的松弛调整测算能源效率，不仅体现了能源效率的全要素属性，也充分体现了能源效率测度结果的能源特征。本章利用非径向 DEA 模型进行全要素能源效率测度，参考托恩（Tone，2002，2003）以及帕斯托尔和洛弗尔（Pastor and Lovell，2005），构造全局参比的超效率 SBM 模型，实现效率跨期可比以及有效决策单元（DMU）能源效率的进一步比较。模型构建过程参见本章附录。

参照胡和王（Hu and Wang，2006）的思路，DEA 框架下的全要素能源效率可用目标能源投入（Target Energy Input）与实际能源投入（Actual Energy Input）之比表示，具体见式（2.1）。

$$E = \frac{目标能源投入}{实际能源投入} \qquad (2.1)$$

若被评价 DMU_o 为无效决策单元，其能源效率可由式（2.2）计算得到。

$$E_o = \frac{x_o - s_o^-}{x_o} \qquad (2.2)$$

式（2.2）中，x_o 为 DMU_o 的实际能源投入，s_o^- 为松弛变量，衡量了能源投入过度，即相对于生产前沿面能源投入可以缩减的量，（$x_o - s_o^-$）表示 DMU_o 的目标能源投入，无效 DMU_o 的能源效率 E_o 取值范围为 [0，1]。

若被评价 DMU_o 为有效决策单元，在超效率模型中其能源效率可能会超过 1，换言之，DMU_o 需要进一步增加能源投入才会回到生产前沿面上。有效 DMU_o 的目标能源投入为（$x_o + s_o^-$），实际能源投入为 x_o，超效率情形下能源效率可以用式（2.3）表示。

$$E_o = \frac{x_o + s_o^-}{x_o} \qquad (2.3)$$

在全要素能源效率投入产出变量选择上，本章参考已有文献（魏楚和沈满洪，2007），并结合库珀等（Cooper et al.，2007）提出的"经验法则"[①]，以资本、劳动和能源作为投入，以地区生产总值作为产出[②]。

第四节　新时代中国能源革命重大成就的量化分析

伴随能源革命的深入推进，中国能源生产和消费方式发生了历史性变革，各项能源指标在时间和空间上均持续向好发展，不断朝着构建清洁低碳、安全高效的能源体系，加快建设能源强国方向迈进。本部分通过能源强度、能源结构、非化石能源开发和全要素能源效率四项指标，分别从全国、区域和省际3个层面展示新时代中国能源革命的重大成就。

一、全国层面的考察

从全国层面来看，党的十八大以来，中国能源革命取得了显著成

---

① 根据库珀等（2007）提出的经验法则，为保证 DEA 效率测度结果的准确性，理论上 DMU 的数量应不少于投入和产出指标数量的乘积，同时不少于投入和产出指标数量之和的 3 倍，即 $n \geqslant \max\{m \times q, 3 \times (m + q)\}$（n 为 DMU 个数；m、q 分别为投入和产出个数）。

② 样本数据的具体处理方式和来源如下：一是以资本存量表征资本投入，采用永续盘存法进行资本存量的核算，计算公式为 $K_t = (1 - \delta)K_{t-1} + I_t$。其中，$K_t$ 为 t 时期的资本存量，K_{t-1} 为 t−1 时期的资本存量，I_t 表示 t 时期的投资总量，δ 为折旧率，基期资本存量测算、折旧率选择、投资总量消胀处理等过程具体参见单豪杰（2008）。资本存量的原始数据主要包括固定资本形成总额和固定资产投资价格指数，由于国家统计局提供的分省固定资本形成总额数据截至 2017 年，本章利用《中国统计年鉴》中"分地区按领域分固定资产投资（不含农户）比上年增长情况"计算了 2018 年和 2019 年的分省资本存量。二是以地区从业人员数量表征劳动投入，数据来源于各省统计年鉴。三是以分省能源消费量表征能源投入，数据来源于《中国能源统计年鉴》。四是以实际地区生产总值代表经济产出，数据来源于国家统计局，并以 2000 年为基期进行消胀处理。

效，具体表现为：能源强度持续下降，能源结构不断优化，非化石能源加速开发、全要素能源效率明显提升（见图2-4）。

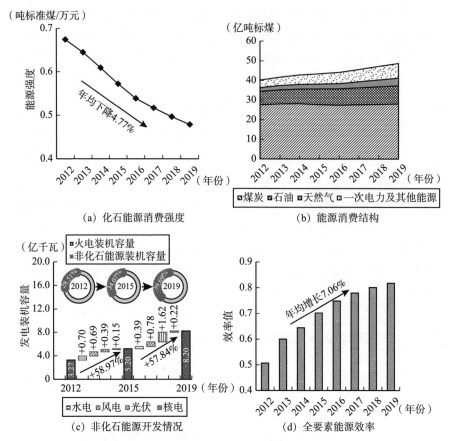

图2-4　中国能源革命的重大成就：全国层面

资料来源：笔者根据《中国统计年鉴》《中国能源统计年鉴》《中国电力年鉴（2013—2019）》《中国电力统计年鉴（2020）》相关数据整理绘制。其中，图2-4（d）中的"全要素能源效率"数据依据DEA方法测算得到。

一是能源强度持续下降。党的十八大以来，中国的万元GDP能耗累积下降了28.99%，相当于减少了18.65亿吨标准煤。化石能源消费以年均1.84%的增长速度支撑了年均高达7.29%的实际GDP增速，有效缓解了经济增长与环境保护之间的矛盾。二是能源结构不断优化。截至2019年，中国煤炭消费总量约为28.10亿吨标准煤，占一次能源消费的比重为 57.7%，控制在了《能源发展战略行动计划（2014—2020年）》所规定的 62% 以内。天然气消费总量约为 3.94 亿吨标准煤，占比达到 8.1%，相较于 2012 年提高了 3.3%。一次电力及其他能源的消费总量约为 7.45 亿吨标准煤，占比高达 15.3%，较 2012 年提高了 5.6%，非化石能源消费比重提前完成了《能源发展战略行动计划（2014—2020 年）》规定的 15% 左右的目标。[①] 三是非化石能源加速开发。党的十八大以来，中国水能、风能、太阳能、核能 4 种非化石能源的发电装机容量占总装机容量（水电、风电、光伏、核电和火电装机容量总和）的比重从 2012 年的 28.51% 增长至 2019 年的 39.69%，为加速推进能源清洁低碳转型提供了重要支撑。分阶段来看，2012～2015年，水能、风能、太阳能、核能 4 种非化石能源发电装机容量增长了 1.92 亿千瓦，增长幅度高达 58.97%，其中，新增水能的发电装机容量贡献最大，占比高达 36.35%。2015～2019 年，非化石能源发电量装机容量新增 3.01 亿千瓦，水能、风能、太阳能、核能的新增发电装机容量分别为 0.39 亿千瓦、0.78 亿千瓦、1.62 亿千瓦、0.22 亿千瓦，风电和光伏成为中国非化石能源开发的新增动能。四是全要素能源效率显著提升。党的十八大以来，在综合考虑经济社会发展中多种要素投入情形下，中国的全要素能源效率表现出强劲上升势头，从 2012 年的 0.51 持续攀升至 2019 年的 0.82，累积增长了 60.78%，年均增长达到 7.06%，充分表明在高质量发展阶段，中国能源利用的质量效益稳步提升，能源与劳动、资本等要素的综合协调利用能力显著改善，能源高质量发展迈出了坚实步伐。[②]

二、区域层面的考察

党的十八大以来，在四大板块区域发展总体战略的基础上，中国相继实施了京津冀协同发展、长江经济带发展、粤港澳大湾区建设、长三角一体化发展、黄河流域生态保护和高质量发展等一系列重大国家区域发展战略，形成了以重大区域战略为引领、区域发展总体战略为支撑的

---

①②　资料来源：《中国统计年鉴》《中国能源统计年鉴》《中国电力年鉴（2013—2019）》《中国电力统计年鉴（2020）》。

国家区域发展战略新格局。下面分别从四大区域板块①和五大重大国家战略区域②考察新时代中国能源革命的重大成就。

(一) 四大区域板块

党的十八大以来,中国的四大区域板块均取得了能源强度下降、能源结构优化、非化石能源装机容量增加、全要素能源效率提升的显著成效(见图2-5)。在四大区域板块中,东部地区能源强度和能源消费中的煤炭占比最低,全要素能源效率最高,非化石能源发电装机容量增速最快。其能源强度由2012年的0.68吨标准煤/万元下降至2019年的0.46吨标准煤/万元,能源消费中的煤炭占比由2012年的55%下降至2019年的46%,全要素能源效率由2012年的0.67增长至2019年的0.92,非化石能源发电装机容量的年均增速高达17.42%,凸显了东部率先发展的角色定位。中部地区能源消费中的煤炭占比在四大区域板块中是最高的,各项能源指标均快速向好发展,特别是全要素能源效率的年均增速高达9.02%,排在四大区域板块之首,与东部地区的差距不断缩小,为能源转型提供了强有力支撑。与其他三个区域板块相比,西部地区的能源强度、能源结构和全要素能源效率指标整体上略显落后,但依然呈现出强度下降、结构优化、效率改善的向好发展态势。尽管西部地区的全要素能源效率水平相对较低,但其全要素能源效率的年均增速达到9.00%,呈现出"起点低进步快"的特点。另外,在非化石能源开发方面,西部地区贡献了全国50%以上的非化石能源发电装机容量,成为国家绿色能源供给的重要战略区域。受地理条件与资源禀赋的影响,东北地区非化石能源发电装机容量最少且全要素能源效率相对较低,但各项能源指标向好发展态势比较明显,特别是其能源强度的下降

---

① 四大区域板块分别为东部地区、中部地区、西部地区和东北地区。其中,东部地区包括北京、天津、河北、山东、江苏、浙江、上海、福建、广东、海南10个省份;中部地区包括山西、河南、安徽、江西、湖北、湖南6个省份;西部地区包括内蒙古、广西、重庆、四川、贵州、云南、陕西、甘肃、青海、宁夏、新疆11个省份;东北地区包括辽宁、吉林、黑龙江3个省份。

② 五大重大国家战略区域分别为京津冀地区、长江经济带、粤港澳大湾区、长三角地区和黄河流域。其中,京津冀地区包括北京、天津、河北3个省份;长江经济带包括上海、江苏、浙江、安徽、江西、湖北、湖南、重庆、四川、云南、贵州11个省份;由于样本中不包含中国香港和中国澳门,因此以广东省代表粤港澳大湾区;长三角地区包括上海、江苏、浙江、安徽4个省份;黄河流域包括青海、四川、甘肃、宁夏、内蒙古、陕西、山西、河南、山东9个省份。

速度在四大区域板块中是最快的，年均下降 6.31%，为东北全面振兴打下坚实基础。综合四大区域板块能源指标的表现，中国能源发展的区域协调性逐步提高，不同区域板块的能源发展正在朝着高水平收敛方向迈进。[①]

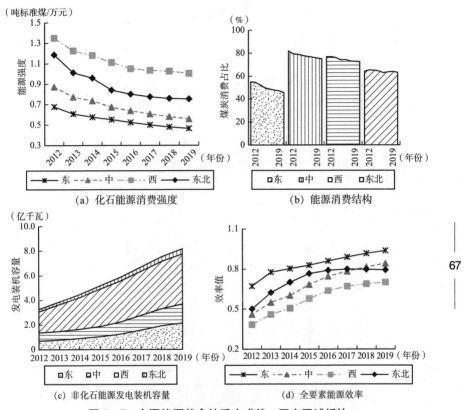

图 2 − 5　中国能源革命的重大成就：四大区域板块

资料来源：笔者根据《中国统计年鉴》《中国能源统计年鉴》《中国电力年鉴（2013—2019）》《中国电力统计年鉴（2020）》相关数据整理绘制。其中，图 2 − 5（d）中的"全要素能源效率"数据依据 DEA 方法测算得到。

（二）五大国家战略区域

从重大国家战略区域层面看，党的十八大以来，五大战略区域的能源强度、能源结构、非化石能源开发和全要素能源效率等诸方面均取得

---

① 资料来源：《中国统计年鉴》《中国能源统计年鉴》《中国电力年鉴（2013—2019）》《中国电力统计年鉴（2020）》。

重大成就（见图 2 - 6）。

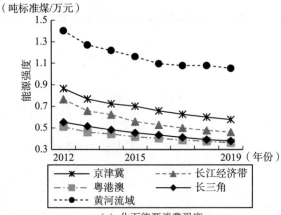

（a）化石能源消费强度

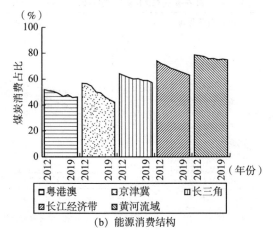

（b）能源消费结构

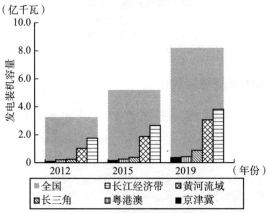

（c）非化石能源发电装机容量

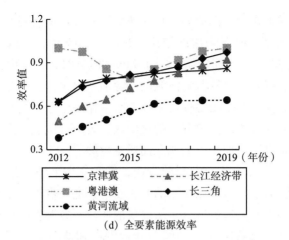

(d) 全要素能源效率

图 2 - 6　中国能源革命的重大成就：五大重大国家战略区域

资料来源：笔者根据《中国统计年鉴》《中国能源统计年鉴》《中国电力年鉴（2013—2019）》《中国电力统计年鉴（2020）》相关数据整理绘制。其中，图 2 - 6（d）中的"全要素能源效率"数据依据 DEA 方法测算得到。

（1）在能源强度方面，党的十八大以来，五个重大国家战略区域的单位地区生产总值能耗均持续下降。在五个重大国家战略区域中，粤港澳大湾区的能源强度最低，2019 年其能源强度仅为 0.36 吨标准煤/万元，远低于全国平均水平（0.48 吨标准煤/万元）。长三角地区的能源强度控制程度仅次于粤港澳大湾区，其万元地区生产总值能耗由 2012 年的 0.55 吨标准煤下降至 2019 年的 0.38 吨标准煤。从能源强度下降速度看，长江经济带是能源强度下降速度最快的重大国家战略区域，其能源强度年均下降 7.01%。京津冀地区能源强度年均下降 5.59%，这一速度略慢于长江经济带。从能源强度下降幅度看，在五个重大国家战略区域中，黄河流域下降幅度最大，其能源强度从 2012 年的 1.40 吨标准煤/万元下降到 2019 年的 1.05 吨标准煤/万元。[①]

（2）在能源结构方面，党的十八大以来，五个重大国家战略区域的能源消费煤炭占比均保持下降趋势。在五大重大国家战略区域中，京津冀地区能源消费煤炭占比下降速度最快，年均下降 4.13%，其能源

─────────────

① 资料来源：《中国统计年鉴》《中国能源统计年鉴》《中国电力年鉴（2013—2019）》《中国电力统计年鉴（2020）》。

结构优化调整走在了中国前列。长三角地区和长江经济带的能源消费煤炭占比相对较高，但下降速度较快，2012~2019年，这两大战略区域的能源消费煤炭占比分别下降了10.93%和14.84%，是中国能源低碳转型的重要贡献者。尽管黄河流域的能源消费煤炭占比在五个重大国家战略区域中最高，但也始终保持下降趋势。作为中国煤炭开发的重要工业带以及推动煤炭清洁高效利用的集中区，黄河流域迫切需要释放能源结构优化调整潜力，加快推动能源高质量发展。[1]

（3）在非化石能源开发利用方面，横跨东中西三大地带的长江经济带和黄河流域承担着国家主要的非化石能源电力供给。党的十八大以来，长江经济带和黄河流域每年所提供的非化石能源发电装机容量占全国的80%以上，支撑起中国的绿色能源发展和能源清洁低碳转型。其中，长江经济带的非化石能源发电装机容量由2012年的1.76亿千瓦增长至2019年的3.81亿千瓦，年均增长11.62%，其供给总量占全国比重的年均值高达50.52%。黄河流域非化石能源发电装机容量年均增长16.76%，[2]且历年占全国的比重均保持在30%以上，已经步入非化石能源开发利用的快车道。京津冀、粤港澳和长三角地区位于东部沿海地带，发达省份众多，大力开发非化石能源有利于缓解本区域能源需求，助力经济社会发展全面绿色转型。

（4）在全要素能源效率方面，党的十八大以来，与其他重大战略区域相比，粤港澳大湾区全要素能源效率始终保持领先。长三角地区的全要素能源效率由2012年的0.63增长至2019年的0.97，2015年以来，长三角地区与粤港澳大湾区一起引领了中国全要素能源效率的提升。长江经济带的全要素能源效率由2012年的0.50增长至2019年的0.92，且于2018年超过京津冀地区，成为五个重大国家战略区域中全要素能源效率增幅最大且增速最快的区域。[3]黄河流域的全要素能源效率相对较低，但同时也意味着其全要素能源效率具有较大提升空间。不断释放全要素能源效率的提升潜力，将成为黄河流域生态保护和高质量发展战略深入推进的一项重要任务。

---

①②③ 资料来源：《中国统计年鉴》《中国能源统计年鉴》《中国电力年鉴（2013—2019）》《中国电力统计年鉴（2020）》。

三、省际层面的考察

在剖析能源革命全国和区域进展的基础上，本部分进一步展示能源革命的省际概况，立体化、动态化考察党的十八大以来各省能源强度、能源结构、非化石能源开发和全要素能源效率的分布形态和转移概率，为掌握新时代中国能源革命的省际进展和动态演进趋势提供参考。

（一）省际能源发展成效

党的十八大以来，中国各省能源生产和消费方式不断朝着清洁、低碳、安全、高效的方向加快转变（见图 2 - 7）。

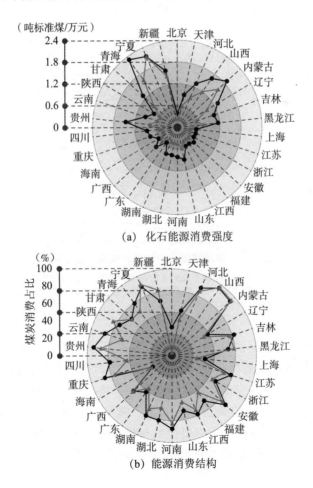

（a）化石能源消费强度

（b）能源消费结构

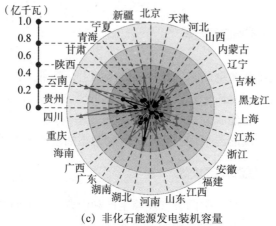

(c) 非化石能源发电装机容量

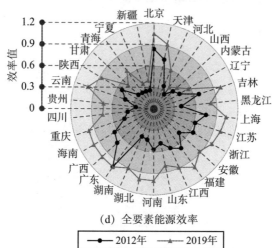

(d) 全要素能源效率

━●━ 2012年　━▲━ 2019年

图2-7　中国能源革命的重大成就：省际层面

资料来源：笔者根据《中国统计年鉴》《中国能源统计年鉴》《中国电力年鉴（2013—2019）》《中国电力统计年鉴（2020）》相关数据整理绘制。其中，图2-7（d）中的"全要素能源效率"数据依据DEA方法测算得到。

　　从能源强度控制情况看，2019年各省万元地区生产总值能耗由低到高排在前10名的省份依次为北京、上海、江苏、广东、福建、浙江、重庆、江西、安徽和湖南，这些省份通过严格落实能耗双控制度，有效促进了经济社会发展的全面绿色转型。重庆、吉林、贵州、湖南、河南、湖北是中国能源强度下降最快的6个省份，它们的能源强度改善趋势明显。从能源结构优化程度看，2019年能源消费煤炭占比从低到高排名前 10 的省份中除辽宁和四川以外，其余 8 个省份均位于东部地区。其中，北京市能源清洁低碳转型力度最大，能源消费的煤炭占比由 2012 年的 33% 下降至 2019 年的 4%，基本实现了能源清洁低碳转型。从非化石能源开发力度看，2012 年中国各省的非化石能源发电装机容量均处于较低水平，即使是装机容量最高的四川省，也尚不到 0.40 亿千瓦，而全国各省的平均非化石能源发电装机容量也仅为 0.11 亿千瓦。随着能源革命的推进，中国非化石能源开发技术水平显著提升，各省的非化石能源发电装机容量不断扩大。到 2019 年，全国各省的平均非化石能源发电装机容量上升到 0.27 亿千瓦，四川、云南、湖北、海南、广东等省份的非化石能源发电装机容量排在全国前五位，它们的非化石能源发电装机容量之和占全国的比重达到 31.65%。[①] 从全要素能源效率水平看，2012 年广东省位于生产前沿面。到了 2019 年，北京等 11 个省份全要素能源效率处于有效水平，扮演着"领先者"角色。部分省份如宁夏、山西、山东等产业结构偏重，高耗能制造业占比偏高，是导致其全要素能源效率相对低下的重要原因，未来这些省份要加快推动制造业绿色低碳转型，不断提高产业链成熟度，持续提升制造业质量效益，充分释放全要素能源效率的提升潜力。

（二）分布形态及其演变态势

党的十八大以来，各项能源指标密度曲线的波峰数量、波峰高度、主峰位移、拖尾情况均向好演变（见图 2-8）。其中，能源强度的密度曲线始终保持单峰且向右拖尾的分布形态，向右拖尾意味着高强度省份依然存在，但波峰位置偏左且持续增高。2012~2019 年，能源强度密度曲线最高点所对应的能源强度位置大致由 0.73 吨标准煤/万元向左偏移至 0.46 吨标准煤/万元，充分体现了党的十八大以来中国各省能源强度实现了整体下降且呈现出向低强度水平持续收敛的良好发展态势。能源结构的分布呈现出双峰特征，2012~2019 年，其密度曲线主峰位于 60%~100%，主峰位置偏右但向左偏移，次峰位于 0~40%，呈现向左偏移、高度降低态势。能源结构的分布形态及其演变特征表明，尽管部分省份能源消费煤炭占比较高，但整体呈现结构优化态势，某些省份

---

① 资料来源：《中国统计年鉴》《中国能源统计年鉴》《中国电力年鉴（2013—2019）》《中国电力统计年鉴（2020）》。

如北京、上海、江苏、广州等已经成为能源结构优化的领先者。非化石能源发电装机容量的分布由双峰向多峰演变，俱乐部收敛特征明显。2012~2019 年，非化石能源发电装机容量密度曲线的主峰位置偏左但持续向右偏移，多个次级波峰分布在 0.3 亿~0.8 亿千瓦。由于四川、云南等西部省份非化石能源开发处于全国领先地位，推动非化石能源发电装机容量密度曲线次峰与主峰的距离不断拉大。从全要素能源效率分布形态及其特征看，2012 年全要素能源效率密度曲线主峰较宽，随着时间推移，主峰不断收窄且逐步向右偏移，最终保持在 0.9~

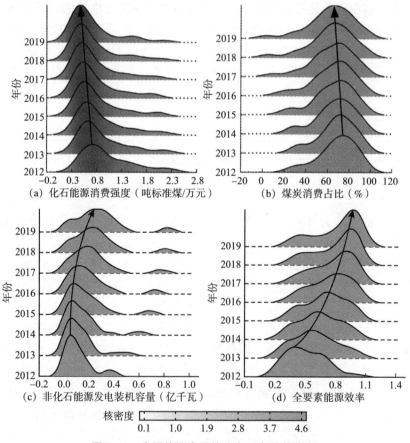

图 2-8　中国能源发展的分布形态及其演变

资料来源：笔者根据《中国统计年鉴》《中国能源统计年鉴》《中国电力年鉴（2013—2019）》《中国电力统计年鉴（2020）》相关数据整理绘制，图 2-8（d）中的"全要素能源效率"数据依据 DEA 方法测算得到。

1.1 范围内，这意味着大多数省份能源综合利用水平有了大幅提升。此外全要素能源效率密度曲线的主峰位置与次峰位置逐步拉大，深入推进能源革命需要更加注重不同省份全要素能源效率的协同提升。[①]

（三）转移概率及其演进趋势

根据马尔科夫链分析方法，本章依据历年各项能源指标高低，将其划分为四种状态：25% 以内为低水平，26% ~ 50% 为中低水平，51% ~ 75% 为中高水平，高于 75% 为高水平。对于能源强度和能源结构两个指标，水平越低代表能源革命成效越显著，而对于非化石能源发电装机容量和全要素能源效率两个指标，水平越高代表能源革命成效越显著。同时，将时间跨度（T）分别设定为 1 年、3 年、5 年。

（1）能源强度不断下降，节能降耗取得新进展。中国能源强度不断向低水平转移，说明能源强度不断降低且未出现反弹（见图 2 - 9（a））。短期内对角线元素转移概率远高于非对角线元素转移概率，说明各省份能源强度持续性较强、流动性较差，不易发生改变。中长期内，对角线元素的转移概率明显下降，中低和中高水平对角线元素转移概率要小于非对角线元素转移概率，说明能源强度随着时间跨度的延长不断降低并持续表现出下降趋势。在中长期时间跨度内，低水平和高水平地区维持自身稳定性的概率依旧最大，表现出明显的"俱乐部收敛"。在推动各省份能源强度持续下降的基础上，高耗能地区应重点统筹经济社会发展和能耗双控目标，扭转能源强度相对过高的不利局面。

（2）在能源结构不断优化的同时，也要尊重富煤贫油少气的基本国情。对于能源结构处于低水平的省份而言，短期内维持原有水平的能力为 0.91，在中长期的时间跨度下，其维持原有水平的能力不断提高（见图 2 - 9（b））。能源结构优化程度高省份能够发挥既有优势，不断加快能源结构调整、不断变革用能方式。能源结构两极分化现象在中低类型的省份中较为明显，随着时间跨度的延长各省份维持原有水平的能力不断下降，取而代之的是能源结构向低水平和中高水平转移的概率均明显提升。在能源结构转型进程中，尽管各省不断加快能源结构优化调整步伐，但中国经济和能源需求仍处于增长期，煤炭是国家能源的兜底保障，

[①] 资料来源：《中国统计年鉴》《中国能源统计年鉴》《中国电力年鉴（2013—2019）》《中国电力统计年鉴（2020）》。

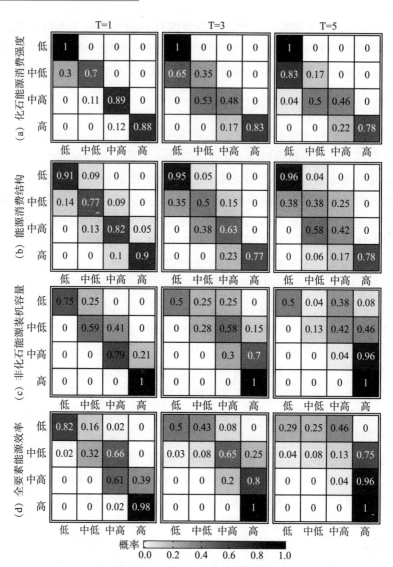

图 2-9　中国能源发展的转移概率

资料来源：笔者根据《中国统计年鉴》《中国能源统计年鉴》《中国电力年鉴（2013—2019）》《中国电力统计年鉴（2020）》相关数据测算绘制，图 2-9（d）中的"全要素能源效率"数据依据 DEA 方法测算得到。

部分省份存在能源消费煤炭占比上升现象。对于初期处在中高和高水平的省份而言，尽管短期内能源结构可能出现小幅度失衡，但长期来看煤炭消费占比增加情况不再发生，向更低水平转移的概率持续增加，能源结构优化进程不断加快。在推进能源革命过程中并非要盲目压缩高碳能源消费比重，而是应多点发力，在符合客观规律情况下稳步推进高碳能源清洁化替代，通过改变用煤工艺、发展煤化工产业，实现煤炭清洁化高效化利用，推进能源领域碳达峰碳中和。

（3）非化石能源发电装机容量快速攀升，在释放能源供给潜力中发挥重要作用。无论从短期、中期还是长期来看，非化石能源发电装机容量均呈现出向上转移趋势（见图2-9（c））。且随着时间跨度的延长，对角线上的概率值不断下降，向上转移概率不断提高，表明非化石能源开发步伐不断加快。特别是在中期和长期的时间跨度下，低水平地区和中低水平地区均实现了跨越式的等级跃迁，说明非化石能源开发速度不断加快，成为中国能源供给的新动力。能源革命促进了非传统能源开发，未来仍将持续这种强劲的增长趋势。根据中国电力企业联合会近日发布的《2021—2022年度全国电力供需形势分析预测报告》，2021年中国非化石能源发电装机容量达到11.2亿千瓦，占总装机容量比重为47.0%，首次超过煤电的装机占比。对于非化石能源资源丰富、开发水平较高的地区，要逐步实现对化石能源的替代，支撑起中国能源清洁低碳转型的脊梁。

（4）全要素能源效率呈现出快速、跨越、持续的改善趋势，成为应对能源挑战过程中重要且高效的途径。与能源强度、能源结构和非化石能源开发不同，中国全要素能源效率在短期内就表现出了强劲的增长态势，部分低水平地区就已经实现了跨越式的等级跃迁（见图2-9（d））。中低水平和中高水平地区也呈现出明显的向上转移趋势，这既表明中国不同地区的全要素能源效率普遍得到改善，也表明不同地区的全要素能源效率正在向高水平收敛，全要素能源效率呈现出明显的"在提升中趋同"的演变特征。从中长期来看，低水平、中低水平和中高水平地区对角线元素概率值明显变小，向上转移概率明显提高，并且跨越式的等级跃迁更为明显，表明全要素能源效率进入了快速上升通道，能源革命的重大成就在全要素能源效率提升方面得到了综合展现。

第五节　总结与展望

一、总结

能源革命是保障国家能源安全、构建现代能源体系、推进"双碳"目标、加快建设能源强国的重要驱动力,对中国经济社会发展全面绿色转型具有重要意义。本章从时代背景、思想发展和重要举措3个方面系统梳理了中国能源革命的实践历程,从能源强度、能源结构、非化石能源开发、全要素能源效率4个维度动态立体地展示了新时代以来中国能源革命所取得的重大成就。自党的十八大提出"推动能源生产和消费革命"以来,中国以"四个革命、一个合作"的能源安全新战略为指引不断推进能源革命,现代能源体系建设迈上新台阶,为保障国家能源安全、助力实现碳达峰碳中和目标、加快建设能源强国提供了重要支撑。党的十八大以来,围绕优化调整能源供给结构、推动能源清洁利用、协同推进减污降碳、强化能源科技攻关、深化能源体制改革和拓展能源国际合作等方面,中国不断加强能源领域改革与发展的顶层设计,形成了推进能源革命的战略规划体系。2012~2019年,中国的能源强度下降28.99%,能源消费煤炭占比下降15.77%,非化石能源装机容量增长150.93%,全要素能源效率上升61.25%。在区域层面,四大区域板块和五大重大国家战略区域均实现了能源强度的稳步下降、能源结构的持续优化、非化石能源的加快开发和能源效率的不断改善,形成了优势互补、高质量发展的能源绿色转型新格局。在省际层面,各省的能源发展潜力得到快速释放,各项能源指标不断向高水平收敛,步入了能源高质量发展的新征程。通过不断深入推进能源革命,中国正加快从能源大国向建设能源强国转变,能源生产和消费方式实现了清洁、低碳、安全、高效的历史性变革,为新时期深入推动能源革命、实现"双碳"目标奠定了坚实基础。

二、展望

站在实现第二个百年奋斗目标的新起点,中国适时提出"双碳"

目标，"以降碳为重点战略方向、推动减污降碳协同增效"成为"十四五"时期生态文明建设的主要着力点，深入推动能源革命是新时期实现"双碳"目标和减污降碳协同增效的关键一环。

第一，坚持完善能源消费强度和总量双控制度。"十三五"时期开始实施的能耗强度和总量双控制度有效抑制了国内不合理的能源消费，倒逼经济发展方式转变，节能减排成效显著，但弹性管理和差异化措施偏少，出现了多个省份未能如期达标的困局。"十四五"时期，中国生态文明建设进入了以降碳为重点战略方向、推动减污降碳协同增效、促进经济社会发展全面绿色转型、实现生态环境质量改善由量变到质变的关键时期，在继续强化能耗双控的同时，应综合考虑区域经济发展水平、能源资源禀赋、产业结构状况和环境承载能力等客观现实，制定差异化、弹性化的能耗双控奖惩机制，全面落实《完善能源消费强度和总量双控制度方案》。对于山西、内蒙古、宁夏等经济欠发达、对化石能源依赖度较高的省份，应谨慎制定双控目标，既要确保经济正常运转，又要避免高耗能企业盲目发展。对于经济发达且能耗双控压力较小的省份，应当在弹性管理的同时配套相应的奖惩机制，推动能耗双控向碳排放双控转变，加快能源低碳转型与产业优化调整。

第二，正确把握能源结构以煤为主的基本国情。实现"双碳"目标是推动高质量发展的内在要求，也是中国未来近40年要做实做好的工作，在坚定不移推进的同时应当尊重国情，避免运动式减碳。在"双碳"目标下，中国能源结构调整必须要处理好短期和长期的关系。面对新冠肺炎疫情形势严峻、经济下行风险加剧、不稳定不确定因素增多的国际形势，中国经济要保持稳中求进，化石能源将起到重要的支撑作用。深入推进能源革命，应当尊重以煤为主的能源结构这一基本国情。既不能弃煤不用，煤炭等传统能源的退出必须要建立在新能源安全可靠的替代基础之上；又不能用煤不省，煤炭的利用必须要坚持节约原则，全面促进能源节约集约利用。在充分发挥煤炭保障国家能源安全"压舱石""稳定器"作用的同时，要做到"吃粗粮干细活"，提高产煤用煤工艺技术水平，大力发展现代煤化工，实现煤炭多元化利用，并持续推动传统煤电技术改造升级，提高煤炭发电效率，最大限度地减少煤炭资源开发利用的环境影响，真正实现煤炭清洁高效利用。

第三，科学有序推进非化石能源开发利用。在"双碳"目标下，面对国内油气资源贫乏、煤炭开采使用受限、化石能源消费总量和强度管控趋紧的多重约束，提高非化石能源比重成为大势所趋。首先，非化石能源替代化石能源的工作要坚持"先立后破、通盘谋划"的原则，有序推进规模化的非化石能源项目开发，在确保新能源安全可靠的基础上推动传统能源逐步退出。其次，非化石能源开发要符合当地实际情况，风光项目的实施要经过科学论证。要提高风电、光伏等新能源发电上网能力，避免出现新能源发电"产而不用"问题，持续降低弃风、弃光发生率。最后，充分发挥区域优势，西部地区要尽快建立起以沙漠、戈壁、荒漠地区为重点的大型风光发电基地，加快特高压输电工程建设和现代储能技术应用，增强新能源发电消纳能力和有效供给能力，实现新能源电力的跨区域灵活调度，保障各区域的能源绿色低碳转型。

第四，重视从全要素角度改善能源效率。在高质量发展中实现"双碳"目标，需要进一步提高能源效率，不仅要实现能源强度下降的单要素能源效率提升，更要实现全要素能源效率的改善。一方面，能源革命要时刻保持系统思维，既要处理好能源与经济发展之间的关系，又要处理好能源与其他资源要素之间的关系，还要处理好能源与环境保护之间的关系。只有做到全要素间的协调配合，才能真正发挥能源革命在促进高质量发展过程中的重要作用。另一方面，要强化区域间资源优化配置，实现区域全要素能源效率的协同提升。能源效率领先地区应在制造业绿色转型升级和能源结构优化调整进程中发挥示范引领作用，而能源效率提升潜力较大的地区应在能源结构、产业结构、管理机制、技术水平等方面找准全要素能源效率提升的制约因素，深入挖掘并加快释放效率提升潜力，推动不同地区全要素能源效率稳步向高水平收敛。

沧桑成就正道，历史昭示未来。中国能源革命必须坚持党的领导，坚持以人民为中心，笃行致远，砥砺前行，在巩固历史成效的基础上，继续向着保障国家能源安全、构建现代能源体系、推进"双碳"目标、加快建设能源强国的方向前进。

参考文献

[1] 范英、衣博文：《能源转型的规律、驱动机制与中国路径》，载《管理世界》2021 年第 8 期。

[2] 高鹏、岳书敬：《中国产业部门全要素隐含能源效率的测度研

究》，载《数量经济技术经济研究》2020 年第 11 期。

[3] 何建坤：《能源革命是我国生态文明建设和能源转型的必然选择》，载《经济研究参考》2014 年第 43 期。

[4] 黄晓勇：《新常态下能源革命蓄势待发》，载《人民日报》2015 年 5 月 6 日。

[5] 林伯强：《能源革命促进中国清洁低碳发展的"攻关期"和"窗口期"》，载《中国工业经济》2018 年第 6 期。

[6] 林伯强：《碳中和进程中的中国经济高质量增长》，载《经济研究》2022 年第 1 期。

[7] 刘华军、郭立祥、乔列成、石印：《中国物流业效率的时空格局及动态演进》，载《数量经济技术经济研究》2021 年第 5 期。

[8] 单豪杰：《中国资本存量 K 的再估算：1952—2006 年》，载《数量经济技术经济研究》2008 年第 10 期。

[9] 史丹、李少林：《排污权交易制度与能源利用效率——对地级及以上城市的测度与实证》，载《中国工业经济》2020 年第 9 期。

[10] 舒印彪：《践行能源安全新战略 为"六稳""六保"注入新动能》，载《红旗文稿》2020 年第 13 期。

[11] 孙宏斌：《能源革命是经济社会发展的巨大动能》，载《光明日报》2020 年 5 月 28 日。

[12] 童亚辉：《习近平能源安全新战略的浙江探索》，载《光明日报》2019 年 7 月 3 日。

[13] 魏楚、沈满洪：《能源效率及其影响因素：基于 DEA 的实证分析》，载《管理世界》2007 年第 8 期。

[14] 薛钦源、聂新伟、巩凯：《中国一次能源结构演变、问题及对策研究——基于供给多样性视角》，载《资源开发与市场》2021 年第 5 期。

[15] 张希良、黄晓丹、张达等：《碳中和目标下的能源经济转型路径与政策研究》，载《管理世界》2022 年第 1 期。

[16] 中国社会科学院数量经济与技术经济研究所"能源转型与能源安全研究"课题组：《中国能源转型：走向碳中和》，社会科学文献出版社 2021 年版。

[17] 中华人民共和国国务院新闻办公室：《新时代的中国能源发

展》，人民出版社 2020 年版。

［18］周大地：《能源革命推动绿色发展》，载《光明日报》2014年 12 月 4 日。

［19］周强、汪宁渤、冉亮、沈荟云、吕清泉、王明松：《中国新能源弃风弃光原因分析及前景探究》，载《中国电力》2016 年第 9 期。

［20］Cooper, W. W. , Seiford, L. M. and Tone, K. , *Data Envelopment Analysis*：*A Comprehensive Text with Models, Applications, References and DEA – solver Software*, New York：Springer, 2007.

［21］Gregg, J. S. , Andres, R. J. and Marland, G. , "China：Emissions Pattern of the World Leader in CO_2 Emissions from Fossil Fuel Consumption and Cement Production", *Geophysical Research Letters*, Vol. 35, No. 8, 2008, pp. L08806.

［22］Hu, J. L. and Wang, S. C. , "Total-factor Energy Efficiency of Regions in China", *Energy Policy*, Vol. 34, No. 17, 2006, pp. 3206 – 3217.

［23］Pastor, J. T. and Lovell, C. A. K. , "A Global Malmquist Productivity Index", *Economics Letters*, Vol. 88, No. 2, 2005, pp. 266 – 271.

［24］Tone, K. , "A Slacks-based Measure of Super-efficiency in Data Envelopment Analysis", *European Journal of Operational Research*, Vol. 143, No. 1, 2002, pp. 32 – 41.

［25］Tone, K. , "Dealing with Undesirable Outputs in DEA：A Slacks-based Measure (SBM) Approach", Tokyo：National Graduate Institute for Policy Studies, 2003.

［26］Lu, X. , Chen, S. , Nielsen, C. P. , et al. , "Combined Solar Power and Storage as Cost-competitive and Grid-compatible Supply for China's Future Carbon-neutral Electricity System", *Proceedings of the National Academy of Sciences of the United States of America*, Vol. 118, No. 42, 2021, pp. e2103471118.

［27］Yang, C. , Hao, Y. and Irfan, M. , "Energy Consumption Structural Adjustment and Carbon Neutrality in the Post – COVID – 19 Era", *Structural Change and Economic Dynamics*, Vol. 59, 2021, pp. 442 – 453.

［28］Zhou, P. , Zhang, H. and Zhang, L. P. , "The Drivers of Energy Intensity Changes in Chinese Cities: A Production-theoretical Decomposition Analysis", *Applied Energy*, Vol. 307, No. 1, 2022, pp. 118230.

附录　全要素能源效率测度模型

在全要素视角下，本章构造全局参比的超效率 SBM 模型，对决策单元（DMU）的能源效率进行评价。采用上述模型的主要依据是：①不同时期的生产可能性集存在差异，每一个时期所构造的生产前沿面是变动的，导致不同时期的效率值无法进行跨期比较，而全局参比可以有效解决效率的跨期比较问题。②与标准效率 DEA 模型相比，超效率 DEA 模型可以解决有效 DMU 之间的效率比较问题。利用超效率 SBM 模型进行效率测度需要两个步骤：第一步是利用标准效率 SBM 模型对无效 DMU 开展效率测度；第二步是利用超效率 SBM 模型对有效 DMU 开展效率测度。

（1）构造全局参比的标准效率 SBM 模型，对全部 DMU 进行效率评价并筛选出有效 DMU。假设有 n 个 DMU，对于 $t(t=1, \cdots, T)$ 时期任意 $DMU_j(j=1, \cdots, n)$，均使用 m 种投入 $x_i(i=1, \cdots, m)$ 生产 q 种产出 $y_r(r=1, \cdots, q)$。构造全局参比的生产可能性集：

$$P^G = \left\{ (x^t, y^t) \mid x_i^t \geqslant \sum_{t=1}^{T} \sum_{j=1}^{n} \lambda_j^t x_{ij}^t; \; y_r^t \leqslant \sum_{t=1}^{T} \sum_{j=1}^{n} \lambda_j^t y_{rj}^t; \; \lambda_j^t \geqslant 0; \right.$$
$$\left. i=1, 2, \cdots, m; \; r=1, 2, \cdots, q; \; t=1, 2, \cdots, T; \; j=1, 2, \cdots, n \right\} \quad (2.1)$$

式（2.1）是规模报酬不变（constant returns to scale, CRS）假设下的生产可能性集。若增加约束条件 $\sum_{t=1}^{T} \sum_{j=1}^{n} \lambda_j^t = 1$，则表示规模报酬可变（variable returns to scale, VRS）。基于式（2.1），τ 时期第 o 个 DMU（记为 DMU_o^τ）的效率可通过全局参比的标准效率 SBM 模型进行测度：

$$\rho^* = \min_{\lambda, s^-, s^+} \frac{1 - \dfrac{1}{m} \sum_{i=1}^{m} \dfrac{s_{io}^{-,\tau}}{x_{io}^\tau}}{1 + \dfrac{1}{q} \sum_{r=1}^{q} \dfrac{s_{ro}^{+,\tau}}{y_{ro}^\tau}}$$

$$\text{s. t. } x_{io}^{\tau} = \sum_{t=1}^{T} \sum_{j=1}^{n} \lambda_j^t x_{ij}^t + s_{io}^{-,\tau}; \ i = 1, 2, \cdots, m;$$

$$y_{ro}^{\tau} = \sum_{t=1}^{T} \sum_{j=1}^{n} \lambda_j^t y_{rj}^t - s_{ro}^{+,\tau}; \ r = 1, 2, \cdots, q;$$

$$\lambda_j^t \geqslant 0; \ s_{io}^{-,\tau}, \ s_{ro}^{+,\tau} \geqslant 0; \ j = 1, 2, \cdots, n; \ t = 1, 2, \cdots, T \quad (2.2)$$

式（2.2）中，x_{io}^{τ}、y_{ro}^{τ} 为 DMU_o^{τ} 投入和产出的原始值。$s_{io}^{-,\tau}$、$s_{ro}^{+,\tau}$ 分别对应 DMU_o^{τ} 投入松弛和产出松弛，表示 DMU_o^{τ} 向前沿面投影的投入缩减量和产出扩张量。

（2）构造全局参比的超效率 SBM 模型，对有效 DMU 作进一步效率评价。该过程的核心思想是在构造生产可能性集合时将待评价的有效 DMU 自身剔除，利用其他有效 DMU 形成的生产前沿面进行效率测度。假设在标准效率 SBM 模型下 DMU_o^{τ} 表现为有效状态（即效率值为 1），那么在剔除掉有效 DMU_o^{τ} 后，由所有其他时期全体 DMU 共同构造的全局生产可能性集为：

$$P^G = \left\{ (x^t, y^t) \,\middle|\, x_i^t \geqslant \sum_{t=1}^{T} \sum_{j=1(j\neq o \text{ if } t=\tau)}^{n} \lambda_j^t x_{ij}^t; \ y_r^t \leqslant \sum_{t=1}^{T} \sum_{j=1(j\neq o \text{ if } t=\tau)}^{n} \lambda_j^t y_{rj}^t; \right.$$
$$i = 1, 2, \cdots, m;$$
$$\left. r = 1, 2, \cdots, q; \lambda_j^t \geqslant 0; t = 1, 2, \cdots, T; j = 1, 2, \cdots, n \, (j \neq o \text{ if } t = \tau) \right\}$$
$$(2.3)$$

式（2.3）的约束条件中增加了约束条件（$j \neq o$ if $t = \tau$），表示生产可能性集的构造剔除了被评价 DMU_o^{τ}，由此全局参比的超效率 SBM 模型构造如下：

$$\rho^* = \min_{\lambda, s^-, s^+} \frac{1 + \dfrac{1}{m} \sum_{i=1}^{m} \dfrac{s_{io}^{-,\tau}}{x_{io}^{\tau}}}{1 - \dfrac{1}{q} \sum_{r=1}^{q} \dfrac{s_{ro}^{+,\tau}}{y_{ro}^{\tau}}}$$

$$\text{s. t. } x_{io}^{\tau} \geqslant \sum_{t=1}^{T} \sum_{j=1(j\neq o \text{ if } t=\tau)}^{n} \lambda_j^t x_{ij}^t - s_{io}^{-,\tau}; \ i = 1, 2, \cdots, m;$$

$$y_{ro}^{\tau} \leqslant \sum_{t=1}^{T} \sum_{j=1(j\neq o \text{ if } t=\tau)}^{n} \lambda_j^t y_{rj}^t + s_{ro}^{+,\tau}; \ r = 1, 2, \cdots, q;$$

$$\lambda_j^t \geqslant 0; \ s_{io}^{-,\tau}, \ s_{ro}^{+,\tau} \geqslant 0; \ t = 1, 2, \cdots, T; \ j = 1, 2, \cdots, n(j \neq o \text{ if } t = \tau)$$
$$(2.4)$$

第三章　新时代中国大气污染治理成效的量化评估

本章简介：环境就是民生，青山就是美丽，蓝天也是幸福。党的十八大以来，中国秉持以人民为中心的执政理念，深入开展大气污染治理工作，取得了辉煌成就。本章系统梳理了习近平总书记关于大气污染治理的重要论述，总结了党的十八大以来中国开展大气污染治理的实践历程，遵循"让事实说话、让数据说话"的原则，通过统计描述、核密度估计、马尔科夫链等量化分析工具，对新时代中国大气污染治理成效开展多维度、多视角量化评估，真实、立体、生动展示了新时代中国大气污染治理取得的重大成就。研究表明，进入新时代以来，中国主要大气污染物浓度大幅降低，空气质量达标城市数目持续增加，区域性污染问题基本解决，空气质量明显改善，大气污染治理取得积极成效。核密度估计分析表明，中国空气质量不断向高水平收敛，存在显著的空间溢出效应，空间集聚特征明显，纳入时间因素后，空间效应逐渐减弱。马尔科夫链分析表明，中国城市空气质量向上转移的概率明显高于向下转移的概率，并且随着时间的推移，空气质量向上转移的速度不断加快。在结合量化分析的结果，充分借鉴我国大气污染治理基本经验的基础上，本章对"十四五"时期深入打好蓝天保卫战提供了可行的对策建议。

第一节　引　　言

环境就是民生，青山就是美丽，蓝天也是幸福。党的十九届六中全会审议通过的《中共中央关于党的百年奋斗重大成就和历史经验的决议》指出，生态文明建设是关乎中华民族永续发展的根本大计，保护生态环境就是保护生产力，改善生态环境就是发展生产力。党的十八大以来，以人民群众反映强烈的大气、水、土壤污染等领域的突出生态环境问题为重点，中国全面打响了污染防治攻坚战。坚决打赢蓝天保卫战是污染防治攻坚战的重中之重，中国政府秉持以人民为中心的执政理念，深入实施大气污染防治行动计划，不断深化大气环境监测和污染防治工作，逐步由以总量控制为目标向以改善环境质量为目标转变、由大气污染局部治理向跨区域联合防治转变，取得了积极成效，空气质量持续稳中向好，人民群众的蓝天幸福感明显增强。在此背景下，总结好新时代中国大气污染治理的实践历程，真实立体地展示党的十八大以来中国大气污染的治理成效，对于未来深入打好污染防治攻坚战、新时代生态文明建设和美丽中国建设具有重要的理论和现实意义。

建设生态文明是中华民族永续发展的千年大计。党的十八大以来，习近平总书记把生态文明建设作为实现中华民族伟大复兴中国梦的重要内容，提出了一系列新理念新思想新战略，进而系统形成了习近平生态文明思想。习近平总书记高度重视大气污染治理工作，就新时代大气污染治理问题发表了一系列重要论述，这些重要论述已经成为习近平生态文明思想的重要组成部分。学界从不同视角对习近平生态文明思想的理论逻辑、历史逻辑和实践逻辑进行了梳理。例如，中央宣传部和生态环境部组织编写的《习近平生态文明思想学习纲要》，全面阐释了习近平生态文明思想的核心要义、精神实质、丰富内涵和实践要求，深刻指出了深入打好污染防治攻坚战，是有效防范生态环境风险，建设天更蓝、山更绿、水更清、环境更优美的美丽中国的重要实践路径。黄承梁（2018）从习近平生态文明思想的历史渊源、战略全貌和理论创新等多个维度，全面阐释了习近平总书记关于生态文明建设的一系列科学论断、实践体系和哲学体系，系统论述了深入打好污染防治攻坚战是习近平生态文明思想的实践要求。潘家华（2021）按照挖掘历史、把握当代，关怀人类、面向未来的思路，从理论构建和实践探讨两个层面，深刻阐释了习近平生态文明思想的学理认知、科学体系、逻辑主线以及方法论、认识观和实践性，梳理归纳了保护生态环境、打好污染防治攻坚战对推进生态文明建设的重要意义。全国干部培训教材编审指导委员会组织编写的《推进生态文明 建设美丽中国》，结合中国生态文明建设的最新理论进展和实践成果，全面阐释了习近平生态文明思想的战略地位、战略举措和历史使命，科学阐明了推进生态文明、建设美丽中国的理论指导、总体部署，探讨总结了污染防治攻坚战等生态保护的实践路径。上述研究对于我们深刻理解和准确把握习近平生态文明思想的核心要义、思想精髓具有重要启发。

　　随着监测数据的不断完善，数据的可得性不断提高，为量化分析和实证考察中国大气污染的治理成效创造了条件。一些机构和学者对中国大气污染的来源、成因以及治理效果进行了分析，有助于直观认识新时代大气污染治理的重大成就。其中，由原环境保护部牵头，科技部等多部委协作组织开展的大气重污染成因与治理攻关项目组，通过大规模的科学观测和实验研究，从污染物排放情况、污染传输等四个方面，全面考察了京津冀及周边地区秋冬重污染的成因，其发布的《大气重污染成因与治理攻关项目研究报告》显示，2019 年 "2 + 26" 城市 $PM_{2.5}$ 平均浓度比 2016 年下降了 22%，重污染天气减少了 40%；污染物排放量超出环境容量的 50% 以上是重污染频发的根本原因，大气中氮氧化物和挥发性有机物的浓度较高是 $PM_{2.5}$ 快速增长的关键因素[①]。清华大学环境学院郝吉明院士课题组、贺克斌院士课题组、地球系统科学系张强教授课题组合作发表的《2013—2017 年间中国 $PM_{2.5}$ 空气质量改善的驱动力》（Zhang et al.，2019），科学评估了 2013 ~ 2017 年中国空气质量改善情况，定量考察了《大气污染防治行动计划》各项政策对空气质量改善的贡献，研究发现，通过《大气污染防治行动计划》实施，中国空气质量水平大幅提高，$PM_{2.5}$ 从 2013 年的 $61.8\,\mu g/m^3$ 降至 2017 年的 $42.0\,\mu g/m^3$；工业行业提标改造、燃煤锅炉整治、落后产能淘汰是对空气质量改善效果显著的主要政策，分别使全国 $PM_{2.5}$ 浓度下降了 $6.6\,\mu g/m^3$、$4.4\,\mu g/m^3$ 和 $2.8\,\mu g/m^3$。王文兴等（2019）回顾了 70 年来我国大气污染的防治历程，展示了我国大气污染防治的重大成就，认为我国在大气污染治理的进程中形成了极具中国特色的大气污染防治理论和管理模式，构建了科学的大气污染综合治理体系。此外，还有大量文献从城市群、重点区域、全国等多个层面考察了我国大气污染的时空格局和政策

87

————————

　　① 国家大气污染防治攻关联合中心：《大气重污染成因与治理攻关项目研究报告》，科学出版社 2021 年版。

效果（Wu et al.，2015；Song et al.，2017；Gao，2018；Ye et al.，2018；Yang et al.，2019；Feng，2019；Fan et al.，2020；石庆玲等，2016；刘海猛等，2018；罗知和李浩，2018；王恰和郑世林，2019；赵艳艳等，2021）。其中，王恰和郑世林（2019）重点考察了联防联控政策对环境改善的作用，研究发现，京津冀及周边地区联合行动显著提高了"2＋26"城市空气质量，分别使 $PM_{2.5}$、PM_{10}、SO_2、CO 和 O_3 浓度降低了 $5.906\mu g/m^3$、$12.572\mu g/m^3$、$4.673\mu g/m^3$、$0.074\mu g/m^3$ 和 $20.303\mu g/m^3$。

　　上述研究为量化评估我国大气污染治理成效提供了有益参考，本章遵循"让事实说话，让数据说话"的原则，基于客观的数据，科学的方法，真实立体展示新时代中国大气污染治理取得的重大成就，本章边际学术贡献主要体现在以下三个方面：第一，梳理党的十八大以来中国大气污染治理的实践历程，展示新时代中国大气污染的治理成效。进入新时代，面对严重的大气污染问题，我国相继发布了《大气污染防治行动计划》《打赢蓝天保卫战三年行动计划》《中共中央、国务院关于深入打好污染防治攻坚战的意见》等一系列文件，持续开展大气污染治理工作。但重点总结党的十八大以来中国大气污染治理历程的文献较少，鲜有研究聚焦新时代中国大气污染治理取得的重大成就。本章系统梳理新时代中国大气污染治理的实践探索，并从空气质量指数和六项污染物等多个方面揭示新时代中国大气污染的治理成效，弥补了现有研究的不足。第二，揭示中国大气污染的时空特征及演变趋势，有助于制定科学准确的大气污染跨地区联防联控政策。现有研究主要从全国或重点区域分析单项大气污染物的时空特征，本章基于国家生态环境监测总站提供的大气污染数据，考虑了大气污染的空间自相关特点，通过随机核密度估计，从国家、区域等多个维度考察多项污染物的分布动态演进趋势，能够准确反映相邻地区大气污染对各地区大气污染分布位置、分布形态等方面的影响，有利于深入掌握中国大气污染的基本状况，便于统筹制定完善的大气污染协同治理政策。第三，考察大气污染的转移特征，探寻大气污染治理的政策切入点。本章通过马尔科夫链分析，从全样本周期和分阶段（大气国十条阶段、打赢蓝天保卫战阶段、"十四五"时期）等多个维度考察大气污染的转移概率，揭示大气污染治理成效的转移速度和方向，寻找大气污染治理的重点和难点，为

"十四五"时期如何深入打好污染防治攻坚战提供有效的政策切入点。最后，基于上述三方面的工作，本章立足新时代新征程新使命，巩固拓展党的十八大以来我国大气污染的治理成果，从加强重点污染物协同控制、深化大气污染区域联防联控、推动实现减污降碳协同增效、探索大气污染全球合作治理等四个方面提出了深入打好污染防治攻坚战的可行对策建议。

第二节　新时代中国大气污染治理的实践历程

伟大的实践需要伟大的思想理论指导。党的十八大以来，以习近平同志为核心的党中央领导全党全国人民大力推动生态文明建设的理论创新、实践创新和制度创新，系统形成了习近平生态文明思想，为我国大气污染治理提供了根本遵循和实践指南。

一、习近平总书记关于大气污染治理的重要论述

习近平总书记高度重视大气污染问题。党的十八大以来，习近平总书记就大气污染治理发表了一系列重要论述，提出了诸多崭新的科学论断，深刻回答了我国大气污染治理面临的重大理论和现实问题，这些论述突出绿水青山就是金山银山理念，坚持以人民为中心的发展思想、注重统筹全局的科学规划、强调行之有效的体制机制。

（一）突出绿水青山就是金山银山理念

在人类发展史上特别是工业化进程中，曾发生过大量破坏自然资源和生态环境的事件，酿成惨痛教训。习近平总书记纵观世界发展史，站在党和国家事业发展全局的战略高度，创新性提出了绿水青山就是金山银山的新发展理念，深刻阐述了经济发展和生态环境保护的关系，指明了实现发展和环境保护协同共生的新路径。2016 年 1 月 18 日，习近平总书记在省部级主要领导干部学习贯彻党的十八届五中全会精神专题研讨班上的讲话中指出，环境就是民生，青山就是美丽，蓝天也是幸福，绿水青山就是金山银山，保护环境就是保护生产力，改善环境就是发展

生产力①。这是重要的发展理念，也是推进生态文明建设、持续打好蓝天保卫战的重大原则。党的十八大以来，中国始终以绿水青山就是金山银山理念为科学指南，深入开展大气污染治理工作，不断推进污染防治攻坚战，推动我国生态文明建设迈上新台阶。

（二）坚持以人民为中心的发展思想

纯洁的空气是最公平的公共产品、最普惠的民生福祉。习近平总书记始终以人民为中心，坚持生态惠民、生态利民、生态为民，提供更多优质生态产品，让人民群众在天蓝、地绿、水清的生态环境中生产生活。2016 年 1 月 18 日，习近平总书记在省部级主要领导干部学习贯彻党的十八届五中全会精神专题研讨班上强调，让良好生态环境成为人民生活的增长点、成为展现我国良好形象的发力点，让老百姓呼吸上新鲜的空气、喝上干净的水、吃上放心的食物、生活在宜居的环境中、切实感受到经济发展带来的实实在在的环境效益，让中华大地天更蓝、山更绿、水更清、环境更优美，走向生态文明新时代②。党的十八大以来，中国深入实施大气污染防治行动计划，蓝天保卫战取得了阶段性胜利，生态环境质量持续改善，人民群众对蓝天的获得感、幸福感和安全感显著增强。

（三）注重统筹全局的科学规划

大气污染问题既是环境问题，也是社会经济问题，习近平总书记站在全局高度，着眼长远，统筹兼顾、抓住重点，全面部署大气污染治理工作。2014 年 2 月 26 日，习近平总书记在北京市考察工作时强调，加大大气污染治理力度，应对雾霾污染、改善空气质量的首要任务是控制$PM_{2.5}$，要从压减燃煤、严格控车、调整产业、强化管理、联防联控、依法治理等方面采取重大举措，聚焦重点领域，严格指标考核，加强环境执法监管，认真进行责任追究③。2017 年 10 月 18 日，习近平总书记在中国共产党第十九次全国代表大会上的报告中再次强调，坚持全民共

---

①② 资料来源：中国青年报，网址：https：//baijiahao. baidu. com/s? id = 17092574221 48569939&wfr = spider&for = pc。

③ 资料来源：人民网，网址：http：//politics. people. com. cn/n/2014/0226/c70731 – 24474744. html。

治、源头防治，持续实施大气污染防治行动，打赢蓝天保卫战①。党的十八大以来，在习近平总书记亲自部署和领导下，全面开展大气污染治理工作。

（四）强调行之有效的体制机制

制度和法治是大气污染治理的重要保障。2014年2月26日，习近平总书记在北京市考察工作时指出，要建立大气环境承载能力监测预警机制，确定大气环境承载能力红线，当接近这一红线时便及时提出警告警示，要严格指标考核；加强环境执法监管，认真进行责任追究②。2018年5月18日，习近平总书记在全国生态环境保护大会上指出，我国生态环境保护中存在的突出问题大多同体制不健全、制度不严格、法治不严密、执行不到位、惩处不得力有关。要加快制度创新，增加制度供给，完善制度配套，强化制度执行，让制度成为刚性的约束和不可触碰的高压线③。在习近平生态文明思想的指引下，我国大气污染体制机制不断完善，扎实推进大气污染防治政策、措施高效实施。

二、党的十八大以来中国大气污染治理实践历程

良好生态环境是实现中华民族永续发展的内在要求。党的十八大以来，以习近平生态文明思想为指导，我国制定了一系列战略部署和行动计划，持续加强大气污染治理的顶层设计、法律制度保障和支撑体系建设，多举并行，不断推进大气污染治理工作。

（一）将大气污染治理纳入国家发展规划

党的十八大以来，以习近平同志为核心的党中央开展了一系列根本性、开创性、长远性工作，全面推进我国大气污染防治行动计划。2017年10月，习近平总书记在党的十九大报告中强调，坚持全民共治、源

---

① 资料来源：共产党员网，网址：https://news.12371.cn/2018/10/31/ARTI1540950310102294.shtml。

② 资料来源：人民网，网址：http://politics.people.com.cn/n/2014/0226/c70731-24474744.html。

③ 资料来源：人民网，网址：http://china.chinadaily.com.cn/a/201903/06/WS5c7f2513a31010568bdcdb07.html?from=singlemessage。

头防治，持续实施大气污染防治行动，打赢蓝天保卫战①，并把污染防治攻坚战作为决胜全面建成小康社会三大攻坚战之一，这表明我国已将大气污染治理纳入国家发展规划。《中共中央关于制定国民经济和社会发展第十三个五年规划的建议》提出，深入实施污染防治行动计划，制订城市空气质量达标计划，严格落实约束性指标，地级及以上城市重污染天数减少25%；加强大气污染联防联控，实施大气污染防治重点地区气化工程，细颗粒物浓度下降25%以上。这是我国首次将城市空气质量达标列入五年规划中，并提出明确目标，表明中国对大气污染治理的坚定决心。《中华人民共和国国民经济和社会发展第十四个五年规划和2035年远景目标纲要》指出，深入开展污染防治行动，坚持源头防治、综合施策，强化多污染物协同控制和区域协同治理；加强城市大气质量达标管理，推进细颗粒物（$PM_{2.5}$）和臭氧（O_3）协同控制，地级及以上城市$PM_{2.5}$浓度下降10%，有效遏制O_3浓度增长趋势，基本消除重污染天气。我国大气污染治理从重点强调细微颗粒物到推进多种污染物协调控制，持续加强大气污染治理目标约束，深刻反映国家对大气污染治理不断深入。

（二）持续加强大气污染治理的顶层设计

党的十八大以来，中国政府高度重视大气污染问题，对大气污染治理进行了全局谋划和系统部署。2013年9月，《大气污染防治行动计划》出台，明确了我国大气污染的治理目标，要求实施总量控制与质量改善相统一的大气污染防治措施；强调联防联控与属地管理相结合的大气污染治理机制，确定了区域联防联控在大气污染防治工作中的地位；突出地方政府对大气污染治理目标的责任，并作出了严格的考核和问责规定确保各项任务措施真正落地。《大气污染防治行动计划》是2013～2017年我国大气污染防治的纲领性文件，标志着我国大气污染防治工作由以总量减排为目标向以改善环境质量为目标转变，由局部地区治理向跨区域联合治理转变。为全面贯彻落实党的十九大作出的打赢蓝天保卫战重大决策部署，2018年6月，《中共中央 国务院关于全面加强生态环境保护坚决打好污染防治攻坚战的意见》发布，要求编制实施打赢

---

① 资料来源：共产党员网，网址：https://news.12371.cn/2018/10/31/ARTI154095 0310102294.shtml。

蓝天保卫战三年作战计划，以京津冀及周边等重点区域为主战场，加强区域联防联控和重污染天气应对。随后，国务院印发《打赢蓝天保卫战三年行动计划》，明确了到 2020 年城市空气质量目标，强调突出防控 $PM_{2.5}$ 重点污染物、京津冀及周边地区等重点区域、秋冬季重点时段以及钢铁等重点行业。2021 年 12 月，中共中央、国务院印发《中共中央国务院关于深入打好污染防治攻坚战的意见》，要求继续推进 $PM_{2.5}$ 污染防治的同时，加强 $PM_{2.5}$ 和臭氧污染协同控制，促进氮氧化物和挥发性有机物协同减排，持续推进减污降碳协同治理和减污扩容协同发力。党的十八大以来，中国政府坚持以人为本，着力改善大气环境质量，不断加强大气污染治理的顶层设计。

（三）逐步健全大气污染治理法律制度保障

为保护和改善环境，促进经济社会可持续发展，2014 年 4 月修订的《环境保护法》首次引入生态文明理念，要求建立跨行政区域的重点区域、流域环境污染和生态破坏联合防治协调机制，为大气污染跨地区联合防控工作提供基本法律依据；并将 1989 年颁行的《环境保护法》中关于政府责任的一条原则性规定增加为"监督管理"一章，扩展了各级政府以及环保部门的监管权力，明确了基层环保部门下设环境监察机构的法律地位，为完善大气污染相关的法律法规提供了基本原则和遵循。2015 年 8 月，全国人大审议通过了新修订的《大气污染防治法》，从大气污染防治标准、措施以及重点区域大气污染联合防治等六个方面规范了我国大气污染防治的行为准则，将之前《大气污染防治法》强调防治二氧化硫和煤烟污染转变为以改善大气环境质量为目标；明确了政府、企业和社会公众在大气污染治理中的职责和义务，加强了对地方政府的考核和监督；开创性地设立了"重点区域大气污染联合防治"专章，从制定重点区域大气污染联合防治行动计划和跨区域信息监测共享、联动执法等方面明确了我国大气污染跨地区综合防治工作。新修订的《大气污染防治法》与《环境保护法》有机衔接，为我国大气污染治理提供了坚强的法律保障。总之，党的十八大以来，我国大气污染防治相关法律制度突出空气质量改善，强调生态文明理念，不断满足人民群众对美好生活的需要。

（四）不断完善大气污染治理的支撑体系建设

为完成大气污染治理目标，中国不断完善大气污染治理的支撑体系建设，保障大气污染重点防治专项行动及综合治理攻坚行动顺利推进。首先，以大气环境监测为支撑，促进大气污染防治精准施策。中国自2013年对74个重点城市进行空气质量监测，到2015年在337个城市设立1436个监测点位，基本实现了"全面监测、全国联网、自动预警、依法追责"的建设目标。其次，以科技为支撑，为大气污染治理"把脉问诊开药方"。2017年4月由原环境保护部牵头，科技部等部门共同成立的大气重污染成因与治理攻关项目科研团队，实施多学科交叉、跨部门协作的全过程联合攻关模式，对"2+26"城市和汾渭平原11城市开展一市一策驻点跟踪研究，提出了一市一策减排方案与治理途径，为地方大气污染治理送科技，解难题。同时，以科技部"大气污染成因与控制技术研究"为代表科研项目不断开展，为大气污染治理提供了重要的科技支持。最后，以联防联控为支撑，有效解决大气污染区域性问题。自2013年《大气污染防治行动计划》实施以来，开展重点区域大气污染联防联控逐渐成为大气污染治理的必要措施。截至目前，中国已经在京津冀及周边地区、长三角、汾渭平原等10多个区域建立了成熟的大气污染联防联控机制，显著改善了重点区域的空气质量。党的十八大以来，我国基本实现了不同区域大气污染统一监测的信息共享机制，摸清了大气重污染成因与来源，为大气污染防治和重污染天气应对提供科学的决策支撑。

第三节　研究方法与样本数据

一、研究方法

为了多维度、多视角量化评估新时代中国大气污染的治理成效，本章采用了多样化的量化分析工具，主要包括描述统计方法、空间可视化方法、随机核密度估计方法、马尔科夫链分析方法。其中，利用描述统计方法展示新时代中国大气污染治理成效的基本事实,利用空间可视化方法分析中国大气污染的空间格局。考虑到这两种分析方法已经是较为成熟的量化分析工具,此处不作过多赘述。本章着重对随机核密度、马尔科夫链方法进行详细介绍。

(一) 随机核密度估计法

随机核密度估计是一种典型的非参数密度估计方法,相较于传统核密度,能够同时考虑时间和空间因素,更加准确地展示变量的分布动态演进,旨在通过已知的样本数据集合,对未知的概率密度函数进行估计(Quah,1977),运用连续的分布曲线反映随机变量在样本考察期内的分布态势,进而可描绘随机变量的分布位置、延展性等动态信息(刘华军等,2021)。本章选择现有研究中广泛运用的高斯核密度估计分析方法(Parzen,1962),通过无条件核密度、空间静态核密度、空间动态核密度,从空间、时间等多个维度揭示新时代中国大气污染的治理成效。

假定 x 和 y 分别代表大气污染在 t 时期和 t+τ 时期的值,τ 表示滞后期(τ>0),那么,x 和 y 的联合分布、条件分布以及 x 的边缘分布就可以分别表示为 $f_{t,t+\tau}(x,y)$、$f_\tau(y|x)$ 和 $f_t(x)$,$f_\tau(y|x)$ 的一个自然估计量:

$$\hat{f}_\tau(y|x) = \frac{\hat{f}_{t,t+\tau}(x,y)}{\hat{f}_t(x)} \tag{3.1}$$

其中,$\hat{f}_\tau(y|x)$ 为随机核估计量,x 和 y 的联合分布的估计量 $\hat{f}_{t,t+\tau}(x,y)$ 可以表示为:

$$\hat{f}_{t+\tau}(x,y) = \frac{1}{nh_x h_y} \sum_{i=1}^{n} K\left(\frac{x-X_i}{h_x}, \frac{y-Y_i}{h_y}\right) \tag{3.2}$$

x 的边缘分布 $\hat{f}_t(x)$ 可以表示为:

$$\hat{f}_t(x) = \frac{1}{nh_x} \sum_{i=1}^{n} K\left(\frac{x-X_i}{h_x}\right) \tag{3.3}$$

在不考虑时间滞后条件下,若 $\hat{f}_t(x)$ 是通过空间权重矩阵和相邻地区数据处理得到的边缘分布,此时的条件概率密度表示空间静态随机核密度估计,若在此基础上纳入时间滞后期 τ,便可以得到空间动态随机核密度估计。

需要注意的是,在随机核密度估计中,核函数 K(·) 和平滑参数

h 与它们在传统核密度估计中扮演的角色类似，选取方式也基本相同。对于核函数的选择，随机核密度估计结果并不敏感，而带宽的选择则决定了最终的准确程度和表达效果。带宽越小，密度函数曲线越不光滑，精度越高。根据帕加诺（Pagan et al.，1999）的研究，随机核平滑参数的选择可以参考选取单变量的选取方式，根据 x 和 y 各自的分布特点计算最优平滑参数。

（二）马尔科夫链分析方法

马尔科夫链是一种基于马尔科夫转移概率矩阵，描述随机变量从一种状态转变为另一种状态的分析方法，广泛应用于分布动态演进特征研究（刘华军等，2020）。假设随机过程 $\{X(t), t \in T\}$ 的状态空间为 I，如果时间 t 的任意 n 个数值 $t_1 < t_2 < \cdots < t_n$，$t_i \in T$，在条件 $X(t_i) = x_i$，$x_i \in I$，$i = 1, 2, \cdots, n-1$ 下，$X(t_n)$ 的条件分布函数恰等于在条件 $X(t_{n-1}) = x_{n-1}$ 下 $X(t_n)$ 的条件分布函数：

$$P\{X(t_n) \leq x_n \mid X(t_1) = x_1, X(t_2) = x_2, \cdots, X(t_{n-1}) = x_{n-1}\}$$
$$= P\{X(t_n) \leq x_n \mid X(t_{n-1}) = x_{n-1}\}, x_n \in R$$

$$(3.4)$$

其中，$\{X(t), t \in T\}$ 为马尔科夫过程，具有马尔科夫性和无后效性。

特别地，对于时间和状态均离散的马尔科夫过程，称其为马尔科夫链。假设马尔科夫链的空间状态 $I = \{a_1, a_2, \cdots\}$，$a_i \in R$。在马尔科夫链的情形下，马尔科夫性通常用条件分布来表示，即对任意的正整数 n，r 和 $0 \leq t_1 < t_2 < \cdots < t_r < m$；$t_i$，m，$m+n \in T_1$，有公式（3.5）：

$$P\{X_{m+n} = a_j \mid X_{t_1} = a_{i_1}, X_{t_2} = a_{i_2}, \cdots, X_{t_r} = a_{i_r}, X_m = a_i\}$$
$$= P\{X_{m+n} = a_j \mid X_m = a_i\}$$

$$(3.5)$$

记式（3.5）等号右端为 $P_{ij}(m, m+n)$，则条件概率 $P_{ij}(m, m+n) = P\{X_{m+n} = a_j \mid X_m = a_i\}$ 为马尔科夫链在时刻 m 处于状态 a_i 条件下，在时刻 m+n 时刻转移到状态 a_j 的转移概率。

由于链在时刻 m 从任何一个状态 a_i 出发，到另一时刻 m+n，必然转移到 a_1，a_2……中的某一个，所以满足公式（3.6）：

$$\sum_{j=1}^{+\infty} P_{ij}(m, m+n) = 1, i = 1, 2, \cdots$$

$$(3.6)$$

由转移概率组成的矩阵称为马尔科夫链的转移概率矩阵。当转移概率 $P_{ij}(m, m+n)$ 只与空间状态 i、j 及时间间距 n 有关时，我们把它简记为 $P_{ij}(n)$，即 $P_{ij}(m, m+n) = P_{ij}(n)$。此时，转移概率具有平稳性，同时也称此马尔科夫链是齐次的或者时齐的。由此可知，公式 $P_{ij}(m, m+n) = P\{X_{m+n} = a_j \mid X_m = a_i\}$ 为马尔科夫链的 n 步转移概率，如果当 n = 1 时，称其为一步转移概率，记 $p_{ij} = P_{ij}(1) = P\{X_{m+1} = a_j \mid X_m = a_i\}$，由所有的 p_{ij} 组成的 N×N 维矩阵被称为状态转移概率矩阵，如公式 (3.7)：

$$P = (p_{ij}) = \begin{bmatrix} p_{11} & p_{12} & \cdots & p_{1n} \\ p_{21} & p_{22} & \cdots & p_{2n} \\ \vdots & \vdots & \cdots & \vdots \\ p_{n1} & p_{n2} & \cdots & p_{nn} \end{bmatrix} \tag{3.7}$$

齐次马尔科夫链由转移概率矩阵 P 和状态空间共同决定。转移概率可采用极大似然法估计。设 p_{ij} 为某一变量在 t 年属于 i 类型，而在 t + 1 年份转移到 j 类型的转移概率，那么 p_{ij} 的最大似然估计为：

$$p_{ij} = \frac{n_{ij}}{n_i} \tag{3.8}$$

式中，n_{ij} 为样本考察期内第 i 种状态转变为第 j 种状态出现的次数。n_i 为第 i 种状态出现的总次数。

状态空间主要取决于对样本数据的初始划分。已有研究多采用四分位数方法，即以 1/4、1/2、3/4 分位数为界限，根据样本数据历年的分布情况进行划分。四分位数划分方法保证每个类型中的样本个数大致相等，避免了数据随时间波动对结果造成的影响，但会导致每年状态空间的标准不统一，无法避免人为划分等级对结果的影响。遵循"让事实说话，让数据说话"的原则，本章根据《环境空气质量指数（AQI）技术规定（试行）》，将空气质量水平（AQI）划分为优（＜50）、良（50～100）、轻度污染（100～150）、中度污染（150～200）、重度污染（200～300）、严重污染（＞300）6 个等级。根据《环境空气质量标准》中 6 项环境空气污染物的二级浓度限值，将其划分为达标与不达标两类，从而科学评估中国大气污染的转移概率，精准量化中国大气污染治理成效及重难点。

二、样本数据

2012 年 2 月，原环境保护部出台了《环境空气质量标准》

（GB3095－2012），从 2013 年起实施新标准对我国重点城市进行空气质量监测，到 2015 年，我国基本实现地级及以上城市全面监测。在中国环境监测总站的全国城市空气质量实时发布平台中，逐日更新中国空气质量指数（Air Quality Index，AQI）和 6 项污染物（SO_2、NO_2、CO、O_3、$PM_{2.5}$、PM_{10}）数据。我们利用 Python 网络爬虫技术，从中国环境监测总站抓取了 2013～2021 年中国空气质量指数及六项污染物的逐小时数据，并根据《环境空气质量标准》计算日报和年报数据。其中，AQI、SO_2、NO_2、CO、$PM_{2.5}$、PM_{10} 日报数据为 24 小时内的算术平均；O_3 日报数据为日最大 8 小时浓度均值；AQI、SO_2、NO_2、$PM_{2.5}$、PM_{10} 的年报数据为日报数据的平均值；O_3 的年报数据为日报数据的 90 百分位数浓度；CO 年报数据为日报数据的 95 百分位数浓度[①]。考虑到中国行政区划调整变动和部分城市的数据缺失情况，本章选取 335 个地级以上城市作为研究对象，考察党的十八大以来我国大气污染的治理成效。需要强调的是，2013 年我国开始实施大气国十条，并逐步完善空气质量监测体系。但 2013 年，中国环境监测总站只提供了部分城市的大气污染数据，即便是中国 74 个重点城市，大气污染数据最早也只能获取到 2013 年 10 月。因此，综合考虑数据的连续性和完整性，本章的样本区间为 2015～2021 年。

第四节　中国大气污染治理成效的基本事实

党的十八大以来，中国持续开展大气污染重点防治专项行动及综合治理攻坚行动，坚持全民共治、源头防治、标本兼治，取得了显著成效，人民群众的蓝天幸福感不断增强。本节以中国环境监测总站日报数据为基础，对全国及重点区域的大气污染和分项污染物的基本状况进行考察评估，展示中国大气污染治理取得的成效。

一、全国层面大污染治理成效

（一）基于空气质量指数的考察

进入新时代以来，中国高度重视大气污染治理工作，持续开展大气

---

① 《环境空气质量评价技术规范（试行）》（HJ663－2013），中国环境科学出版社 2013 年版。

污染综合防治行动计划，使得全国空气质量明显改善，环境空气质量达标城市数目持续增加。根据图 3 - 1，从总体趋势看，中国空气质量指数（AQI）波动下降，意味着中国环境空气质量呈现上升的态势。具体而言，AQI 由 2015 年的 76.77 下降到 2021 年的 56.30，实现了年均5.04%的下降。中国的大气污染存在明显的季节性周期变化，即秋冬季（折线图深色背景）的大气污染严重，而春夏季的大气污染较轻微。在不同年度周期中，秋冬季大气污染在随时间的推移而逐渐缓解，2021年大气污染较 2015 年已有明显下降，说明我国持续开展秋冬季大气污染综合治理攻坚行动，取得了显著成效，但秋冬季期间大气环境形势依然严峻，污染状况较春夏季仍然严重，必须以更大的力度、更实的措施针对秋冬季大气污染进行综合治理。从达标城市比例看，2015～2021年达标城市比例不断增加，2021 年全国 188 个城市环境空气质量达标，占全部城市的 56.12%，比 2015 年上升 34.43 个百分点。样本考察期内，大气污染治理成效显著，"十四五"时期要实现空气质量全面改善，需要继续强化大气环境保护，持续增强人民群众的蓝天幸福感。

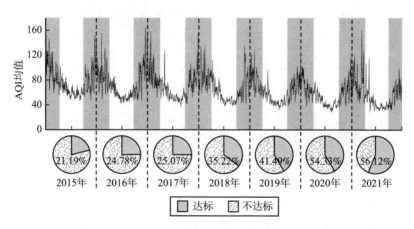

图 3 - 1　中国 AQI 整体状况

资料来源：笔者根据中国环境监测总站提供的相关数据整理绘制。

（二）基于分项污染物的考察

从六种分项污染物看，全国空气质量持续向好，大气污染治理取得明显成效（见图 3 - 2）。从具体各污染物看，除 O_3 外其他大气污染物均呈现下降态势，其中，SO$_2$ 浓度下降幅度最大，由 2015 年 25.56 $\mu g/m^3$ 下降到 2020 年 9.52$\mu g/m^3$，实现了年均 15.19% 的下降；其次是 CO、PM$_{2.5}$、PM$_{10}$，分别由 2015 年的 2.05mg/m^3、49.89$\mu g/m^3$、87.44$\mu g/m^3$ 下降到 2021 年的 1.12 mg/m^3、31.51$\mu g/m^3$、62.72$\mu g/m^3$，实现了年均 9.59%、7.37%、5.39% 的下降，NO$_2$ 浓度的下降幅度最小，由 2015 年的 29.62$\mu g/m^3$ 下降到 2021 年的 23.52$\mu g/m^3$，年均下降 3.77%。O$_3$ 浓度呈现出先上升后下降的趋势，由 2015 年的 135.44$\mu g/m^3$ 先上升到 2018 年的 150.97$\mu g/m^3$，后下降到 2021 年的 138.04$\mu g/m^3$，虽然近三年 O$_3$ 的浓度在持续下降，但仍然高于 2015 年的水平，这意味着 O$_3$ 污染水平高位运行，遏制和减少 O$_3$ 污染是后续中国大气污染治理的关键内容。从周期性看，六项污染物同样存在季节性周期变化，并且除 O$_3$ 外，其余污染物与 AQI 呈现出相同的周期性变化，即秋冬季污染严重，春夏季污染较轻，而 O$_3$ 则相反，呈现出秋冬季污染较轻而春夏季严重的季节性规律。

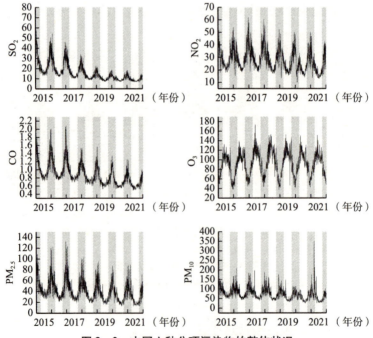

图 3-2　中国六种分项污染物的整体状况

注：CO 浓度单位为 mg/m^3，其他污染物浓度单位为 $\mu g/m^3$。

资料来源：笔者根据历年《中国环境状况公报》提供的相关数据整理绘制。

从分项污染物的达标情况①来看，除了 O_3 与 PM_{10}，其他四种分项大气污染物的达标城市比例持续提高（见图 3-3）。具体而言，O_3 的达标率在 2015～2018 年出现下降现象，此后逐渐好转，达标城市数量不断增加，截至 2021 年，全国 282 个城市实现达标，占全部城市的84.18%，比 2015 年提高了 1.79%。PM_{10} 的城市达标率在 2015～2020 年持续提高，但 2021 年有所下降，下降了 2.09%。样本考察期内，SO_2、NO_2、CO 的城市达标率整体维持在 80% 以上，到 2021 年基本实现全国达标。党的十八大以来，中国大气污染治理始终以 $PM_{2.5}$ 为重点，取得积极成效，达标率由 2015 年的 22.69% 提高到 2021 年的 64.78%，但需要注意的是，$PM_{2.5}$ 达标率仍在六项污染物中最低，尚未得到根本性

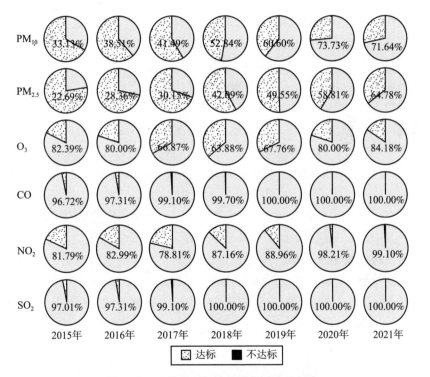

图 3-3　六种分项污染物达标城市比例率

资料来源：笔者根据历年《中国环境状况公报》提供的相关数据整理绘制。

---

① 生态环保部：《2016 中国环境状况公报》，https：//www.mee.gov.cn/hjzl/zghjzkgb/lnzghjzkgb/，2017 年 6 月 5 日。

控制。中国在"十三五"期间坚持大气污染治理方向稳定不变，锚定空气质量改善目标，防治方式不断创新、力度不断加大，空气质量水平得到快速提高，雾霾天气不断减少。"十四五"期间，大气污染治理需要主攻重点，突出 $PM_{2.5}$ 和 O_3 两大重点污染因子，秋冬季控制 $PM_{2.5}$ 污染水平，春夏季遏制 O_3 污染势头，确保 $PM_{2.5}$ 浓度和 O_3 浓度实现双降，持续改善大气环境质量。

二、大气污染的空间格局及重点区域的大气污染治理成效

党的十八大以来，面对严重的区域性大气污染问题，中国不断开展大气重污染成因与治理攻关，积极推进重点区域大气污染治理工作，完善大气污染区域联防联控机制，取得了积极进展。下面重点介绍三个大气污染防治重点区域的治理成效。

进入新时代以来，京津冀及周边地区、长三角地区、汾渭平原①成为中国大气污染防治工作的重中之重，经过"十三五"时期的着重治理以及"十四五"时期污染防治攻坚战的顺利实施，三大重点区域的大气污染治理取得显著成效。根据图 3 - 4（a1）、图 3 - 4（a2）、图 3 - 4（a3），样本考察期内，三大重点区域的 AQI 均呈现下降趋势，空气质量水平持续提高。具体而言，京津冀及周边地区、长三角地区和汾渭平原的 AQI 分别由 2015 年的 117.91、78.22、91.17 下降到 2021 年的 79.07、55.83、79.03，实现了 6.44%、5.46%、2.35% 的年均下降。其中，长三角地区的空气质量水平最高，京津冀及周边地区的大气污染治理成效最为显著。从周期性看，三大区域的秋冬季的污染程度较春夏季更为严重，但随时间的延伸而逐渐缓解，2021 年的秋冬季较2015 年已有大幅改善。从 AQI 和分项污染物的达标情况看（见图 3 - 4（b1）、图 3 - 4（b2）、图 3 - 4（b3）），2021 年三大区域的

①　根据《京津冀及周边地区 2017 年大气污染防治工作方案》《长三角地区 2019 - 2020 年秋冬季大气污染综合治理攻坚行动方案》《汾渭平原 2019 - 2020 年秋冬季大气污染综合治理攻坚行动方案》，确定京津冀及周边地区包含北京市，天津市，河北省石家庄、唐山、邯郸、邢台、保定、沧州、廊坊、衡水市，山西省太原、阳泉、长治、晋城市，山东省济南、淄博、济宁、德州、聊城、滨州、菏泽市，河南省郑州、开封、安阳、鹤壁、新乡、焦作、濮阳市等；长三角地区包含上海市、江苏省、浙江省、安徽省；汾渭平原包含山西省晋中、运城、临汾、吕梁市，河南省洛阳、三门峡市，陕西省西安、铜川、宝鸡、咸阳、渭南市。

达标城市比例不断扩大，三大区域的 SO_2、CO 均已达标，长三角和汾渭平原的 NO_2 也实现了全面达标；与 2015 年相比，2021 年 AQI 和除 O_3 外的五个分项污染物达标城市数均有所增加。然而，京津冀及周边地区和汾渭平原的 O_3 达标城市比例有大幅度下降，并且这两个地区的 $PM_{2.5}$ 和 PM_{10} 达标情况不容乐观，京津冀地区仅有北京市 $PM_{2.5}$ 和 PM_{10} 达标，而汾渭平原仅有吕梁市的 $PM_{2.5}$ 达标。从三大区域城市达标天数范围看，相比于 2015 年，2021 年三大区域空气质量和分项污染物的城市达标范围都有所改善，所有城市的达标天数比例均超过 50%。三大重点区域空气质量达标天数最多的城市分别是北京、丽水和宝鸡，达标天数比例分别为 78.90%、99.73% 和 79.73%。综合图 3-4（b1）、图 3-4（b2）、图 3-4（b3）和图 3-4（c1）、图 3-4（c2）、图 3-4（c3），三大区域空气质量达标天数比例较高，但达标城市比例却很低。究其原因，一是由于秋冬季大气污染超标严重，导致年均数值未达标准，二是 $PM_{2.5}$、PM_{10} 和 O_3 三项污染物达标率低，使得城市环境空气质量超标。针对"十四五"时期三大重点区域的大气污染防治工作，要以细颗粒物（$PM_{2.5}$ 和 PM_{10}）和臭氧协同防控为主线改善空气质量，不断满足人民群众对美好生态环境的需要。

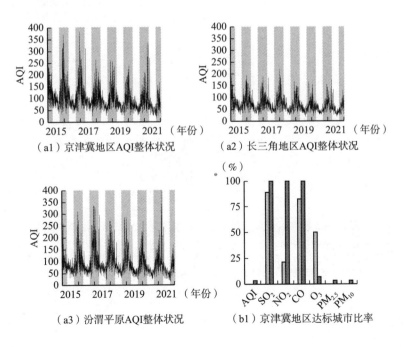

（a1）京津冀地区AQI整体状况　　　　（a2）长三角地区AQI整体状况

（a3）汾渭平原AQI整体状况　　　　（b1）京津冀地区达标城市比率

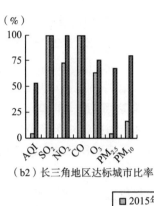

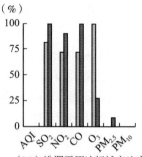

（b2）长三角地区达标城市比率　　　　（b3）汾渭平原达标城市比率

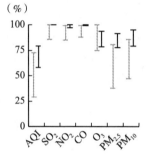

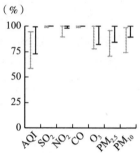

（c1）京津冀地区城市达标天数比率　　　（c2）长三角地区城市达标天数比率

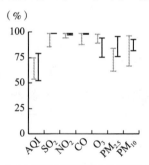

（c3）汾渭平原城市达标天数比率

2015年　　　　2021年

图3-4　重点区域大气污染状况：京津冀、长三角、汾渭平原

资料来源：笔者根据中国环境监测总站提供的相关数据整理绘制。其中，重点区域城市根据《京津冀及周边地区2017年大气污染防治工作方案》《长三角地区2019～2020年秋冬季大气污染综合治理攻坚行动方案》《汾渭平原2019～2020年秋冬季大气污染综合治理攻坚行动方案》确定。

第五节 中国大气污染的分布动态演进趋势

本节从时间、空间等多个维度揭示中国大气污染的分布动态演进趋势，展示新时代中国大气污染的治理成效。首先采用无条件的 Kernel 密度估计，分析全国、重点区域大气污染在 t + 3 年分布的变化趋势；其次，通过空间条件下的静态 Kernel 密度估计，揭示相邻城市大气污染的空间关联；最后，在空间静态 Kernel 密度估计的基础上纳入时间维度，考察相邻城市在 t 年的大气污染对本城市 t + 3 年大气污染的影响。

一、中国大气污染的治理成效：基于 AQI 的核密度估计

（一）中国空气质量水平的无条件核密度估计

图 3 – 5（a1）和图 3 – 5（a2）报告了中国城市空气质量的无条件核密度和密度等高线。其中，X 轴和 Y 轴分别表示本城市 t 年和 t + 3 年的空气质量指数，Z 轴表示 XY 平面中点的条件概率，平行于 Y 轴的线为从 X 轴的点到 Y 轴上任一点的转移概率，表示从 t 年到 t + 3 年城市空气质量指数变化的转移概率。如果密度等高线主要集中于 45°对角线附近，表明城市空气质量指数存在连续性特征，整体分布形态无明显变动；如果密度等高线主要集中于负 45°对角线附近，表明城市空气质量指数发生突变，空气质量指数高的城市转变为空气质量指数低的城市，空气质量指数低的城市转变为空气质量指数高的城市；如果密度等高线主要集中于平行 X 轴的位置，表明城市空气质量指数呈现出收敛趋势，不同城市空气质量指数逐渐向同一水平趋同。整体而言，中国空气质量水平的核密度图主要分布在正 45°对角线的下方，表明中国城市的空气质量水平不断提高，但不同空气质量水平的转移方向仍存在一定差异。具体来看，中国城市空气质量的密度等高线可以分为三个区间特征，当空气质量指数低于 30 时，密度等高线平行于 X 轴，意味着中国城市的空气质量呈现出水平收敛趋势；当空气质量指数介于 30 和 175 之间时，密度等高线整体位于正 45°对角线下方，表明城市空气质量从 t 年到 t +

3 年逐渐好转；当空气质量指数大于 175 时，密度等高线位于正 45°对角线附近，说明个别高污染城市的空气质量并没有明显改善。这可能是由于和田地区、吐鲁番等少数城市产业相对落后，短期内无法改变发展方式，造成空气质量水平难以提高。根据前文可知，中国城市空气质量指数普遍在 30~80 之间。因此，中国城市空气质量水平的变化主要表现出第二种特征，即中国城市空气质量水平具有逐渐提高的趋势。

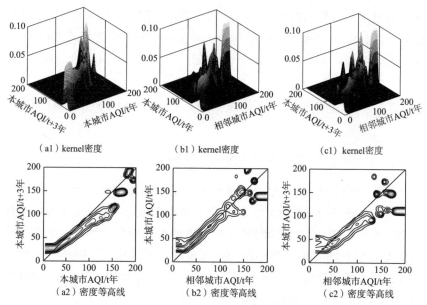

图 3-5　中国城市 AQI 的 Kernel 密度及密度等高线

资料来源：笔者根据中国环境监测总站提供的相关数据整理绘制。

（二）中国空气质量水平的空间静态核密度估计

为考察空气质量水平的空间效应，本部分在随机核密度的基础上添加空间条件，揭示中国城市之间空气质量水平的相互作用。在图 3-5（b1）和图 3-5（b2）中，X 轴表示相邻城市 t 年的空气质量指数，Y 轴表示本城市 t 年的空气质量指数，Z 轴表示 X 在 Y 条件下的概率。如果中国城市空气质量存在收敛模式，呈现出高水平城市与高水平城市集聚、低水平城市与低水平城市集聚的分布形态，密度等高线主要集中于正 45°对角线附近，说明中国城市空气质量存在显著的空间正相关关系。根据图 3 - 5（b1）和图 3 - 5（b2）可知，中国城市空气质量的空间静态密度等高线主要分布在正 45°对角线的附近，呈现两个明显的分布特征。当空气质量指数小于 175 时，中国城市空气质量水平集中分布在正 45°对角线附近，城市间的空气质量存在明显的空间作用；当空气质量指数大于 175 时，密度等高线平行于 X 轴分布，说明当空气质量水平低到一定程度，即便相邻城市空气质量更差，本城市仍可以通过大气污染协调治理来降低相邻城市对本城市的影响。结合图 3 - 1 可知，中国城市空气质量指数普遍在 80 以下，因此总体表现出明显的空间溢出效应，这种空间收敛模式使得本城市的空气质量处于相邻城市冲击的隐患之中。

（三）中国空气质量水平的空间动态核密度估计

为进一步考察不同空气质量水平在空间滞后条件下是否对本城市空气质量产生影响，本部分在空间条件下纳入时间因素，分析相邻城市 t 年空气质量水平对本城市空气质量水平的影响。在图 3 - 5（c1）中，X 轴表示相邻城市 t 年的空气质量水平，Y 轴表示本城市 t + 3 年的空气质量水平，Z 轴表示 X 在 Y 条件下的概率；图 3 - 5（c2）报告了中国城市空气质量空间动态核密度估计的密度等高线。整体来看，与空间静态核密度估计相比，空间动态核密度和密度等高线的分布形态相似，但分布位置和分布区间存在一定差别。具体而言，与空间静态核密度估计相比，空间动态的密度等高线出现顺时针旋转，与 X 轴夹角变小，逐渐分布在正 45°对角线下方附近，说明随着时间的推移，中国城市的空气质量仍存在一定的空间效应，但空间效应强度在逐渐减弱。

二、中国大气污染的治理成效：基于 PM$_{2.5}$ 的核密度估计

作为大气污染的首要污染物，PM$_{2.5}$ 一直是中国大气污染防控的重点，本章通过考察 PM$_{2.5}$ 的核密度估计，进一步揭示中国大气污染的治理成效。

（一）中国城市 PM$_{2.5}$ 的无条件核密度估计

图 3 - 6（a1）和图 3 - 6（a2）报告了中国城市 PM$_{2.5}$ 的无条件核密

度和密度等高线。可以看出，中国城市 $PM_{2.5}$ 的核密度存在两个明显的区间特征。根据图 3-6（a1），转移概率呈现出"断层"现象，以 Y 轴的 60 为分界点，核密度分布的波峰高度存在显著差距。具体而言，在 t+3 年 $PM_{2.5}$ 浓度低于 60 的波峰显著低于 $PM_{2.5}$ 浓度高于 60 的波峰，说明在 t 年城市 $PM_{2.5}$ 浓度处于较高水平时，t+3 年表现出明显的俱乐部收敛。根据图 3-6（a2），当城市在 t 年 $PM_{2.5}$ 浓度低于 100 时，密度等高线主要分布在正 45° 对角线下方，且与 X 轴的夹角小于 45°，说明中国城市 $PM_{2.5}$ 的浓度不断下降，空气质量逐渐好转。当城市 $PM_{2.5}$ 浓度高于 100 时，密度等高线平行于 X 轴，t+3 年的 $PM_{2.5}$ 浓度分布在 80 附近。需要说明的是，$PM_{2.5}$ 浓度较高的现象主要出现在样本考察的初期。近年来，中国持续开展大气污染治理工作，严格制定细微颗粒防治目标，逐步消除重污染天气，$PM_{2.5}$ 浓度得到显著下降。目前，中国城市 $PM_{2.5}$ 浓度显著低于 50，因此中国城市 $PM_{2.5}$ 浓度存在不断向低水平收敛的趋势，且 $PM_{2.5}$ 浓度越低，收敛概率越大。

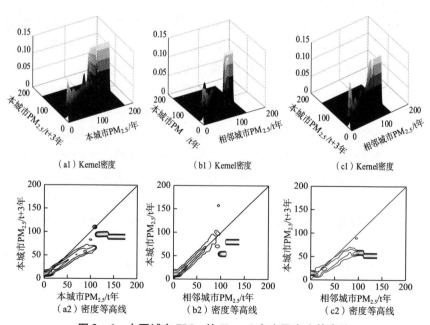

图 3-6　中国城市 $PM_{2.5}$ 的 Kernel 密度及密度等高线

资料来源：笔者根据中国环境监测总站提供的相关数据整理绘制。

（二）中国城市 $PM_{2.5}$ 的空间静态核密度估计

$PM_{2.5}$ 能够在空中飘浮较长时间，甚至穿越山川河流实现远距离传输。本部分通过静态核密度估计，分析中国城市 $PM_{2.5}$ 的空间溢出效应。根据图 3-6（b1）和图 3-6（b2），核密度估计结果的概率主体主要分布在正45°对角线附近，表明中国城市 $PM_{2.5}$ 具有显著的空间效应。以 $PM_{2.5}$ 浓度 80 作为高、低排放的分界点，当相邻城市 $PM_{2.5}$ 浓度处于低排放时，中国城市 $PM_{2.5}$ 的密度等高线整体分布在正45°对角线附近，呈现显著的空间关联。根据图 3-6（b1），低排放的转移概率随着 $PM_{2.5}$ 浓度的降低不断缩小，中国城市 $PM_{2.5}$ 不断向低浓度集聚。当相邻城市 $PM_{2.5}$ 浓度处于高排放时，本城市的 $PM_{2.5}$ 浓度趋于 80 附近，呈现空间收敛特征。即便高排放城市趋于 80 的转移概率较高（见图 3-6（b1）），但是仅有和田地区、喀什地区等个别城市 $PM_{2.5}$ 浓度高于 80，这些城市经济发展路径依赖程度较高，短期内大幅降低 $PM_{2.5}$ 浓度的可能性较小。上述表明，中国城市 $PM_{2.5}$ 浓度主要呈现出空间收敛趋势，具有显著的空间集聚特征。

（三）中国城市 $PM_{2.5}$ 的空间动态核密度估计

图 3-6（c1）和图 3-6（c2）报告了中国城市 $PM_{2.5}$ 的空间动态核密度和密度等高线。空间动态核密度的概率主体与空间静态核密度的分布形态类似但有差异，这说明时间因素能够对中国城市间 $PM_{2.5}$ 浓度的相互作用产生一定影响。同样以 $PM_{2.5}$ 浓度 80 作为高、低排放的分界点，当相邻城市 $PM_{2.5}$ 浓度处于低排放时，与空间静态核密度估计结果相比，中国城市 $PM_{2.5}$ 的概率主体向顺时针旋转，密度等高线分布在正45°对角线下方，说明在纳入时间滞后条件后，低排放相邻城市与本城市 $PM_{2.5}$ 浓度的相关性减弱。当相邻城市 $PM_{2.5}$ 浓度处于高排放时，与空间静态核密度估计结果相比，本城市 $t+3$ 年 $PM_{2.5}$ 浓度的概率主体由分散转变为连续。然而，2020 年、2021 年全国仅和田地区、喀什地区两个城市的 $PM_{2.5}$ 浓度高于 80。因此，中国城市 $PM_{2.5}$ 的空间效应主要表现低排放阶段，即加入空间滞后条件，中国城市间 $PM_{2.5}$ 浓度的相互作用逐渐减弱。

三、重点区域大气污染的治理成效：基于 AQI 的核密度估计

党的十八大以来，我国大气污染防治逐渐从属地治理向区域协同治理转变，形成了以京津冀及周边地区、长三角等多个区域为重点，持续加强大气污染联防联控，有效解决了区域性大气污染问题。下面通过对京津冀及周边地区、长三角、汾渭平原的空气质量指数进行核密度估计，展示新时代中国重点区域大气污染的治理成效。

（一）重点区域空气质量指数的无条件核密度估计

进入新时代以来，中国以京津冀及周边地区、长三角、汾渭平原等区域为重点，持续开展区域性大气污染治理工作，取得了积极成效。根据图 3 - 7 （a1）、图 3 - 7 （a2）和图 3 - 7 （a3）可知，重点区域空气质量水平的演变具有以下特征：第一，三大重点区域的空气质量均呈现持续向好的演进趋势。京津冀及周边地区、长三角和汾渭平原无条件核密度估计结果的密度等高线主要分布在正 45°对角线下方，表明样本考察期内，三大重点区域的空气质量水平不断提高。第二，三大重点区域的空气质量向不同的水平演变。样本考察期内，京津冀及周边地区城市的空气质量水平趋于 78 附近；长三角地区城市的空气质量水平向 55 附近演变；汾渭平原城市的空气质量水平趋向于 80 左右。第三，不同区域城市空气质量水平的流动性存在差异。京津冀及周边地区和汾渭平原城市空气质量水平核密度估计的波峰明显多于长三角，表明长三角城市的空气质量由低水平向高水平跨越的可能性显著高于京津冀及周边地区和汾渭平原。

（二）重点区域空气质量水平的空间静态核密度估计

准确掌握重点区域大气污染的空间分布动态演进，是开展区域协同治理的重要前提。本部分通过空间条件下的静态核密度估计考察三大重点区域空气质量水平的空间收敛特征，结果如图 3 - 7 （b1）、图 3 - 7 （b2）、图 3 - 7 （b3）所示。整体来看，京津冀及周边地区、长三角和汾渭平原空间静态核密度估计结果的密度等高线主要分布在正 45°对角线附近，表明重点区域城市的空气质量存在显著的空间效应，空气质量高水

平城市与高水平城市相邻，低水平城市与低水平城市相邻，存在明显的空间收敛模式。值得注意的是，长三角密度等高线在正45°对角线两侧的分布更为集中，表明长三角相邻城市空气质量水平的相似程度更高，空间溢出效应强于京津冀及周边地区和汾渭平原。当前，我国已经进入深入打好污染防治攻坚战阶段，迫切需要加强大气污染协同治理，积极探索跨地区大气污染联防联控机制，实施多污染物协同控制，从根本上解决大气污染问题。

（三）重点区域空气质量水平的空间动态核密度估计

在空间条件的基础上纳入时间因素，中国三大重点区域的空气质量水平是否依然存在相同的空间收敛模式呢？下面通过空间动态核密度估计考察三大重点区域城市空气质量水平的空间收敛特征。根据图3－7（c1）、图3－7（c2）、图3－7（c3），汾渭平原的密度等高线分布在负45°对角线下方附近，说明随着时间的推移，汾渭平原城市空气质量水平的相互作用随着时间跨度的延长逐渐减弱，甚至消失；京津冀及周边地区、长三角的密度等高线均分布在正45°对角线下方，这与全国层面的结论一致，与空间静态核密度估计结果相比，密度等高线向逆时针旋转，表明在考虑时间滞后条件下，京津冀及周边地区、长三角城市空气质量的空间溢出效应不断减弱。

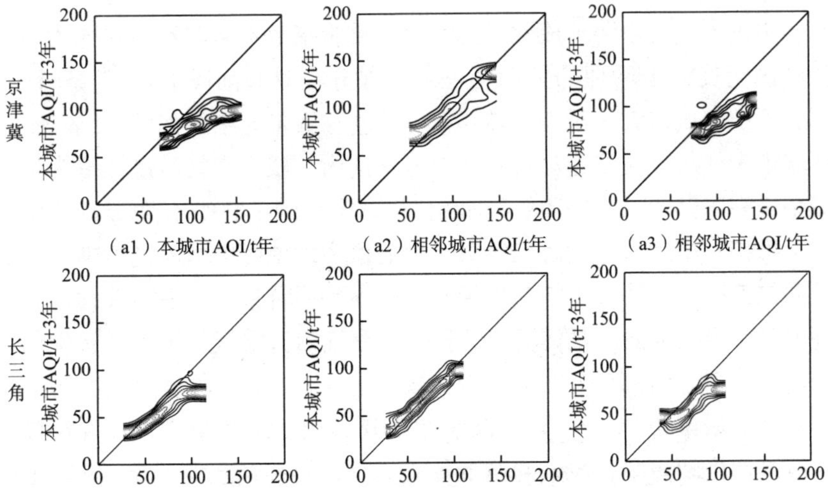

（a1）本城市AQI/t年 （a2）相邻城市AQI/t年 （a3）相邻城市AQI/t年
（b1）本城市AQI/t年 （b2）相邻城市AQI/t年 （b3）相邻城市AQI/t年

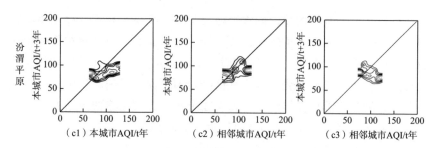

图 3 - 7　重点区域城市 AQI 的密度等高线

资料来源：笔者根据中国环境监测总站提供的相关数据整理绘制。

第六节　中国大气污染治理的转移概率分析

与核密度估计方法相比，马尔科夫链分析方法既能体现城市空气质量的转移方向，又能够测算转移概率，因此可与核密度估计方法相结合，来进一步考察中国大气污染动态演变。

一、大气污染治理成效：基于空气质量指数的考察

（一）整个样本考察期的考察

中国大气污染治理成效突出，空气质量指数不断向好转移成为新时代中国大气污染治理的鲜明特征。本部分在时间间隔 t = 1 的条件下，测算了历年城市大气污染的转移概率及转移数量，结果如图 3 - 8 所示。从城市大气污染演变趋势看，样本考察期内，城市空气质量维持为优的概率最高（95%），维持为良的转移概率也达到了 90%，明显高于空气质量维持在中度、重度污染等级不变的概率，说明中国大气污染不断好转并趋于稳定。同时，空气质量不断向高水平转移，是中国大气污染治理的又一突出成效。具体而言，样本考察期内，空气质量由良转优的城市数量最多，为 115 个城市，转移概率为 9%；空气质量由轻度污染转为良好的城市为 54 个，转移概率为 40%；由中度污染转为轻度污染和由重度污染转为中度污染的城市各有 2 个，转移概率均低于 5%。中国空气质量持续明显改善，充分表明新时代以来中国大气污染治理力度之

强、力量之广、决策之有效。但与此同时，通过比较相邻两年大气污染的变化，可以发现中国城市空气质量也存在波动下滑的趋势。样本考察期内，总共 37 个城市的空气质量出现了波动下滑，其中以空气质量由优转良问题最为严重，21 个城市空气质量为优的城市在 1 年后转变为良。这类城市本身空气质量良好，更要严格落实大气污染治理举措，走好大气污染治理的"最后一公里"，避免大气污染反弹问题出现。

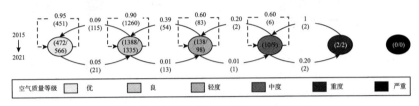

图 3 - 8　中国空气质量指数的转移概率

注：图中括号内数值为城市个数，（A/B）中 A 表示 t 年份城市个数，B 表示 t + 1 年份城市个数。

资料来源：笔者根据中国环境监测总站提供的相关数据整理绘制。

（二）逐年考察

为进一步分析我国大气污染年度变化规律，本章采用马尔科夫链分析方法逐年考察中国城市空气质量跃迁情况。根据图 3 - 9，中国城市空气质量跃迁具有以下特征：第一，从转移方向看，中国城市空气质量由低水平向高水平转变的概率明显大于由高水平向低水平转变的概率，表明中国城市空气质量水平逐年改善。2015 ~ 2021 年，我国空气质量由良转优的城市数量最多，分别为 12 个、7 个、20 个、32 个、37 个和7 个，由轻度污染转良的城市数量分别为 12 个、13 个、15 个、7 个、7个和 0 个，由中度污染转为轻度污染，以及由严重污染转为轻度污染的城市相对较少，主要集中于新疆的阿克苏、喀什等地区。第二，从转移速度看，随着时间的推移，城市空气质量水平向上转移的速度逐年增加，特别是在打赢蓝天保卫战三年行动计划期间，空气质量改善速度明显提升。2015 年中国共 24 个城市空气质量水平向上转移，到 2020 年空气质量改善的城市数量达到 45 个，年均增长 17.5%，说明此时中国正处于大气污染快速高效治理阶段。第三，从转移趋势看，中国城市空气质量逐渐向高水平趋同。一方面，城市空气质量维持水平的概率始终大于 80%，显著高于空气质量为低水平的城市；另一方面，随着时间的

113

推移，城市空气质量为优的概率逐年增加，表明中国城市空气质量水平逐渐向优集聚。

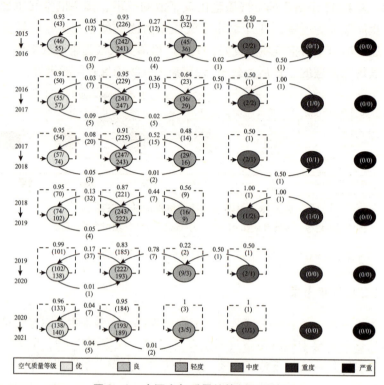

图 3 - 9　中国空气质量的等级跃迁情况

注：图中括号内数值为城市个数，（A/B）中 A 表示初始年份城市个数，B 表示末尾年份城市个数。

资料来源：笔者根据中国环境监测总站提供的相关数据整理绘制。

与此同时也要注意到，中国城市空气质量恶化现象时有发生。尽管在 2015～2020 年，空气质量恶化的城市数量不断减少，从 2015 年的 9 个下降至 2020 年的 1 个，但 2021 年大气污染现象出现反弹，具体表现为部分空气质量为优或良的城市向下转移。其中，由优转良的 5 个城市分别为乌兰察布、鸡西、宜春、永州和来宾市，由良转轻度污染的 2 个城市分别为库尔勒和吐鲁番地区，受限于自然环境等因素，新疆部分地区的大气污染问题仍未得到根本治理。因此，深入打好蓝天保卫战，不仅要着力消除重污染天气，加快改善城市空气质量，更要谨防大气污染反弹问题的出现。

二、大气污染治理成效：基于分项污染物的考察

党的十八大以来，中国相继出台了"大气国十条"和《打赢蓝天保卫战三年行动计划》等政策文件，大气污染治理措施之实、力度之大、成效之显著前所未有，大气污染防治攻坚战阶段性目标任务圆满完成。2021 年 11 月，中共中央、国务院印发《关于深入打好污染防治攻坚战的意见》，从"十三五"时期的坚决打好污染防治攻坚战，到"十四五"深入打好污染防治攻坚战，大气污染治理的矛盾问题层次更深、领域更广、要求也更高。因此，本部分基于"大气国十条"（2015 ～ 2017 年），打赢蓝天保卫战三年行动计划（2018 ～ 2020 年）和深入打好污染防治攻坚战（2020 ～ 2021 年）三个时期，利用六种分项污染物对大气污染的治理成效进行阶段性考察（见图 3 − 10）。

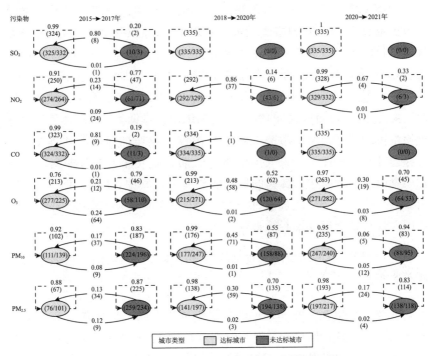

图 3 − 10　中国六种分项大气污染物的治理成效

注：图中括号内数值为城市的个数，（A/B）中 A 表示初始年份城市个数，B 表示末尾年份城市个数。

资料来源：笔者根据中国环境监测总站提供的相关数据整理绘制。

(一)"大气国十条"时期中国大气污染的转移概率及其动态演变

2015 ~ 2017 年，除 NO_2 和 O_3 外，我国主要大气污染物达标率不断提高。其中，截至"大气国十条"末期，我国城市 SO_2 和 CO 仅各有 3个城市未达标，表明我国 SO_2 和 CO 污染问题基本解决。$PM_{2.5}$ 和 PM_{10}一直是我国大气污染治理的重点，也是城市数量由未达标转变为达标最多的两种污染物。$PM_{2.5}$ 和 PM_{10} 浓度由未达标转变为达标的城市数量分别为 34 和 37 个，转移概率为 13% 和 17%，明显高于由达标转变为未达标的概率，表明我国雾霾污染天气持续减少。但同时也要注意到，各项大气污染物均存在由达标转为未达标的现象，特别是 NO_2 和 O_3 在此阶段恶化趋势明显，未达标城市数量不断增加。

(二)蓝天保卫战时期中国大气污染的转移概率及其动态演变

2018 ~ 2020 年，中国城市主要污染物达标率进一步提高。从达标城市数量看，SO_2 和 CO 在此阶段均实现了全面达标，$PM_{2.5}$、PM_{10} 等大气污染物的达标城市数量也在持续增加，此外，NO_2 和 O_3 两种大气污染物在此阶段实现改善，达标城市数量不断增加。从转移方向看，$PM_{2.5}$、PM_{10} 等污染向达标转移的概率稳定大于向未达标转变的概率，NO_2 由达标向未达标转移的概率降低为 0，O_3 降低为 1%，表明我国空气质量持续向好，NO_2 污染反复、O_3 浓度持续增加问题得到解决。从转移速度看，相比于"大气国十条"时期，蓝天保卫战时期我国大气污染物由未达标向达标转移的概率明显变大。其中，$PM_{2.5}$ 和 PM_{10} 分别由 22.69%、33.13% 增加到 30.15%、41.49%，表明蓝天保卫战时期，我国大气污染治理成效不断加强。

(三)深入打好污染防治攻坚战时期中国大气污染的转移概率及其动态演变

进入"十四五"时期，中国空气质量水平进一步改善，但 PM_{10} 污染问题逐渐凸显。与"十三五"时期末相比，SO_2 和 CO 保持根本性好转，所有城市均实现达标。NO_2 污染问题进一步缓解，仅兰州、西安和武汉 3 个城市 NO_2 超标。$PM_{2.5}$ 和 O_3 污染问题虽较为严重，但达标城市不断增多，超标城市不断减少，"十四五"时期应加强 $PM_{2.5}$ 和 O_3 污染协同控制。PM_{10} 污染问题进一步恶化，2020～2021 年，仅 5 个城市由未达标转为达标，但有 12 个城市由达标转为未达标，未达标城市数量由 88 个增加为 95 个。整体来看，中国大气污染物的达标率不断提升，大气污染治理工作取得显著成效。"十四五"时期深入打好污染防治攻坚战，我国应推进 $PM_{2.5}$ 和 O_3 污染协同控制，加强对 PM_{10} 的监测防控，同时持续推进减污降碳协同治理。

第七节　结论、启示与建议

一、研究结论

党的十八大以来，在习近平生态文明思想的指导下，我国坚决贯彻绿水青山就是金山银山的发展理念，认真落实党中央、国务院关于大气污染防治的决策部署和要求，不断完善大气污染防治的顶层设计、法律制度保障和支撑体系建设，以京津冀及周边地区、长三角地区、汾渭平原等区域为治理重点，综合运用经济、法律、技术等手段，强化区域联防联控和秋冬季综合治理，统筹兼顾、系统谋划、精准施策，持续开展大气污染防治行动，经过多年的科学探索和不懈努力，我国大气污染防治取得了积极成效。第一，党的十八大以来，我国空气质量明显改善，主要大气污染物浓度大幅降低，区域性污染问题基本解决，重污染天数明显减少，空气质量达标水平不断提高，人民群众的蓝天幸福感明显增强。第二，无条件核密度分析表明，不考虑空间因素时，中国城市的空气质量水平不断向高水平收敛。空间静态核密度估计表明，中国城市大气污染存在明显的空间溢出效应，呈现出显著的空间集聚特征。空间动态与空间静态核密度估计结果相似，但存在一定差异。与空间静态核密度估计相比，随着时间的推移，中国城市大气污染的空间溢出效应逐渐减弱。京津冀及周边地区、长三角地区和汾渭平原无条件核密度估计和空间静态核密度估计结果与全国结论基本一致，但在考虑空间条件下，汾渭平原大气污染的空间效应下降速度明显快于京津冀及周边地区、长三角地区。第三，马尔科夫链分析表明，我国城市空气质量维持优、良等级的转移概率始终在 90% 以上，明显高于空气质量为中度、重度污染城市保持空气质量等级不变的概率，说明中国城市空气质量不断向高水平集聚，并且随着时间的延伸，中国空气质量向上转移的速度持续加快，特别是蓝天保卫战三年行动计划实施以来，中国空气质量改善幅度显著加大。

二、经验启示

进入新时代以来，中国大气污染治理取得了重大成就，回顾党的十八大以来中国大气污染治理的实践历程，可以得出如下启示：

第一，始终坚持党的领导。中国大气污染治理之所以能够取得如此瞩目的成就，关键在党。历史已经充分证明，正是因为有了党的坚强领导，中国空气质量才出现明显好转。在新时代，中国续写蓝天幸福感新篇章，深入贯彻落实习近平生态文明思想，需要始终坚持党的领导。第二，始终坚持以人民为中心。党的十八大以来，中国始终把以人民为中心贯穿于治国理政始终。大气污染防治工作事关人民群众最普惠的民生福祉，坚持以人民为中心，是中国大气污染治理能够始终找准时代方位的根本保证，是中国不断推进大气污染治理工作的不竭动力。第三，始终坚持绿水青山就是金山银山理念。绿水青山就是金山银山理念是中国大气污染治理的基本遵循，为中国大气污染治理提供了理论依据和实践路径。党的十八大以来，中国始终坚持绿水青山就是金山银山理念，全面实施大气污染防治行动计划，取得了显著成效。第四，始终坚持稳步推进实践创新。坚持实践创新是中国大气污染治理的制胜法宝。大气污染治理开展跨区域联防联控、多种污染物协同控制，是中国在大气污染过程中逐渐形成的实践创新，成为我国大气污染治理的重要方向，不断推动我国生态文明建设迈上新台阶。第五，始终坚持依法严格监管。依法严格监管是我国大气污染治理的重要保障。大气污染治理是一项系统性、长期性工程，只有依法严格监管，才能深入打好污染防治攻坚战，保证我国大气污染治理政策落地生根。第六，始终坚持全民参与。面对大气污染，没有人能够"自强不吸"。党的十八大以来，绿水青山就是金山银山理念逐渐深入人心，大气污染防治科学知识日益普及，同在一片蓝天下，同呼吸、共责任成为全民共识。

三、政策建议

站在实现第二个百年奋斗目标的新起点，立足新时代新征程新使命，巩固拓展新时代我国大气污染治理成果，深入打好污染防治攻坚战，接续攻坚、久久为功，走好新的大气污染治理之路。本章在结合我国大气污染的治理历程和治理成效的基础上，提出如下建议：

（1）加强重点污染物协同控制。党的十八大以来，我国大气污染治理取得显著成效，蓝天保卫战取得阶段性胜利。但空气质量总体水平与世界卫生组织（WHO）发布全球空气质量准则（AQG2021）还有差距，与人民群众对美好生活的向往还有距离。一方面，我国城市 $PM_{2.5}$ 未达标基数较大，即便 2021 年城市 $PM_{2.5}$ 达标率比 2015 提高了 42.09 个百分点，但仍然还存在 118 个城市未达标。另一方面，部分污染物存在由达标向未达标转移的可能，特别是 O_3 达标率一度出现大幅下降。因此，在深入打好蓝天保卫战的过程中，需要加强对重点城市、重点污染物协同治理，多措并举、综合施策，推进 $PM_{2.5}$、O_3 等重点污染物协同控制。

（2）深化大气污染区域联防联控。本章的研究结果表明大气污染具有显著的空间集聚效应。因此，大气污染不是一个城市或一个区域的小范围问题，而是整个国家都要面对的大范围问题。作为蓝天保卫战的有力支撑，我国大气污染区域联防联控可以遵循"重点区域联防联控—跨地区联防联控—全国统一的联防联控"的"三步走"战略来稳步推进：第一步，建立并完善重点区域、重点城市群大气污染联防联控机制，这一步我国已基本完成。第二步，以重点区域、重点城市群联防联控为基础，积极探索跨地区联防联控，加快构建京津冀及周边地区—长三角地区—珠三角地区—汾渭平原（京长珠汾）跨地区联防联控机制。第三步，在京长珠汾跨地区联防联控的基础上，逐步建立覆盖全国的大气污染联防联控体系。

（3）推动实现减污降碳协同增效。"十四五"是我国实现碳达峰、碳中和的关键期，也是深入打好蓝天保卫战的攻坚期。二氧化碳与大气污染具有同根、同源、同过程的特点（Qian et al.，2021；易兰等，2020），实现减污降碳协同增效是经济社会发展全面绿色转型的抓手，也是推动大气污染防控由末端治理转向源头减排的重要途径。当前，我国化石能源消费比例高，体量大，是造成大气污染的主要原因，也是温室气体排放的主要来源。为此，需要加快化石能源替代、产业结构升级、交通运输结构优化，从源头上推动减污降碳协同效应。同时，构建统一规划部署、统一监测评估、统一监督执法、统一督察问责的制度机制，强化制度体系、政策实践等全方位、多角度协同，统筹应对气候变化与大气污染防治相关工作。

（4）探索大气污染全球合作治理。大气污染是全人类面临的共同挑战，任何国家和地区都无法独善其身。营造干净健康的大气环境，需要全人类携手合作。首先，开展多边科研联合攻关，深入研究大气污染跨境传输路径及其驱动因素，加强大气污染物的联合监测与信息共享，为大气污染全球治理提供决策支持。其次，设立跨界大气污染合作组织，建立长期性、机制性的大气环境保护合作伙伴关系。目前，欧洲、美国跨境大气污染治理已形成完善的合作机制，中国在大气污染治理方面也积累了丰富的经验，可以推动建立中欧、中美大气污染合作体系（刘华军等，2020；刘华军和乔列成，2021），为全球大气污染防治提供经验、贡献智慧，引领其他国家和地区共同参与合作，逐步建立全球大气污染多边合作治理体系，为构建人类命运共同体做出新的探索。

参考文献

［1］黄承梁：《新时代生态文明建设思想概论》，人民出版社 2018年版。

［2］刘海猛、方创琳、黄解军、朱向东、周艺、王振波、张蔷：《京津冀城市群大气污染的时空特征与影响因素解析》，载《地理学报》2018 年第 1 期。

［3］刘华军、乔列成：《中欧大气污染的空间交互影响网络与双边合作治理——基于大数据因果推断技术的实证研究》，载《统计研究》2021 年第 2 期。

［4］刘华军、乔列成、孙淑惠：《黄河流域用水效率的空间格局及动态演进》，载《资源科学》2020 年第 1 期。

［5］刘华军、邵明吉、吉元梦：《中国碳排放的空间格局及分布动态演进——基于县域碳排放数据的实证研究》，载《地理科学》2021 年

第 11 期。

［6］刘华军、王耀辉、雷名雨、杨骞：《中美大气污染的空间交互影响——来自国家和城市层面 $PM_{2.5}$ 的经验证据》，载《中国人口·资源与环境》2020 年第 3 期。

［7］罗知、李浩然：《"大气十条"政策的实施对空气质量的影响》，载《中国工业经济》2019 年第 9 期。

［8］潘家华：《生态文明建设的理论构建与实践探索》，中国社会科学出版社 2021 年版。

［9］全国干部培训教材编审指导委员会：《推进生态文明　建设美丽中国》，人民出版社 2019 年版。

［10］石庆玲、郭峰、陈诗一：《雾霾治理中的"政治性蓝天"——来自中国地方"两会"的证据》，载《中国工业经济》2016 年第 5 期。

［11］王文兴、柴发合、任阵海、王新锋、王淑兰、李红、高锐、薛丽坤、彭良、张鑫、张庆竹：《新中国成立 70 年来我国大气污染防治历程、成就与经验》，载《环境科学研究》2019 年第 10 期。

［12］易兰、赵万里、杨历：《大气污染与气候变化协同治理机制创新》，载《科研管理》2020 年第 10 期。

［13］王怡、郑世林《"2+26"城市联合防治行动对京津冀地区大气污染物浓度的影响》，载《中国人口·资源与环境》2019 年第 9 期。

［14］赵艳艳、张晓平、陈明星、高珊珊、李润奎：《中国城市空气质量的区域差异及归因分析》，载《地理学报》2021 年第 11 期。

［15］中央宣传部和生态环境部：《习近平生态文明思想学习纲要》，学习出版社、人民出版社 2022 年版。

［16］Feng, Y., Ning, M., Lei, Y., et al., "Defending Blue Sky in China: Effectiveness of the 'Air Pollution Prevention and Control Action Plan' on Air Quality Improvements from 2013 to 2017", *Journal of Environmental Management*, Vol. 252, 2019, pp. 109603.

［17］Gao, J., Wang, K., Wang, Y., et al., "Temporal – spatial Characteristics and Source Apportionment of $PM_{2.5}$ as well as Its Associated Chemical Species in the Beijing – Tianjin – Hebei Region of China", *Environmental Pollution*, Vol. 233, 2018, pp. 714 – 724.

［18］ Pagan, A. , and Ullah, A. , *Nonparametric econometrics*, USA: Cambridge University Press, 1999.

［19］ Parzen, E. , "On Estimation of A Probability Density Function and Mode", *Annals of Mathematical Statistics*, Vol. 33, No. 3, 1962, pp. 1065 – 1076.

［20］ Quah, D. T. , "Empirics For Growth and Distribution: Stratification, Polarization, and Convergence Clubs", *Journal of Economic Growth*, Vol. 2, No. 1, 1997, pp. 27 – 59.

［21］ Qian, H. , Xu, S. , Cao, J. , Ren, F. , Wei, W. , Meng, J. and Wu, L. , "Air Pollution Reduction and Climate Co – Benefits in China's Industries", *Nature Sustainability*, Vol. 4, No. 5, 2021, pp. 417 – 425.

［22］ Song, C. , Wu, L. , Xie, Y. , et al. , "Air Pollution in China: Status and Spatiotemporal Variations", *Environmental Pollution*, Vol. 227, 2017, pp. 334 – 347.

［23］ Wu, D. , Xu, Y. , and Zhang, S. , "Will Joint Regional Air Pollution Control Be More Cost – effective? An Empirical Study of China's Beijing – Tianjin – Hebei Region", *Journal of Environmental Management*, Vol. 149, 2015, pp. 27 – 36.

［24］ Yang, W. , Yuan, G. , and Han, J. , "Is China's Air Pollution Control Policy Effective? Evidence from Yangtze River Delta Cities", *Journal of Cleaner*, Vol. 220, 2019, pp. 110 – 133.

［25］ Ye, W. , Ma, Z. , and Ha, X. , "Spatial – temporal Patterns of PM2. 5 Concentrations for 338 Chinese Cities", *Science of the Total Environment*, Vol. 631 – 632, 2018, pp. 524 – 533.

［26］ Zhang, Q. , Zheng, Y. , Tong, D. , Shao, M. and Hao, J. , "Drivers of Improved $PM_{2.5}$ Air Quality in China From 2013 to 2017", *Proceedings of the National Academy of Sciences*, Vol. 116, No. 49, 2019, pp. 24463 – 24469.

第四章　中国减污降碳的协同效应研究

本章简介：实现减污降碳协同增效是新时期实现经济社会发展全面绿色转型的内在要求。受范围经济启发，本章基于边际减排成本视角构造一种新的减污降碳协同效应的量化评估方法，运用该方法对中国减污降碳协同效应进行实证考察。研究发现：全国层面，中国减污降碳协同效应年均增速为2.63%。党的十八大以来中国减污降碳协同效应显著提升，年均增速达到4.41%。区域层面，东部地区的边际减排成本最高，中部地区的减污降碳协同效应最强。省际层面，减污降碳协同效应普遍存在，特别是党的十八大以来，八成以上省份的减污降碳协同效应明显提高。在生态优先、降碳优先和能源革命三种情形下，中国减污降碳协同效应的提升空间可达到29%～43%。本章为量化评估减污降碳协同效应提供方法论支撑，为"十四五"时期推动减污降碳协同增效提供决策参考。

第一节　引　　言

实现减污降碳协同增效是新时期促进经济社会发展全面绿色转型的重大战略举措。习近平总书记在第七十五届联合国大会一般性辩论上宣布了中国二氧化碳排放力争于2030年前达到峰值，努力争取2060年前实现碳中和的愿景（以下简称"30·60"目标）①，并在气候雄心峰会上进一步宣布国家自主贡献新举措，这充分体现了中国应对气候变化的大国担当。党的十八大以来，中国坚持绿水青山就是金山银山的理

---

① 2020年9月22日，习近平总书记在第七十五届联合国大会一般性辩论上的讲话。资料来源：新华网，网址：http://www.xinhuanet.com/world/2020-09/22/c_1126527652.htm。

念，以前所未有的力度抓生态文明建设，生态环境保护发生了历史性、转折性、全局性变化。作为生态文明建设的重要内容，中国在应对气候变化和防治大气污染方面取得了举世瞩目的重大进展。然而，一个严峻的现实摆在眼前，中国的能源体系仍高度依赖煤炭等化石能源，实现"30·60"目标任务极其艰巨，并且随着污染防治进程不断深入，末端减排难度日益增大，协同推进减污降碳面对巨大挑战。"十四五"是经济社会发展全面绿色转型的重要战略机遇期，实现减污降碳协同增效不仅是应对气候变化和从根本上解决大气污染问题的有效途径，而且是促进经济社会发展全面绿色转型的总抓手。协同推进减污降碳，前提是要准确把握减污降碳协同效应的现状，这就需要科学的方法论支撑。为此，本章构造了一种新的协同效应量化评估方法，为量化减污降碳协同效应提供了方法论支持，运用该方法对中国减污降碳协同效应进行了实证考察，为"十四五"时期推动减污降碳协同增效提供决策参考。

在环境科学领域，已有研究运用 C-REM（Li et al.，2018）、GAINS（Li et al.，2019）和 LEAP（He et al.，2010）等模型，基于不同政策和技术情景开展温室气体与大气污染协同减排的定量分析（Xing et al.，2020）。环境科学领域的研究尽管成功模拟了各项政策带来的协同效益，但囿于对未来减污降碳协同效应的预测，尚无法揭示中国减污降碳协同效应的现状。同时，环境科学领域的研究模型需要复杂的参数设置，参数选取不可避免地影响了结果的精度。与环境科学领域的研究不同，在环境经济学领域，部分研究运用 LMDI 分解（Qian et al.，2021）、空间相关分析（Li et al.，2020）以及计量手段（傅京燕和原宗林，2017；Dong et al.，2019）对减污降碳协同效应进行定量评价。然而，这些研究主要在终端减排视角下考察大气污染与温室气体排放两种或多种污染物之间的相关性，评价的是狭义上的减污降碳协同效应，未能全面考察经济、社会、环境等诸多因素对协同减排的影响，缺乏对减污降碳协同效应科学、精准的量化评估。

本章在边际减排成本视角下，构造了一种新的减污降碳协同效应量化评估方法，为量化评估减污降碳协同效应提供方法论支撑。边际减排成本指的是在一定生产水平下，每减少一单位污染排放所带来的产出减少量或投入增加量。在数据包络分析（Data Envelopment Analysis，

DEA）框架下，可以通过恰当地设定生产可能性集，借助距离函数和对偶理论测算污染物的边际减排成本。测度边际减排成本的区别主要在于距离函数设定和求解方法。关于距离函数的选择，一类研究采用 Shepard 距离函数，允许期望产出与非期望产出同方向变动（Shepard，1970）；另一类研究则采用方向性距离函数，允许在增加期望产出的同时减少非期望产出，突破了 Shepard 距离函数的限制。关于求解方法，主要有参数方法和非参数方法。参数方法需要估计大量参数，参数的取值一定程度上影响测度结果的准确性（袁鹏和程施，2011；魏楚，2014）。由于无须设定具体的生产函数，越来越多研究者转向非参数方法，通过对偶理论求解边际减排成本（王文举和陈真玲，2019）。已有文献利用不同的测度方法考察了 CO_2、SO_2 和 $PM_{2.5}$ 等污染物的边际减排成本，然而，鲜有文献对单独减排和协同减排等不同情形下的边际减排成本变动情况进行比较分析。

与已有研究相比，本章节内容的边际学术贡献在于：第一，在数据包络分析框架下，将大气污染和碳排放纳入"能源—环境—经济"（3E）系统，从边际减排成本视角构造了一种新的减污降碳协同效应量化评估方法，从成本节约的角度为量化评估减污降碳协同效应提供了方法论支持。第二，运用该方法从全国、区域和省际等多个层面对中国的减污降碳协同效应进行了量化评估，模拟了生态优先、降碳优先、能源革命三种情形下减污降碳协同效应的变化情况，为"十四五"时期减污降碳协同增效路线图的制订提供科学依据和最优路径参考。

第二节 减污降碳协同效应量化评估方法构造

一、减污降碳协同效应的内涵界定

在"减污降碳协同效应"这一概念提出之前，国际国内社会对协同效益（Co-Benefits）开展了大量研究。政府间气候变化专门委员会（Inter-Governmental Panel on Climate Change，IPCC）第三次评估报告最早提出了协同效益这一概念，主要强调了减缓温室气体排放政策所带来的非气候效益。IPCC 第五次评估报告将协同效益的定义进行了修订，新修订的协同效益突出强调某一政策对其他政策目标的积极影响。同时，学界研究证实了大气污染减排举措与温室气体减排举措可以带来综合减排效益，也提出要通过减污降碳政策的优化组合，实现成本最小化或者效益最大化。由此，减污降碳协同效应的内涵界定不仅应考虑大气污染与碳排放的双向协同，而且要找到合适的量化评估方法，探寻实现减污降碳协同增效的最佳着力点。

立足新发展阶段，减污降碳协同效应具有鲜明的时代特征。2020 年 12 月，中央经济工作会议首次提出"减污降碳"这一概念，强调要继续打好污染防治攻坚战，实现减污降碳协同效应。大气污染与温室气体排放同根同源同过程，皆来源于化石能源的燃烧，而中国的能源结构偏重，能源消费高度依赖高碳的化石能源，化石能源的燃烧是温室气体和大气污染物的主要来源。特别是随着污染治理进程的不断深入，末端治理的减排难度日益增大，实现"30·60"目标任务异常艰巨（易兰等，2020）。此外，中国快速的经济增长离不开大量的能源消费，能源消耗也产生了大量的温室气体与大气污染，由此也要求经济系统、能源系统与环境系统之间必须协同，因此，实现减污降碳协同增效不仅要实现末端减排增效，而且要满足经济社会发展全面绿色转型的要求，对减污降碳协同效应的量化评估也就必须从生产生活全过程而非终端减排角度开展。综上所述，减污降碳协同效应的量化评估应满足以下两方面要求。

一是基于边际减排成本测度减污降碳协同效应。如何使大气污染与温室气体的减排成本最小化，在节能、减排和经济增长之间找到最佳的平衡点，是需要解决的首要问题。由于大气污染与温室气体同根同源同过程，大气污染与温室气体二者协同减排时所需付出的成本应小于分别减排时两种污染物的成本之和，即"1+1<2"的协同效应。受到范围经济的启发，本章从成本节约的角度考察减污降碳协同效应。换言之，本章将大气污染与碳排放纳入同一系统之中，通过比较单独减排和协同减排情形下的边际减排成本变动，量化评估减污降碳协同效应。

二是不能孤立地就减污与降碳两种污染物开展评价，要充分考虑经济社会发展全面绿色转型要求。评价减污降碳能否协同增效，要坚持系统观和整体观，除了直接观察成本变动外，还要观察这种成本的变动是否由以下三方面导致。第一，能源结构深度优化。能源结构深度优化是实现减污降碳协同效应的首要前提。中国能源结构持续优化，但煤炭消费仍较高，成为减污降碳协同增效过程中的掣肘，迫切需要能源结构深度优化，削减煤炭消费总量。第二，环境质量持续改善。环境质量持续改善是实现减污降碳协同效应的具体表现。应推进从末端治理向源头治理转变，通过实现减污与降碳之间的协同效应，促进环境治理持续改善。第三，推动经济高质量发展。推动经济高质量发展是减污降碳协同增效的必然要求。要摆脱单纯依靠资本和劳动投入驱动的经济增长模式，以高效益的生产方式促进减污降碳协同增效，以减污降碳协同增效引领经济社会发展全面绿色转型。进入新发展阶段，实现减污降碳协同增效就是要考虑经济社会发展全面绿色转型过程中的全要素特征，通过能源—环境—经济系统全面协调实现减污降碳协同增效。

二、减污降碳协同效应量化评估方法构造

DEA 作为一种数据驱动的非参数估计方法，能够同时模拟多投入与多产出的生产过程，特别是在资源环境变量的处理上更具优势（Cooper et al.，2007）。根据减污降碳协同效应的内涵界定，本章构造了全局参比的非径向方向性距离函数（Global-Non-Radial-DDF），利用对偶理论测度大气污染与二氧化碳的边际减排成本，不仅从成本节约的角度科学量化减污降碳协同效应，而且对减污降碳协同增效过程的全要素属性给予了充分考量。

（一）非径向方向性距离函数

在 DEA 框架下，本章以省份作为生产决策单元（DMU，个数为N），每个 DMU 以资本（K）、劳动（L）和能源（E）作为投入，生产期望产出和非期望产出，以地区生产总值（Y）作为期望产出，以 CO_2 排放量（C）和 $PM_{2.5}$ 浓度（P）作为非期望产出。借鉴环境技术（Färe et al.，2007）和全局基准技术（Oh，2010），在规模报酬不变假设下，构造基于全局基准技术的生产可能性集合 PPS^G，见式（4.1）：

$$
\text{PPS}^G = \left\{
\begin{array}{l}
(K, L, E, Y, C, P): \displaystyle\sum_{t=1}^{T} \sum_{n=1}^{N} \lambda_n^t K_n^t \leqslant K, \quad \sum_{t=1}^{T} \sum_{n=1}^{N} \lambda_n^t L_n^t \leqslant L, \\[3mm]
\displaystyle\sum_{t=1}^{T} \sum_{n=1}^{N} \lambda_n^t E_n^t \leqslant E, \quad \sum_{t=1}^{T} \sum_{n=1}^{N} \lambda_n^t Y_n^t \geqslant Y, \quad \sum_{t=1}^{T} \sum_{n=1}^{N} \lambda_n^t C_n^t = C, \\[3mm]
\displaystyle\sum_{t=1}^{T} \sum_{n=1}^{N} \lambda_n^t P_n^t = P, \quad \lambda_n^t \geqslant 0
\end{array}
\right\}
$$

(4.1)

其中，PPS^G 满足闭集和有界集，投入变量和期望产出变量满足强可处置性。根据联合生产关系，非期望产出满足弱可处置性和零结合公理。其中，非期望产出的弱可处置性意味着减少非期望产出是要付出成本的，换言之，若 $(Y, C, P) \in \text{PPS}^G(K, L, E)$，且 $0 \leqslant \theta \leqslant 1$，则 $(\theta Y, \theta C, \theta P) \in \text{PPS}^G(K, L, E)$。零结合公理则意味着除非停止生产活动，否则期望产出和非期望产出一定同时出现，换言之，若 $(Y, C, P) \in \text{PPS}^G(K, L, E)$ 且 $C = 0$，$P = 0$，则 $Y = 0$。

在此基础上，构造全局基准技术下的非径向方向性距离函数模型，见式 (4.2)：

$$
\vec{D}(K, L, E, Y, C, P; G) = \max. \; w_K \beta_K + w_L \beta_L + w_E \beta_E + w_Y \beta_Y
$$
$$
+ w_C \beta_C + w_P \beta_P
$$

$$
\text{s.t.} \; \sum_{t=1}^{T} \sum_{n=1}^{N} \lambda_n^t K_n^t \leqslant K - \beta_K g_K, \quad \sum_{t=1}^{T} \sum_{n=1}^{N} \lambda_n^t L_n^t \leqslant L - \beta_L g_L,
$$

$$
\sum_{t=1}^{T} \sum_{n=1}^{N} \lambda_n^t E_n^t \leqslant E - \beta_E g_E, \quad \sum_{t=1}^{T} \sum_{n=1}^{N} \lambda_n^t Y_n^t \geqslant Y + \beta_Y g_Y,
$$

$$
\sum_{t=1}^{T} \sum_{n=1}^{N} \lambda_n^t C_n^t = C - \beta_C g_C, \quad \sum_{t=1}^{T} \sum_{n=1}^{N} \lambda_n^t P_n^t = P - \beta_P g_P
$$

$$
\lambda_n^t \geqslant 0, \; n = 1, 2, 3, \cdots, N \quad \beta_K, \beta_L, \beta_E, \beta_Y, \beta_C, \beta_P \geqslant 0
$$

(4.2)

其中，$W^T = (w_K, w_L, w_E, w_Y, w_C, w_P)$ 为权重向量，表示各变量的重要程度，可以根据研究目的进行设定。$B = (\beta_K, \beta_L, \beta_E, \beta_Y, \beta_C, \beta_P)^T$ 为松弛向量，表示各变量缩减或扩张的比例。$G = (g_K, g_L, g_E, g_Y, g_C, g_P)$ 为方向向量，表示 DMU 进行效率改进时各变量的变动方向。参考福山雅治和韦伯（Fukuyama and Weber，2009），在构造基准模型时，假设投入系统与产出系统同等重要，因此投入和产出的权重均为 1/2。本章的投入系统包括资本、劳动与能源 3 个变量，故每个投入变量对应的权重为 1/6（即 $1/2 \times 1/3$）。在单独减排时，产出系统包括 1 种期望产出和 1 种非期望产出，故每个产出变量对应的权重均为 1/4（即 $1/2 \times 1/2$）。在联合减排时，产出系统包括 1 种期望产出和 2 种非期望产出，故每个产出变量对应的权重均为 1/6（即 $1/2 \times 1/3$）。本章的方向向量与权重矩阵设置如下：

$$
\begin{cases}
G = (-K, \ -L, \ -E, \ Y, \ 0, \ -P) \\
\quad \text{且 } W^T = \left(\dfrac{1}{6}, \ \dfrac{1}{6}, \ \dfrac{1}{6}, \ \dfrac{1}{4}, \ 0, \ \dfrac{1}{4}\right), \text{单独减污} \\
G = (-K, \ -L, \ -E, \ Y, \ -C, \ 0) \\
\quad \text{且 } W^T = \left(\dfrac{1}{6}, \ \dfrac{1}{6}, \ \dfrac{1}{6}, \ \dfrac{1}{4}, \ \dfrac{1}{4}, \ 0\right), \text{单独降碳} \\
G = (-K, \ -L, \ -E, \ Y, \ -C, \ -P) \\
\quad \text{且 } W^T = \left(\dfrac{1}{6}, \ \dfrac{1}{6}, \ \dfrac{1}{6}, \ \dfrac{1}{6}, \ \dfrac{1}{6}, \ \dfrac{1}{6}\right), \text{减污降碳}
\end{cases}
\tag{4.3}
$$

（二）边际减排成本

非期望产出是有影子价格的，其价格可以通过技术前沿上对应点的斜率，也就是边际转换率进行求解。参考张等（Zhang et al., 2020）的研究方法，本章在非参数形式下，利用非径向方向性距离函数和成本函数之间的对偶关系，通过谢泼德引理估算出 CO_2 和 $PM_{2.5}$ 的影子价格。从成本最小化的角度出发，定义式（4.2）的对偶模型如下：

$$
\begin{aligned}
&\min q_K K_o^t + q_L L_o^t + q_E E_o^t - q_Y Y_o^t + q_C C_o^t + q_P P_o^t \\
&\min q_K K^t + q_L L^t + q_E E^t - q_Y Y^t + q_C C^t + q_P P^t \geq 0 \\
&\text{s. t.} \quad q_K \geq \frac{1}{g_K} \quad q_L \geq \frac{1}{g_L} \quad q_E \geq \frac{1}{g_E} \\
&\qquad\quad q_Y \geq \frac{1}{g_Y} \quad q_C \geq \frac{1}{g_C} \quad q_P \geq \frac{1}{g_P}
\end{aligned}
\tag{4.4}
$$

式（4.4）为投入产出向量既定情况下，经济系统成本最小化的约束。其中，q 是对偶向量。通过线性规划，可以求得非期望产出的边际减排成本：

$$q_P = -q_Y \frac{\overrightarrow{\partial D}(K, L, E, Y, C, P; G)/\partial P}{\overrightarrow{\partial D}(K, L, E, Y, C, P; G)/\partial Y} = -q_Y \frac{p_Y}{p_P} = MAC_{PM_{2.5}}$$

$$(4.5)$$

$$q_C = -q_Y \frac{\overrightarrow{\partial D}(K, L, E, Y, C, P; G)/\partial C}{\overrightarrow{\partial D}(K, L, E, Y, C, P; G)/\partial Y} = -q_Y \frac{p_Y}{p_C} = MAC_{CO_2}$$

$$(4.6)$$

其中，q_Y 为期望产出的市场价格，参考陈诗一（2011）的做法，在求解边际减排成本时，假定期望产出的影子价格等于其市场价格，即 q_y 为 1 元。q_C 和 q_P 分别为 CO_2 和 $PM_{2.5}$ 的市场价格，p_C 和 p_P 分别表示 CO_2 和 $PM_{2.5}$ 的影子价格。边际减排成本为非期望产出影子价格与经济产出影子价格的比值，表示减少 1 单位的非期望产出而愿意放弃的经济产出。

（三）减污降碳协同效应

根据减污降碳协同效应的内涵界定，将协同效应定义为单独减排与联合减排下的边际减排成本变动的比例。由于边际减污成本与边际降碳成本二者的单位不一，在测度协同效应之前，首先进行无量纲处理：

$$\Delta C_{PM_{2.5}} = \frac{MACB_{PM_{2.5}} - MACT_{PM_{2.5}}}{MACB_{PM_{2.5}}}$$

$$\Delta C_{CO_2} = \frac{MACB_{CO_2} - MACT_{CO_2}}{MACB_{CO_2}} \qquad (4.7)$$

其中，$MACB_{PM_{2.5}}$ 为单独减污时 $PM_{2.5}$ 的边际减排成本，$MACT_{PM_{2.5}}$ 为联合减排时 $PM_{2.5}$ 的边际减排成本，$\Delta C_{PM_{2.5}}$ 为与单独减排相比，联合减排时 $PM_{2.5}$ 边际减排成本缩减的比例，即减污效应。$MACB_{CO_2}$ 为单独减污时 CO_2 的边际减排成本，$MACT_{CO_2}$ 为联合减排时 CO_2 的边际减排成本，ΔC_{CO_2} 为与单独减排相比，联合减排时 CO_2 边际减排成本缩减的比例，即降碳效应。在此基础上，本章定义减污降碳协同效应为：$T = \alpha \cdot \Delta C_{PM_{2.5}} + \beta \cdot \Delta C_{CO_2}$，在减污与降碳同等重要时，$\alpha = \beta = 0.5$。

第三节　中国减污降碳协同效应的量化评估

在构造减污降碳协同效应量化评估方法的基础上，本部分采集了中国的分省数据，运用该方法对中国减污降碳协同效应开展量化评估，考察中国大气污染与二氧化碳的边际减排成本的演变规律，揭示中国减污降碳协同效应的变化特征。

一、数据来源与处理

本章以中国30个省份为研究对象。考虑样本数据可得性和完整性，样本中不包含西藏自治区、香港特别行政区、澳门特别行政区和台湾地区。样本考察期为2006~2018年，时间跨度的选择基于以下两个方面考虑：一是在《国民经济和社会发展第十一个五年规划纲要》中，第一次将"环境友好型社会"载入经济社会发展文件，这是生态文明建设执政理念的一大突破，是中国环境保护历程中的一个重要时间节点，故本章以2006年为研究起点。二是将2018年设定为研究终点，既保证数据可完整获取，又最大可能地兼顾研究的时效性、前沿性。本章的投入变量为资本、能源和劳动，期望产出为地区生产总值，非期望产出为碳排放和大气污染。具体的数据来源及处理如下：

以资本存量表征资本投入。借鉴单豪杰（2008）的做法，采用永续盘存法（Perpetual Inventory Method，PIM）估算分省资本存量。首先，以"固定资本形成总额"作为每年的新增投资额，利用"固定资产投资价格指数"作为投资额价格指数，换算成以2006年不变价计算的分省年度实际投资额。其次，采用2007~2011年实际投资增长率的几何平均值代替2007年的资本存量增长率，计算出基期的资本存量。最后，将各省份的资本折旧率统一设定为10.96%，计算出各省份历年的资本存量。需要说明的是，2017年后国家统计局国家数据网站不再公布"固定资本形成总额"与"资本形成总额"数据，因此本章采用"分地区按领域分固定资产投资（不含农户）比上年增长情况（2018年）"估算2018年中国30个省份的"固定资本形成总额"与"资本形成总额"，进而估算2018年中国各省份资本存量。

以能源消费总量表征能源投入，数据来源于历年《中国能源统计年鉴》。2006年以后，中国两次修正了能源消费数据，确保能源消费数据更为真实详细，但也导致不同年份《中国能源统计年鉴》中的同一数

131

据前后不一致。为此，本章采取"就新原则"选取数据，换言之，若不同年份《中国能源统计年鉴》中同一时期同一地区的数据不一致，则以最新的数据为准。

采用按三次产业分的就业人员数表征劳动投入。2010 年以后，《中国统计年鉴》不再公布各地区按三次产业分就业人员数。因此，本章的就业人员数据均来源于各省份历年的统计年鉴，确保了 2010 年前后统计口径的一致。

为消除价格因素影响，以 2006 年为基期利用地区生产总值指数对地区名义生产总值进行消胀处理，得到地区实际生产总值。数据来源于国家统计局国家数据网站。

现有研究通常运用 IPCC 提供的碳排放因子乘以相应的能源消费量估算碳排放量，但 IPCC 提供的碳排放因子仅适用于全国一般范围，不能很好地衡量中国各省份碳排放的实际情况。随着对碳排放研究的不断深入，可以得到的公开数据逐渐丰富，其中比较有代表性的是中国碳排放数据库（China Emission Accounts and Datasets，CEADs），成为国内外学者开展碳排放研究的重要数据来源（刘华军和石印，2019）[1]。CEADs 提供了表观能耗排放和分部门核算排放两种省级碳排放数据，参考刘等（Liu et al.，2015），利用能源表消费量核算碳排放时，对数据要求较小，且能够消除由于统计口径不一带来的差异性问题，因此本章采用表观能耗排放表征碳排放水平。

本章以 $PM_{2.5}$ 浓度表征大气污染[2]。$PM_{2.5}$ 浓度数据主要有地面监测数据和卫星遥感数据两大来源。空气质量实时监测站点主要集中于城市地区，不能很好地反映地区真实的大气污染水平，且时间跨度相对较短。相比地面监测数据，全球卫星遥感技术起步较早。本章采用圣路易斯华盛顿大学大气成分分析团队提供的卫星遥感 $PM_{2.5}$ 浓度表征大气

---

① 网址：https://www.ceads.net.cn/。

② 已有研究多选择 SO_2 排放量作为环境污染的代理变量（胡鞍钢等，2008；涂正革，2008）。本章选择 $PM_{2.5}$ 浓度乃是出于如下考虑。第一，经过多年的治理，中国 SO_2 排放量已经从历史最高值的 2588 万吨下降到不到 700 万吨，SO_2 全面达标，"十四五"时期 SO_2 将退出约束性指标。然而，$PM_{2.5}$ 浓度仍然是中国大气污染的重要组成，也是"十四五"时期大气污染防治的首要指标。第二，$PM_{2.5}$ 成分复杂，包含黑炭、硝酸盐、硫酸盐在内的上百种化学成分，这些化学成分多来自前端污染物化学合成，其中就包括 SO_2、NO_x 等因化石能源燃烧所释放的有害气体，已经成为大气污染物最主要的组成成分（Zhang et al.，2019）。

污染水平①。

二、典型事实

在大气污染治理上（见图4-1），党的十八大前，中国 $PM_{2.5}$ 浓度呈现波动上升趋势，2011年 $PM_{2.5}$ 浓度达到最大值56.64$\mu g/m^3$，此时中国正经历着严峻的大气污染侵袭，不仅严重危害人类身体健康，而且给经济社会的可持续发展带来严峻挑战。2013年以来，面对频繁出现的大面积重污染天气，中国政府秉持以人民为中心的执政理念，坚决向大气污染宣战，全面打响了蓝天保卫战。在绿水青山就是金山银山理念指引下，中国积极推进大气污染联防联控，年均 $PM_{2.5}$ 浓度由2013年的52.72$\mu g/m^3$ 下降至2018年的35.86$\mu g/m^3$，年均下降7.42%，重污染天气明显减少，空气质量明显改善。但需要注意的是，此时中国的 $PM_{2.5}$ 浓度仍高于《环境空气质量标准》所提供的 $PM_{2.5}$ 浓度限制（年平均为35$\mu g/m^3$），距离世卫组织的指导标准（年平均为5$\mu g/m^3$）仍有不小差距。

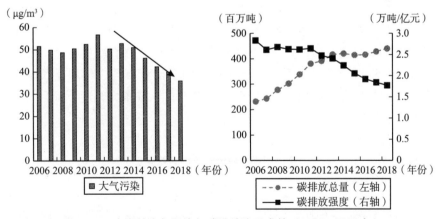

图4-1　中国的大气污染与碳排放治理成效（2006～2018年）

资料来源：笔者根据圣路易斯华盛顿大学大气成分分析团队的卫星遥感 $PM_{2.5}$ 浓度测算并绘制大气污染水平；根据中国碳排放数据库的表观能耗排放测算并绘制碳排放总量和碳排放强度。

① 资料来源：https：//sites.wustl.edu/acag/datasets/surface-pm2-5/#V5.GL.0。

在碳排放控制上，样本考察期内，中国碳排放强度显著下降，而碳排放总量持续上升。党的十八大之前，中国碳排放强度下降较为缓慢，由2.83万吨/亿元下降至2.47万吨/亿元，年均降幅为2.23%。党的十八大以来，在绿水青山就是金山银山理念指引下，中国实施积极应对气候变化的国家战略，高度重视利用市场手段来推进碳减排，不断探索建立减碳长效机制，碳减排工作取得明显成效。具体而言，中国碳排放强度表现出显著的下降趋势，由2.41万吨/亿元快速下降至1.77万吨/亿元，年均降幅提升至5.98%。中国碳排放总量呈现逐年上升，但党的十八大以来增速明显放缓，碳减排工作取得显著成效。

三、全国层面减污降碳协同效应的量化分析

中国的边际减污成本和边际降碳成本均呈现出波动上升趋势。根据表4-1，样本考察期内，单独减排时边际减污成本由99.74亿元/（$\mu g/m^3$）上升到324.00亿元/（$\mu g/m^3$），年均增长率为10.32%。联合减排时边际减污成本由60.05亿元/（$\mu g/m^3$）上升到213.11亿元/（$\mu g/m^3$），年均增长率为11.13%。与单独减排相比，联合减排时的边际减排成本明显下降但增速较快。单独减排时边际降碳成本由22.56亿元/百万吨上升至52.47亿元/百万吨，年均增长率为7.29%，联合减排时边际降碳成本由15.92亿元/百万吨上升到20.82亿元/百万吨，年均增长率为2.26%。与单独减排相比，联合减排时边际降碳成本大幅度下降且增速放缓。

表4-1　　　　　　　　全国层面的减污降碳协同效应

年份	单独减排		协同减排		减污效应	降碳效应	减污降碳协同效应
	边际减污成本	边际降碳成本	边际减污成本	边际降碳成本			
2006	99.7396	22.5634	60.0498	15.9191	39.7934	29.4472	34.6203
2007	112.2463	23.9133	68.1292	17.0045	39.3038	28.8910	34.0974
2008	125.0694	24.6835	78.5992	17.0106	37.1556	31.0852	34.1204

续表

年份	单独减排		协同减排		减污效应	降碳效应	减污降碳协同效应
	边际减污成本	边际降碳成本	边际减污成本	边际降碳成本			
2009	147.2703	27.2916	91.3662	18.7361	37.9602	31.3485	34.6544
2010	168.5849	26.1966	109.9783	19.0845	34.7639	27.1490	30.9564
2011	165.9681	27.0564	101.9114	19.0104	38.5958	29.7380	34.1669
2012	198.0073	31.8218	125.3694	20.1760	36.6845	36.5969	36.6407
2013	206.0512	33.4818	126.4992	20.8989	38.6079	37.5812	38.0946
2014	224.8124	36.5347	137.6782	22.4084	38.7586	38.6654	38.7120
2015	249.5167	39.2601	152.0412	24.2861	39.0657	38.1406	38.6032
2016	280.2135	43.0825	171.1647	25.5518	38.9163	40.6908	39.8036
2017	299.3185	45.2065	183.9014	24.9853	38.5600	44.7309	41.6454
2018	324.0016	52.4723	213.1072	20.8178	34.2265	60.3262	47.2763
均值	200.0615	33.3511	124.5996	20.4530	37.7193	38.6736	38.1965

注：边际减污成本的单位为亿元/（μg/m³）；边际降碳成本的单位为亿元/百万吨；减污降碳协同效应的单位为%。

资料来源：笔者测算并绘制。

减污降碳协同效应呈现波动中上升趋势，具体表现出三个阶段性特征。第一阶段为2006~2011年，此时协同减排情景下的减污效应大于降碳效应。此时，中国依靠着大量要素投入，正处于经济高速腾飞阶段，碳排放总量高速增长，对碳减排的重视程度相对较低。第二阶段为2012~2016年，此时协同减排情景下的减污效应与降碳效应几近相同。在此期间，中国面临着严峻的大气污染威胁，碳减排任务十分艰巨。在绿水青山就是金山银山理念指引下，中国高度重视生态环境保护，在减污与降碳上都取得了显著成效，实现了减污与降碳的良好互动。第三阶段为2017~2018年，此时协同减排情景下的降碳效应大于减污效应。随着中国大气污染治理进程不断深入，末端减排空间逐渐压缩，大气污染治理难度越来越大，减污效应开始下降。相反，随着碳排放交易市场的不断推进，碳减排空间逐渐扩大，降碳效应明显提升。

本章的测度结果表明，中国 $PM_{2.5}$ 和 CO_2 的边际减排成本要高于排污市场中和碳交易市场可直接观测到的交易费用，例如，以碳交易成交均价较高的北京为例，2018 年其年度成交均价基本在 50 元/吨上下浮动。这是因为，一方面，本章在 DEA 框架下利用非径向方向性距离函数模型测度了边际减排成本，与传统的径向模型相比，非径向模型更准确反映了投入产出变量间的变动关系，对边际减排成本的测度更为准确（Jiang et al.，2020）。另一方面，本章从经济生产全过程而非终端减排角度考察边际减排成本，测度结果反映的是经济社会长期发展过程中的边际减排成本，因此不能与观测到的减排成本进行直接比较，这一观点也得到吴等（Wu et al.，2019）的验证。

无论是减污还是降碳，二者的边际减排成本均表现为较快的增长趋势，且治污所需要付出的边际成本越来越高，污染防治任务和生态环境压力逐渐增大。边际减排成本的上升意味着随着每一个决策单元效率的提升，通过重新安排既定的投入产出要素来缩减大气污染与碳排放的空间越来越小，其影子价格也将逐渐增加（Lee et al.，2002）。随着中国空气质量不断改善，依靠单独治理大气污染的方式来改善空气质量问题都面临着很大挑战。换言之，"十四五"时期要以降碳为重点战略方向，推动减污降碳协同增效，促进经济社会发展全面绿色转型。

四、区域层面减污降碳协同效应的量化分析

根据测算结果，边际减排成本表现出明显的区域异质性特征。根据图 4-2，在边际减污成本方面，东北地区的边际减污成本最高，东部地区次之，随后是中部地区和西部地区。东北老工业基地长期以来依靠大量能源消耗带动经济发展，环境污染几乎成为经济增长的硬约束，迫切需要转变为发展模式，"让绿色成为普遍形态"。在边际降碳成本方面，东部地区的平均边际降碳成本最高，西部地区次之，再次是中部地区，东北地区的平均边际降碳成本最低。在协同减排情景下，东部地区和中部地区的边际降碳成本可以缩减41%，这种变化也反映出以降碳作为重点战略方向，实现减污降碳协同增效具有极大空间。

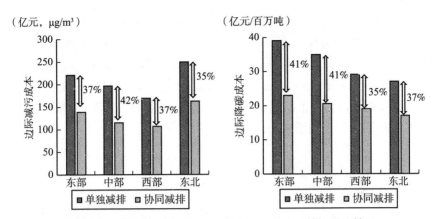

图4-2 四大区域的边际减排成本及其变动（轴标题旋转）

资料来源：笔者测算并绘制。

不同区域间的边际减排成本均存在显著差异，这也为利用市场手段增加社会福利提供可能。从总量上看，经济欠发达地区的边际减排成本相对较低，但其付出的经济代价未必如此。例如，在协同减排情景下，西部地区和东北地区每减少100万吨二氧化碳所付出的减排成本分别是其实际GDP的0.25%和0.17%，远高于东部地区（0.09%）和中部地区（0.13%）。因此，排污权交易市场与碳排放权交易市场为降低整体的减排成本提供了极大可能。正是因为边际减排成本差异的存在，不同区域间可以通过市场交易这种经济手段，达到减污降碳与保护环境的目的。经济欠发达地区也要充分利用好丰富的资源禀赋，如丰富的碳汇资源等，通过增加碳汇的方式降低碳减排成本。综上，实现减污降碳协同增效要充分考虑不同地区间的边际减排成本差异，秉持"宜增则增，宜减则减"的原则，充分利用好市场机制来降低边际减排成本，推动减污降碳协同增效。

中部地区减污降碳协同效应最高，东部地区次之，东北地区和西部地区则相对较低。根据图4-3，样本考察期内，中部地区减污降碳协同效应均值为40.12%，2010年以后减污降碳协同效应大幅提升。东部地区减污降碳协同效应均值为37.98%，其经济结构和产业结构更为高效合理，在资本和劳动力投入上具有明显优势，能够实现对资源、能源更为合理的配置，进一步将经济优势转换为环境优势。东北地区减污降碳协同效应的均值为34.68%，2008年减污降碳协同效应下降至最低点，2009 年国家发改委再次提出振兴东北老工业基地，对经济发展和生态环境改善作出指导意见，此后东北地区减污降碳协同效应逐年攀升。西部地区的减污降碳协同效应虽然较低，但不断攀升。因此，对于西部地区和东北地区而言，走资源消耗、环境污染的老路难以为继，迫切需要发挥地区的自然优势，用好太阳能、风能等新能源上的优势，加快实现减污降碳协同增效。

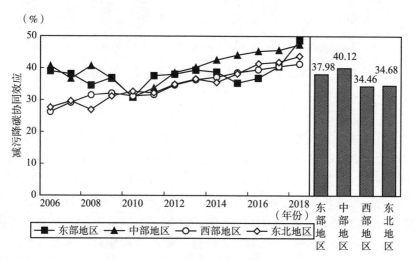

图 4-3   不同区域的减污降碳协同效应

资料来源：笔者测算并绘制。

五、省际层面减污降碳协同效应的量化分析

中国绝大多数省份存在减污降碳协同效应，印证了绿水青山就是金山银山的理念。在中国 30 个省份中，仅宁夏回族自治区不存在减污降碳协同效应（见图 4-4）。宁夏的大气污染与碳排放均不严重，且经济发展过程中能源消耗相对较少，因此 $PM_{2.5}$ 和 CO_2 的边际减排成本相对较低，在协同推进减污降碳过程中很难引起边际减排成本变动。减污降碳协同效应年均值最高的 3 个省份依次为浙江、河南与山东。这些省份为经济大省，能够充分利用资源配置和管理模式的优势，以减污降碳协同增效促进经济社会发展全面绿色转型。青海、广东和吉林三个省份的减污降碳协同效应的年均值最低。究其原因，青海省空气污染与碳排放

问题较轻，边际减排成本相对较低，边际减排成本变化幅度较小。广东省自身经济发达，经济—能源—环境系统已经相对成熟，能源消耗与环境污染排放成为地区经济社会的刚需，减污降碳协同增效反而引起了边际减排成本的增加。吉林省由于地域、资源以及发展历史问题等，资源环境矛盾仍然十分突出，减污降碳协同效应相对较低。

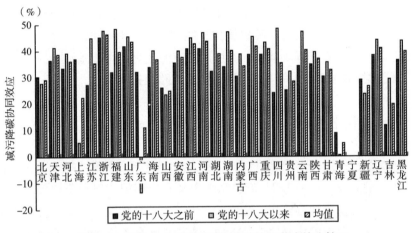

图 4-4　党的十八大前后减污降碳协同效应的比较

资料来源：笔者测算并绘制。

　　党的十八大以来，中国 24 个省份的减污降碳协同效应显著提升，这表明协同减排策略不仅能够有效地节约减排成本，还有助于实现减排效果的最大化，能够事半功倍地发挥减污降碳协同效应。北京等 6 个省份的减污降碳协同效应在党的十八大以来出现了下滑。对于北京等发达省份而言，在其经济发展与污染防治技术相对成熟以后，末端减排幅度的收窄使得边际减排成本变化较小，难以发挥充足的减污降碳协同效应。党的十八大以来，广东省的减污降碳协同效应为负值，这是因为其大气污染与温室气体之间的协同减排弹性十分敏感，故在协同减排的情景下，$PM_{2.5}$ 和 CO_2 的边际减排成本不降反升，从而导致了严重的负效应，这也验证了傅京燕和原宗琳（2017）的研究结论。此外是山西省，山西省的城市多为资源型城市，煤炭资源消耗枯竭的现象必将发生，城市职能转型尤为必要。对于青海省而言，其空气质量相对较好，碳排放总量也相对较低，特别是党的十八大以来，在环境治理不断好转的同时，减污降碳协同效应可发挥的空间越来越小。

第四节 不同情形下协同效应的比较

中国存在着明显的减污降碳协同效应，不同区域、不同省份间差别显著，如何找到最佳的减污降碳协同增效之路，是本章的重要研究内容。本部分在生态优先、降碳优先、能源革命三种模拟的环境技术下，讨论边际减排成本以及减污降碳协同效应的变化，在此基础上提出"十四五"时期实现减污降碳协同增效的最优路径选择。

一、情形模拟

本章在构造基准模型时，假设投入系统与产出系统同等重要，将投入和产出的权重设为1/2。产出系统中又分为期望产出和非期望产出两部分，以该权重构造模型，这可能忽视了生态环境保护的重要性。为突出生态环境保护的重要地位，下面分别构造3种不同情形下的模型。

首先是生态优先情形。在生态优先情形下，本部分假设投入、期望产出和非期望产出三个系统同等重要，以增加生态保护的优先程度，将各部分的权重设为1/3。投入中包含资本、劳动和能源三个变量，假设各变量等权重，则每个变量的权重为1/9（1/3×1/3）。期望产出为地区实际生产总值，其权重为1/3。在联合减排时，假设大气污染与碳排放同等重要，因此各变量的权重为1/6（1/3×1/2）。这种做法突出非期望产出在生产可能性集合中的作用，即生态优先情形。

其次是能源革命情形。考虑到能源活动相关碳排放与大气污染物排放具有同根、同源、同过程的特点，削减能源消费总量能够达到很好的减排效应（董直庆和王辉，2021）。为此，本部分构造能源革命情形下的减污降碳协同增效模型，着重考察能源投入、期望产出和非期望产出对边际减排成本的影响。在能源革命情形下，投入、产出与非期望权重相等，均为1/3。投入系统不考虑劳动和资本的缩减，将权重赋予为0，能源的权重为1/3。期望产出为地区实际生产总值，其权重为1/3。在联合减排时，假设大气污染与碳排放同等重要，各变量的权重为1/6

$(1/3 \times 1/2)$。

最后是降碳优先情形。"十四五"时期，我国生态文明建设进入以降碳为重点战略方向的新阶段。以降碳为重点战略方向，就是要使降低碳排放在实现减污降碳协同增效中发挥出更强引领作用。为此，本部分构造降碳优先情形下的减污降碳协同增效模型，假设碳减排所需付出的努力是大气污染防治的两倍，加强碳减排力度。在降碳优先情形下，投入系统和期望产出系统的权重设置与生态优先情形相同，而在非期望产出系统中，联合减排时大气污染的权重为 1/9（$1/3 \times 1/3$），碳排放的权重为 2/9（$1/3 \times 2/3$）。不同情形下的方向向量与权重矩阵设置如下：

$$\begin{cases} G = (-K, \ -L, \ -E, \ Y, \ -C, \ -P) \\ \quad 且\ W^T = \left(\dfrac{1}{9}, \ \dfrac{1}{9}, \ \dfrac{1}{9}, \ \dfrac{1}{3}, \ \dfrac{1}{6}, \ \dfrac{1}{6}\right), \ 生态优先 \\ G = (0, \ 0, \ -E, \ Y, \ -C, \ -P) \\ \quad 且\ W^T = \left(0, \ 0, \ \dfrac{1}{3}, \ \dfrac{1}{3}, \ \dfrac{1}{6}, \ \dfrac{1}{6}\right), \ 能源革命 \\ G = (-K, \ -L, \ -E, \ Y, \ -C, \ -P) \\ \quad 且\ W^T = \left(\dfrac{1}{9}, \ \dfrac{1}{9}, \ \dfrac{1}{9}, \ \dfrac{1}{3}, \ \dfrac{2}{9}, \ \dfrac{1}{9}\right), \ 降碳优先 \end{cases} \tag{4.8}$$

二、不同情形下的边际减排成本

在非径向方向性距离函数中，可以设置不同的权重矩阵与方向向量，这种灵活性满足研究中不同现实和政策背景需要，但也可能因模型选择而导致结果不稳健的问题（林伯强和刘泓汛，2015）[①]。为此，本部分首先比较四种情形下的边际减污成本与边际降碳成本，结果表明设置不同的权重矩阵后结果稳健。在边际减污成本的核密度分布中（见图 4-5），降碳优先情形下边际减污成本波峰靠左且更高，不存在明显右拖尾现象，说明以降碳为重点战略方向时，$PM_{2.5}$ 的边际减排成本明显下降。基准情形、生态优先情形和能源革命情形下核密度分布形态大

---

① 非参数方法虽然避免模型设定限制等问题，但无法给出相应的统计推断，因此验证结果是否稳健成为重要内容。目前，张等（Zhang et al.，2015）利用 Bootstrap 方法对非径向 DDF 模型结果进行统计推断，但仅将该方法应用于推断 Malmquist 指数的结果是否显著，这种方法是否适用于影子价格尚未明确，技术上也缺乏支撑，是未来研究的一个重要方向。

致相同，在生态优先和能源革命情形下，边际减污成本波峰靠左，此时边际减污成本较低，密度分布更为集中，表明大量省份大气污染的治理成本相对较低。基准情形下边际减污成本波峰更宽，说明多数省份的边际减污成本集中于中低水平，而生态优先和能源革命情形下出现靠右的次波峰，此时两极分化现象逐渐凸显，部分省份在经济社会发展全面绿色转型过程中付出更高的成本。

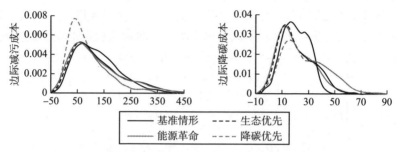

图 4-5　不同情形下边际减排成本的核密度估计

资料来源：笔者测算并绘制。

　　两极分化现象在边际降碳成本的核密度分布中表现得更为明显。降碳优先情形下，边际降碳成本波峰靠右且较低，右拖尾现象明显，说明随着碳减排规制不断加强，其边际减排成本也随之增加。基准情形下边际降碳成本波峰较宽，大部分省份的边际降碳成本集中在 10 亿元/百万吨至 30 亿元/百万吨。与基准情形相比，生态优先和能源革命情形下两极分化现象更为严重，这也恰恰反映出部分省份还没有适应经济社会发展全面绿色转型的要求，而较早开始绿色转型的省份则能更好地开展碳减排工作。

三、减污降碳协同增效的路径选择

（一）边际减排成本最小化的减污降碳协同增效路径

　　基于前面测算结果，本部分比较基准情形、生态优先、降碳优先和能源革命 4 种情形下的边际减排成本变化，并基于成本最小化原则，提出不同省份最优的减污降碳协同增效路径。

根据图4-6，在边际减污成本方面，广东省在能源革命情形下平均边际减污成本最低，远远低于其他三种情形下的边际减污成本，印证削减能源消费总量对广东省大气污染治理的重要意义。其余29个省份均在降碳优先情形下平均边际减污成本最低，这可能是因为在模拟的环境技术前沿下，以降碳为重点战略方向时放松大气污染治理约束，导致平均边际减污成本极大下降。比较其余三种情形下的平均边际减污成本发现，北京等13个省份在基准情形下平均边际减污成本最低，这些省

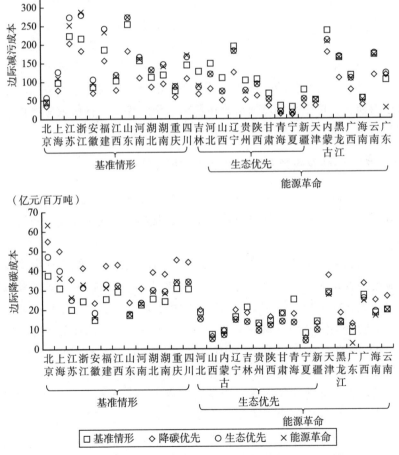

图4-6 基于边际减排成本的减污降碳协同增效路径选择

资料来源：笔者测算并绘制。

份经济发展水平相对较高，环境治理力度也相对较大，增加环境规制力度可能会提高其边际减排成本。吉林省等 10 个省份应加强生态环境保护，不仅能改善生态环境，所需付出的边际减污成本也会降低。其中，河北等 9 个省份在生态优先和能源革命情形下平均边际减污成本相同，说明资本与劳动的投入对其边际减排成本影响相对较小。天津等 7 个省份则应重点控制能源消费总量，进一步深入开展能源革命。这些省份生态环境质量相对较好，但能源消费与其环境质量不匹配的问题相对突出，通过严格控制能源消费，能够极大地降低边际减污成本。

在碳减排方面，北京等 13 个省份在基准情形下平均边际降碳成本最低，其结果与基于边际减污成本的路径选择一致，从侧面印证大气污染与碳排放同根同源。河北等 11 个省份既可以走生态优先之路，也可以通过严格控制能源消费实现边际减排成本最小化。在这些省份中，不乏青海、宁夏、新疆等省份，其生态地位重要而特殊，在维护国家生态安全中具有不可替代的战略地位。这些省份要牢固树立绿水青山就是金山银山理念，把生态环境保护放在首位。天津等 5 个省份则应严格控制能源消费总量，通过能源结构优化调整降低边际减排成本。

（二）协同效应最大化的减污降碳协同增效路径

基于不同情形下的边际减排成本变化，本部分量化中国 30 个省份的减污降碳协同效应，从协同效应最大化视角探寻减污降碳协同增效的路径选择。

若加强生态保护，减污降碳协同效应均出现提升，经济社会发展全面绿色转型尤为必要。根据图 4 - 7，基准情形下中国 30 个省份减污降碳协同效应的年均值仅为 32. 39% ，而生态优先、能源革命和降碳优先情形下的年均值分别为 46. 40% 、46. 01% 和 41. 93% ，较基准情形分别提高 43. 24% 、42. 03% 和 29. 44% ，体现出走生态优先、绿色低碳的高质量发展道路的重大现实意义。与基准情形相比，其余三种情形下各省份减污降碳协同效应年均值分布得更加集中，上限和下限均有所提高，减污降碳协同效应出现不同程度的提升。同时，减污降碳协同效应极低的异常值不再存在，例如在基准情形下广东省的减污降碳协同效应仅为 -0. 55% ，但在各种加强生态保护情形下，其协同效应均由负转正，在能源革命情形下可提升至 28. 62% 。广东省在经济发展过程中依靠大量的能源投入，2018 年广东省能源消费总量位居全国第二，仅次于河北省。对于经济结构相对成熟与完善的广东省而言，若想实现减污降碳协同增效，就必须严控能源消费总量，紧紧抓住能源结构优化调整这个"牛鼻子"，以能源革命促进减污降碳协同增效。

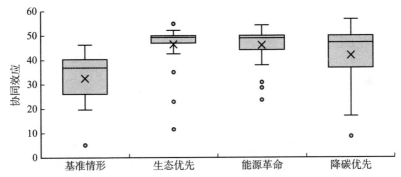

图 4 - 7　基于协同效应的减污降碳协同增效路径选择

资料来源：笔者测算并绘制。

四、能源革命与减污降碳协同增效

在能源革命情形下，本章探讨了控制能源消费总量如何影响减污降碳协同效应，在该部分本章进一步分析能源结构调整对实现减污降碳协同增效的影响。

中国能源结构不断优化，具体表现为化石能源消费占比不断下降，非化石能源消费占比不断提升。根据图 4 - 8（a），样本考察期内，中国煤炭消费、化石能源消费与非化石能源消费的年均值分别为 67.28%、89.70% 和 10.30%，化石能源消费占比明显高于非化石能源，其中煤炭消费又是重中之重。就能源结构的演变趋势而言，化石能源消费逐年下降，从 2006 年的 92.60% 下降至 2018 年的 85.50%，年均下降 0.66%，其中煤炭消费占比从 2006 年的 72.40% 下降至 2018 年的 59.00%，年均下降 1.69%。非化石能源消费占比逐年攀升，从 7.40% 上升至 14.50%，年均增长率为 5.77%。与此同时，通过严格控制能源消费总量，减污降碳协同效应也会随之增强。减污降碳协同效应表现为两个阶段不同的演变趋势，2010 年前，协同效应波动中下降，由 44.47% 下降至 39.45%，年均下降 2.95%，资源环境与能源消耗不匹配、不协调、不可持续的问题逐渐凸显。"十二五"时期，中国更加重视节能减排，提出能源总量与能源强度双控目标，在此背景下，减污降碳协同效应明显提高，由29.45%上升至49.30%，年均增长2.82%。

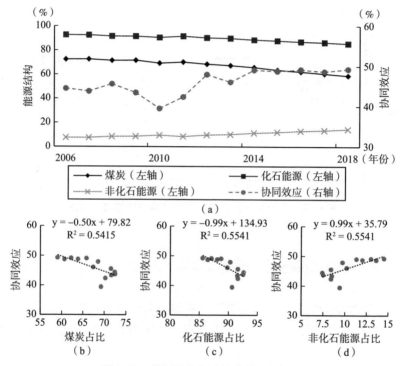

图4－8 能源革命与减污降碳协同增效

资料来源：笔者测算并绘制。

减污降碳协同效应与煤炭和化石能源消费占比负相关，而与非化石能源消费占比正相关，反映出优化能源结构能够促进减污降碳协同增效。根据图4－8（b）和图4－8（c），煤炭消费占比每提高1%会导致协同效应下降0.50%，化石能源消费占比每提高1%会导致协同效应下降0.99%，同时模型的拟合优度也较高，说明能源的高碳结构阻碍了减污降碳协同增效。根据图4－8（d），减污降碳协同效应与非化石能源消费占比的线性关系显著，提高非化石能源占比能够有效地促进减污降碳协同增效。上述变化也反映出，控制能源消费总量、优化能源消费结构，促进能源绿色低碳发展，从数量与质量两方面实现能源革命，是促进减污降碳协同增效的关键路径。

第五节　结论与启示

受范围经济的启发，本章构造了一种新的减污降碳协同效应量化评估方法，在全要素框架下测度大气污染和二氧化碳的边际减排成本，通过比较单独减排和联合减排下的边际减排成本变动，从成本节约角度揭示减污降碳协同效应，在理论层面为量化评估减污降碳协同效应提供一种新思路。本章运用该方法从全国、区域和省际等多个层面对减污降碳协同效应进行量化评估，比较基准情形、生态优先、降碳优先和能源革命四种情形下减污降碳协同效应的变化趋势，在应用层面深入探讨"十四五"时期减污降碳协同增效的实现路径。研究发现，全国层面，与单独减排相比，联合减排时无论边际减污成本还是边际降碳成本均显著下降，边际减污成本平均下降37.72%，边际降碳成本平均下降38.63%。党的十八大以来，减污降碳协同效应快速提升，年均增速达到4.41%，是党的十八大之前的4.65倍。区域层面，中部地区减污降碳协同效应最高，东部地区次之，东北地区和西部地区相对较低。省际层面，除宁夏外所有省份均存在减污降碳协同效应，特别是党的十八大以来，24个省份的协同效应显著提升。在生态优先、降碳优先和能源革命三种情形下，减污降碳协同效应普遍大幅度提升，提升空间可达到29%～43%。能源结构优化调整能够明显促进减污降碳协同增效，非化石能源消费占比每提高1%会推动协同效应提升0.99%。

结合本章的理论分析与实证结果，本章提出如下政策启示：

第一，深入践行绿水青山就是金山银山理念。减污降碳协同效应普遍存在，充分印证绿水青山就是金山银山理念。实现减污降碳协同增效、推动经济社会发展全面绿色转型，首要任务是统一思想认识，坚定不移地贯彻绿水青山就是金山银山理念。立足新发展阶段，贯彻新发展理念，构建新发展格局，要坚持经济发展与环境保护相向而行，深刻认识到保护生态环境就是保护生产力，改善生态环境就是发展生产力。要以绿水青山就是金山银山理念为指引，推动生态环境领域治理体系和治理能力现代化，加快形成绿色生产生活方式，注重经济、社会和生态的协调发展，加快打通绿水青山与金山银山之间的双向转化通道，实现绿水青山与金山银山的互利共赢。

第二，加快推动能源绿色低碳转型。实现减污降碳协同增效，重点在于产业、能源、用地和交通四大结构调整，能源绿色低碳转型则是重中之重（贺克斌和张强，2019）。要加快能源领域关键核心技术攻关，加大能源科技创新平台投资，加速绿色低碳技术突破。优化调整能源结构，严格控制化石能源消费总量，加大非化石能源使用，推进能源生产清洁替代和电能替代，以特高压输电为引领推动能源互联网形成。提升能源质量效益，持续开展企业节能改造，推动新能源和可再生能源产业扩容倍增、提质增效。对标减污降碳协同增效要求，持续开展能源革命，使减污降碳在推动结构性节能、遏制两高行业扩张、助推非化石能源发展等方面同频共振、同向发力。

第三，因地制宜设计减污降碳协同增效路径方案。要严格落实空气质量改善与碳减排工作，加强大气污染跨区域联防联控政策和"一市一策"驻点跟踪工作。抓紧制订碳达峰、碳中和行动方案，加快碳排放实时监测系统的研发与使用。加强大气污染与碳排放协同治理考核力度，把协同增效纳入"十四五"生态环境考核之中，科学编制减污降碳协同增效指南方案。根据不同地区产业结构、能源结构与环境现状，因地制宜设计差异化的减污降碳协同增效路径，如青海等省份应将生态环境保护放在首要位置，广东等省份应严格控制能源消费总量，加速实现减污降碳协同增效。考虑不同地区边际减排成本差异，充分利用市场机制等经济手段，增加社会福利。

参考文献

［1］陈诗一：《边际减排成本与中国环境税改革》，载《中国社会科学》2011 年第 3 期。

［2］董直庆、王辉：《市场型环境规制政策有效性检验——来自碳排放权交易政策视角的经验证据》，载《统计研究》2021 年第 10 期。

［3］傅京燕、原宗琳：《中国电力行业协同减排的效应评价与扩张机制分析》，载《中国工业经济》2017 年第 2 期。

［4］贺克斌、张强：《中国城市空气质量改善和温室气体协同减排方法指南》，亚洲清洁空气中心，2019 年。

［5］胡鞍钢、郑京海、高宇宁、张宁、许海萍：《考虑环境因素的省级技术效率排名（1999—2005）》，载《经济学（季刊）》2008 年第 3 期。

［6］林伯强、刘泓汛：《对外贸易是否有利于提高能源环境效率——以中国工业行业为例》，载《经济研究》2015 年第 9 期。

［7］刘华军、石印、雷名雨：《碳源视角下中国碳排放的地区差距及其结构分解》，载《中国人口·资源与环境》2019 年第 8 期。

［8］马丽梅、张晓：《中国雾霾污染的空间效应及经济、能源结构影响》，载《中国工业经济》2014 年第 4 期。

［9］单豪杰：《中国资本存量 K 的再估算：1952～2006 年》，载《数量经济技术经济研究》2008 年第 10 期。

［10］涂正革：《环境、资源与工业增长的协调性》，载《经济研究》2008 年第 2 期。

［11］王文举、陈真玲：《中国省级区域初始碳配额分配方案研究——基于责任与目标、公平与效率的视角》，载《管理世界》2019 年第 3 期。

［12］魏楚：《中国城市 CO_2 边际减排成本及其影响因素》，载《世界经济》2014 年第 7 期。

［13］严雅雪、齐绍洲：《外商直接投资对中国城市雾霾（$PM_{2.5}$）污染的时空效应检验》，载《中国人口·资源与环境》2017 年第 4 期。

［14］易兰、赵万里、杨历：《大气污染与气候变化协同治理机制创新》，载《科研管理》2020 年第 10 期。

［15］袁鹏、程施：《我国工业污染物的影子价格估计》，载《统计研究》2011 年第 9 期。

［16］Cooper, W. W., Seiford, L. M., Tone, K., "Data Envelopment Analysis: A Comprehensive Text with Models, Applications, References and DEA – Solver Softwar", *Springer*, 2007.

［17］Dong, F., Yu, B., Pan, Y., "Examining the Synergistic Effect of CO_2 Emissions on $PM_{2.5}$ Emissions Reduction: Evidence from China", *Journal of Cleaner Production*, Vol. 223, 2019, pp. 759 – 771.

［18］Färe, R., Grosskopf, S., Pasurka, Jr. C. A., "Environmental Production Functions and Environmental Directional Distance Functions",

Energy, Vol. 32, No. 7, 2007, pp. 1055 – 1066.

[19] Fukuyama, H. , Weber, W. L. , "A Directional Slacks – Based Measure of Technical Inefficiency", *Socio-Economic Planning Sciences*, Vol. 43, No. 4, 2009, pp. 274 – 287.

[20] He, K. , Lei, Y. , Pan, X. , et al. , "Co-Benefits from Energy Policies in China", *Energy*, Vol. 35, No. 11, 2010, pp. 4265 – 4272.

[21] Jiang, H. , Dong, K. , Zhang, K. , et al. , "The Hotspots, Reference Routes, and Research Trends of Marginal Abatement Costs: A Systematic Review", *Journal of Cleaner Production*, Vol. 252, 2020, pp. 119809.

[22] Lee, J. D. , Park, J. B. , Kim, T. Y. , "Estimation of the Shadow Prices of Pollutants with Production/Environment Inefficiency Taken into Account: A Nonparametric Directional Distance Function Approach", *Journal of Environmental Management*, Vol. 64, No. 4, 2002, pp. 365 – 375.

[23] Li, M. , Zhang, D. , Li, C. , et al. , "Air Quality Co-Benefits of Carbon Pricing in China", *Nature Climate Change*, No. 8, 2018, pp. 398 – 403.

[24] Li, N. , Chen, W. , Rafaj, P. , et al. , "Air Quality Improvement Co-benefits of Low-Carbon Pathways toward Well Below the 2℃ Climate Target in China", *Environmental Science and Technology*, Vol. 53, No. 10, 2019, pp. 5576 – 5584.

[25] Li, Y. , Cui, Y. , Cai, B. , et al. , "Spatial Characteristics of CO_2 Emissions and $PM_{2.5}$ Concentrations in China Based on Gridded Data", *Applied Energy*, Vol. 266, 2020, pp. 114852.

[26] Liu, Z. , Guan, D. , Wei, W. , et al. , "Reduced Carbon Emission Estimates from Fossil Fuel Combustion and Cement Production in China", *Nature*, Vol. 524, 2015, pp. 335 – 338.

[27] Oh D. , "A Metafrontier Approach for Measuring an Environmentally Sensitive Productivity Growth Index", *Energy Economics*, Vol. 32, No. 1, 2010, pp. 146 – 157.

[28] Qian, H. , Xu, S. , Cao, J. , et al. , "Air Pollution Reduc-

tion and Climate Co-Benefits in China's Industries", *Nature Sustainability*, No. 4, 2021, pp. 417 – 425.

[29] Shephard, R. W., "Theory of Cost and Production Functions", *Princeton: Princeton University Press*, 1970.

[30] Wu, P., Guo, F., Cai, B., et al., "Co-Benefits of Peaking Carbon Dioxide Emissions on Air Quality and Health, A Case of Guangzhou, China", *Journal of Environmental Management*, Vol. 282, 2021, pp. 111796.

[31] Xing, J., Lu, X., Wang, S., et al., "The Quest for Improved Air Quality may Push China to Continue its CO_2 Reduction beyond the Paris Commitment", *Proceedings of the National Academy of the Sciences*, Vol. 117, No. 47, 2020, pp. 29535 – 29542.

[32] Zhang, N., Wu, Y., Choi, Y., "Is it Feasible for China to Enhance its Air Quality in terms of the Efficiency and the Regulatory Cost of Air Pollution?", *Science of The Total Environment*, Vol. 709, 2020, pp. 136149.

[33] Zhang, N., Zhou, P., Kung, C., "Total – Factor Carbon Emission Eerformance of the Chinese Transportation Industry: A Bootstrapped Non – Radial Malmquist Index Analysis", *Renewable and Sustainable Energy Reviews*, Vol. 41, 2015, pp. 584 – 593.

[34] Zhang, Q., Zheng, Y., Tong, D., et al., "Drivers of Improved $PM_{2.5}$ Air Quality in China from 2013 to 2017", *Proceedings of the National Academy of the Sciences*, Vol. 116, No. 49, 2019, pp. 24463 – 24469.

第五章 减污降碳协同推进
与中国 3E 绩效[*]

本章简介：推动减污降碳协同增效是"十四五"时期促进经济社会发展全面绿色转型的重大战略举措。本章在数据包络分析框架下，将大气污染和碳排放纳入 3E 系统，提出减污降碳协同推进下的 3E 绩效评价思路，定量考察了减污降碳协同推进对中国 3E 系统及子系统绩效的影响。研究结果表明：减污降碳协同推进对中国 3E 绩效的提升具有明显推动作用，中国进入了减污降碳协同增效的新阶段。在 3E 系统整体层面，样本考察期内减污降碳协同推进推动中国 3E 系统整体绩效实现了年均 0.91% 的增长；党的十八大以来，减污降碳协同推进对于绩效的提升作用更加明显，3E 系统整体绩效的年均增长率提高到 1.74%。在 3E 子系统层面，减污降碳协同推进对能源、环境和经济 3 个子系统绩效的提升均具有促进作用，但是与环境系统和经济系统相比，能源系统绩效的提升面临更大挑战。本章从绩效视角为减污降碳协同推进提供了理论支撑，展示了中国生态文明建设取得的伟大成就，对于"十四五"时期贯彻落实绿水青山就是金山银山理念，深入推进减污降碳协同增效具有重要的启示意义。

第一节 引 言

生态文明建设是关乎中华民族永续发展的根本大计。党的十九届六中全会审议通过《中共中央关于党的百年奋斗重大成就和历史经验的决

＊ 刘华军、乔列成、郭立祥：《减污降碳协同推进与中国 3E 绩效》，载《财经研究》2022年第 9 期。

议》，强调必须坚持绿水青山就是金山银山理念，坚持山水林田湖草沙一体化保护和系统治理，像保护眼睛一样保护生态环境，像对待生命一样对待生态环境，更加自觉地推进绿色发展、循环发展、低碳发展，坚持走生产发展、生活富裕、生态良好的文明发展道路。党的十八大以来，党中央以前所未有的力度抓生态文明建设，全党全国推动绿色发展的自觉性和主动性显著增强，美丽中国建设迈出重大步伐，我国生态环境保护发生历史性、转折性、全局性变化。[①] "十四五"时期，中国生态文明建设进入以降碳为重点战略方向、推动减污降碳协同增效、促进经济社会发展全面绿色转型、实现生态环境质量改善由量变到质变的关键时期，[②] 同时也面临着碳达峰、碳中和带来的严峻挑战，深入打好污染防治攻坚战的任务更加艰巨。站在新的历史起点，必须更加完整、更准确、更加全面地贯彻绿水青山就是金山银山理念，统筹推进污染治理、生态保护和应对气候变化，推动减污降碳协同增效，加快实现经济社会发展实现全面绿色转型。

　　绿水青山就是金山银山，是新发展理念的重要内容，是习近平生态文明思想的核心内容，为新时代生态文明建设和美丽中国建设提供了基本遵循，拥有持久的生命力和强大的引领力。协同推进减污降碳，必须以"两山"理念为指引，深刻认识并准确把握"两山"理念的精神实质和科学内涵。首先，新发展阶段的发展是高质量发展。推动实现高质量发展，不是简单地以 GDP 论英雄，而是强调以提高经济质量和效益为立足点。在新发展阶段，既要绿水青山，又要金山银山，而且绿水青山就是金山银山。减污降碳协同推进在促进创新、节约资源等方面有诸多益处，要从系统、整体的角度看待减污降碳协同推进对于实现经济社会发展全面绿色转型的重大意义。其次，绿色发展是推动高质量发展的题中之义。绿色发展注重实现经济建设、资源供给、环境保护等多方面协调发展。就减污降碳对经济社会的影响而言，涉及多个系统、涵盖多个部门，不能只盯着经济发展这个小账，而是要兼顾能源绩效、环境绩效，算好生态文明建设全局的大账、整体账、长远账。最后，绿色低碳

153

---

① 《中共中央关于党的百年奋斗重大成就和历史经验的决议》，网址：http://www. gov. cn/zhengce/2021 - 11/16/content_5651269. htm。

② 习近平总书记在中央政治局第二十九次集体学习上的讲话，网址：http://www. gov. cn/xinwen/2021 - 05/01/content_5604364. htm。

发展必须处理好短期和中长期的关系。实现碳达峰、碳中和是一场广泛而深刻的经济社会系统性变革，尽管短期内将不可避免地经历阵痛，但从长期来看这是经济社会发展绿色转型的必然过程。绿色低碳发展不仅是历史发展的大趋势，也是时代的要求、前进的方向。虽有智慧，不如乘势。面对新的历史任务，必须顺应历史潮流，积极应变、主动求变，以最小的成本实现成功的转型和未来更好的发展；若不能顺应时代的潮流，即使得到金山银山，也是不可持续的金山银山，坐等观望，等到的只有更高的转型成本和未来更难的发展。

3E（Energy – Environment – Economy）系统是能源、环境和经济子系统在互相作用、互相渗透、互相联系下形成的结构和功能相统一的动态复杂系统（兰天阳，2016）。从系统论角度出发，3E 绩效是既能衡量3E 系统整体发展水平的动态变动，又可以反映能源、环境和经济三者作为一个有机整体耦合协调程度的经济学概念。相关研究将环境约束引入 3E 系统，并通过比较引入环境约束后绩效水平的变化来判断环境污染治理对绩效的影响。目前存在以下两种观点：一种观点认为环境污染治理会对经济绩效造成损失（Watanabe and Tanaka，2007；陈诗一，2010；Xia and Xu，2020），即生态环境保护占用了原本用于生产的资源，从而降低经济绩效，并且生产过程采用不环保的技术，由此产生的污染排放造成大量的外部成本；另一种观点则认为考虑环境因素会提高经济绩效（王兵等，2010；黄清煌和高明，2016；Meng and Qu，2021），并且运用"波特假说"来解释考虑环境约束后的绩效提升。还有部分学者认为环境治理对绩效的影响存在时效性，短期为正向推动作用，长期则表现出显著的负向影响（黄庆华等，2018；金刚和沈坤荣，2018）。上述研究的时代背景不同，指标选取和模型选取上也各具特点，因此在研究结论上存在明显差异。

本章将大气污染和碳排放纳入 3E 绩效研究框架，将绩效研究从 3E 系统层面延伸至子系统及分项指标层面，通过时间、空间、子系统等多维度比较分析，提出减污降碳协同推进下 3E 绩效评价思路，揭示了减污降碳协同推进对中国 3E 系统及子系统绩效的影响。研究发现：在 3E 系统层面，一方面，减污降碳协同推进能够明显提升绩效水平，推动中国 3E 系统整体绩效实现年均 0.91% 的增长；另一方面，减污降碳协同推进对于绩效的推动作用具有明显的阶段性特征，党的十八大以来，减

污降碳协同推进对于绩效的提升作用更加明显，年均增长率提高至
1.74%，中国进入了减污降碳协同增效的新阶段。在 3E 子系统层面，
减污降碳协同推进对能源系统、环境系统和经济系统绩效的提升均具有
促进作用，但是能源系统的绩效提升压力更大，反映出环境约束仍然是
中国实现能源高质量发展面临的严峻挑战。

本章的边际贡献在于：在理论层面，立足新时代中国生态文明建设
实践，首次将减污降碳协同推进纳入 3E 绩效研究框架，提出减污降碳
协同推进下 3E 绩效评价思路，丰富了减污降碳协同控制的理论研究体
系。在方法层面，充分发挥卢恩伯格（Luenberger）生产率指数的可加
性特征，在识别分项指标绩效的基础上，提出能源、环境和经济子系统
绩效的计算思路。在视角层面，将绩效考察从 3E 系统延伸至子系统和
分项指标层面，形成了生态文明系统观下 3E 绩效研究的完整链条，实
现了绩效评价在 3E 系统、子系统、分项指标三个层面的有机统一。本
章从绩效视角立体地展示中国生态文明建设所取得的伟大成就，深化了
对绿水青山就是金山银山理念的认识，有助于推动全社会凝聚共识、全
力实现减污降碳协同增效。

155

第二节　模型与数据

一、模型设定

作为一种数据驱动的效率和生产率评价方法，DEA 能够模拟多投
入多产出的生产过程并可以对生产率进行分解，特别是在资源环境约束
的处理上具有明显优势，为考察减污降碳协同推进对 3E 绩效的影响提
供了方法论支撑。结合研究目的，本章将基于松弛测度的方向性距离函
数（SBM – DDF）模型与 Luenberger 生产率指数相结合，科学测度减污
降碳协同推进下中国的 3E 绩效水平，并将 3E 整体绩效分解至子系统
层面。

（一）绩效评价模型的选择

参考福山雅治和韦伯（Fukuyama and Weber，2009）的研究，本章

在 CRS 假设下构造考虑非期望产出的 SBM – DDF 模型。该模型是一种非径向、非角度的 DEA 模型，不仅能够使投入和产出按照不同的比例进行缩减或扩张，还可以将资源环境约束纳入效率测度模型中，提高了测度的准确性，使得效率测度模型涵盖了非期望产出因素。t 时期决策单元 DMU_o 在全局基准技术下的 SBM – DDF 模型如式（5.1）所示。

$$\vec{S}(x_o^t, y_o^t, b_o^t; g^x, g^y, g^b) = \max_{s^x, s^y, s^b, \lambda} \frac{1}{2}\left[\frac{1}{N}\sum_{n=1}^{N}\frac{s_{no}^x}{g_n^x} + \frac{1}{M+Q}\left(\sum_{m=1}^{M}\frac{s_{mo}^y}{g_m^y} + \sum_{q=1}^{Q}\frac{s_{qo}^b}{g_q^b}\right)\right]$$

$$\text{s. t.} \quad x_{no}^t = \sum_{t=1}^{T}\sum_{k=1}^{K}\lambda_k^t x_{nk}^t + s_{no}^x, \quad \forall n;$$

$$y_{mo}^t = \sum_{t=1}^{T}\sum_{k=1}^{K}\lambda_k^t y_{mk}^t - s_{mo}^y, \quad \forall m;$$

$$b_{qo}^t = \sum_{t=1}^{T}\sum_{k=1}^{K}\lambda_k^t b_{qk}^t + s_{qo}^b, \quad \forall q;$$

$$s_{no}^x \geqslant 0, \ s_{mo}^y \geqslant 0, \ s_{qo}^b \geqslant 0, \ \lambda_k^t \geqslant 0.$$

(5.1)

其中，$\vec{S}^G(\cdot)$ 表示全局基准技术下 DMU_o 的无效率值，取值范围为 $[0, 1]$。(x_o^t, y_o^t, b_o^t) 代表 DMU_o 在 t 时期的投入产出向量，(g^x, g^y, g^b) 代表 DMU_o 的投入缩减、期望产出增加以及非期望产出缩减的取值为正的方向向量。g_n^x、g_m^y、g_q^b 分别为 DMU_o 中的第 n 种要素投入、第 m 种期望产出以及第 q 种非期望产出的实际值，s_{no}^x、s_{mo}^y、s_{qo}^b 分别为 DMU_o 中的第 n 种要素投入、第 m 种期望产出以及第 q 种非期望产出的松弛变量，当 s_{no}^x、s_{mo}^y、s_{qo}^b 为正时，表示存在投入冗余和产出不足。

结合库伯等（Cooper et al.，2007）的思路，我们以标准化后的松弛比率衡量无效率（IE）水平，并将整体的无效率水平分解至各变量层面，如式（5.2）所示。

$$IE = IE_{Energy}^G + IE_{Labour}^G + IE_{Capital}^G + IE_{GDP}^G + IE_{Carbon}^G + IE_{Pollution}^G \quad (5.2)$$

式（5.2）中，IE_{Energy}^G、IE_{Labour}^G、$IE_{Capital}^G$、IE_{GDP}^G、IE_{Carbon}^G、$IE_{Pollution}^G$ 分别代表能源、劳动、资本、GDP、二氧化碳、污染的无效率值。

（二）卢恩伯格生产率指数的构建与分解

卢恩伯格生产率指数具有差分形式的相加结构，能够对总体绩效进行分解，可以刻画能源、环境和经济子系统绩效之间内在的逻辑关系。参考钱伯等（Chamber et al.，1996）和欧（Oh，2010）的全局基准技术思路，本章构建了全局参比的卢恩伯格生产率指数（L），计算过程如式（5.3）所示。式中，$IE^G(x^t, y^t, b^t; g_x, g_y, g_b)$ 和 $IE^G(x^{t+1}, y^{t+1}, b^{t+1}; g_x, g_y, g_b)$ 分别表示全局参比下第 t 期和 t+1 期的无效率值。

$$L_t^{t+1} = IE^G(x^t, y^t, b^t; g_x, g_y, g_b) - IE^G(x^{t+1}, y^{t+1}, b^{t+1}; g_x, g_y, g_b)$$

（5.3）

整体无效率可以表示为各投入产出变量的无效率之和，因此，发挥卢恩伯格生产率指数的分解优势，可以对 3E 绩效进行两个层次的分解，得到投入产出和子系统两个层面的绩效水平。具体分解思路如图 5－1 所示。

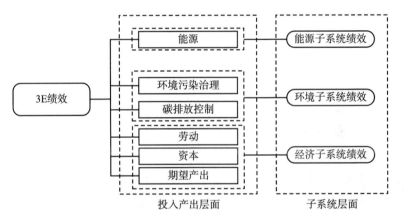

图 5－1　3E 绩效分解思路

根据上述分解思路，首先将 3E 绩效分解至投入产出层面，分解方法如式（5.4）所示。

$$L_t^{t+1} = (L_t^{t+1})_{Energy} + (L_t^{t+1})_{Labour} + (L_t^{t+1})_{Capital} + (L_t^{t+1})_{GDP}$$
$$+ (L_t^{t+1})_{Pollution} + (L_t^{t+1})_{Carbon}$$

（5.4）

利用投入产出层面的绩效值，可以求得能源、环境和经济子系统的绩效，并进一步将 3E 绩效表示为三大子系统绩效之和。其中，能源系统仅包含能源一种要素投入，因此能源系统绩效可直接用能源投入两期无效率之差计算求得；环境系统绩效由污染和碳排放无效率求得；经济系统绩效由劳动、资本以及地区生产总值三种投入产出的无效率求得。具体计算过程如式（5.5）~式（5.8）所示。

$$L_t^{t+1} = (L_t^{t+1})_{Energy} + (L_t^{t+1})_{Environment} + (L_t^{t+1})_{Economy} \quad (5.5)$$

$$(L_t^{t+1})_{Energy} = IE_{Energy}^G(x^t, y^t, b^t; g_x, g_y, g_b)$$
$$- IE_{Energy}^G(x^{t+1}, y^{t+1}, b^{t+1}; g_x, g_y, g_b) \quad (5.6)$$

$$(L_t^{t+1})_{Environment} = (L_t^{t+1})_{Pollution} + (L_t^{t+1})_{Carbon}$$
$$= IE_{Pollution}^G(x^t, y^t, b^t; g_x, g_y, g_b)$$
$$- IE_{Pollution}^G(x^{t+1}, y^{t+1}, b^{t+1}; g_x, g_y, g_b)$$
$$+ IE_{Carbon}^G(x^t, y^t, b^t; g_x, g_y, g_b)$$
$$- IE_{Carbon}^G(x^{t+1}, y^{t+1}, b^{t+1}; g_x, g_y, g_b) \quad (5.7)$$

$$(L_t^{t+1})_{Economy} = (L_t^{t+1})_{Capital} + (L_t^{t+1})_{Labour} + (L_t^{t+1})_{GDP}$$
$$= IE_{Capital}^G(x^t, y^t, b^t; g_x, g_y, g_b)$$
$$- IE_{Capital}^G(x^{t+1}, y^{t+1}, b^{t+1}; g_x, g_y, g_b)$$
$$+ IE_{Labour}^G(x^t, y^t, b^t; g_x, g_y, g_b)$$
$$- IE_{Labour}^G(x^{t+1}, y^{t+1}, b^{t+1}; g_x, g_y, g_b)$$
$$+ IE_{GDP}^G(x^t, y^t, b^t; g_x, g_y, g_b)$$
$$- IE_{GDP}^G(x^{t+1}, y^{t+1}, b^{t+1}; g_x, g_y, g_b) \quad (5.8)$$

二、数据说明

本章研究样本为中国 30 个省份,不包含西藏自治区、香港特别行政区、澳门特别行政区和台湾地区。为了研究减污降碳对中国 3E 绩效的影响,需要将污染控制和碳减排两个关键环境约束纳入 3E 系统中。为此,选择能源、资本、劳动作为投入指标,选择地区生产总值作为期望产出指标,选择 $PM_{2.5}$ 浓度作为污染约束的代理变量,选择 CO_2 排放量作为碳排放约束的代理变量,从而构建起减污降碳双重约束下中国 3E 绩效测度指标体系。考虑到样本数据的可得性和完整性,本章研究的时间跨度为 2006～2018 年。[①] 在数据的来源及处理上,以资本存量表征资本投入,计算方法参照单豪杰(2008),利用永续盘存法进行资本

---

① 将样本考察期设定为 2006～2018 年,主要基于以下考虑:一是在《国民经济和社会发展第十一个五年规划纲要》中,党和国家历史上第一次将"环境友好型社会"载入经济社会发展文件,这是生态文明建设执政理念的一大突破,为此,本章选择以 2006 年为研究起点;二是将 2018 年设定为样本期终点,既保证了所有投入产出数据均可完整获取,又最大可能地兼顾了本章的时效性、前沿性。

存量估测；以能源消费总量表征能源投入；以三次产业就业人员合计量表征劳动投入；期望产出的代理变量为地区实际生产总值，为消除价格因素影响，以 2006 年为基期进行消胀处理；以细颗粒物（$PM_{2.5}$）浓度表征大气污染；以 CO_2 排放总量表征碳排放水平。投入和期望产出数据来源于《中国统计年鉴》《中国能源统计年鉴》以及各省份统计年鉴，此外，$PM_{2.5}$ 浓度取自圣路易斯华盛顿大学大气成分分析团队公布的卫星监测数据，[1] CO_2 排放总量取自中国碳排放数据库（CEADs）。[2]

第三节　减污降碳与中国 3E 整体绩效

为全面把握减污降碳协同推进对中国 3E 绩效的影响，本部分基于 SBM – DDF 模型与卢恩伯格生产率指数的测算结果，[3] 从全国和区域两个层面展开分析，在减污降碳协同推进、单独减污、单独降碳、不考虑环境约束四种情形下，刻画了中国 3E 绩效的时序演变情况，[4] 并以党的十八大为时间节点，对中国 3E 绩效的阶段性变化进行重点考察。

一、减污降碳协同推进与中国 3E 绩效：全时期考察

本部分首先根据各省份绩效得分求得全国 3E 绩效的时间序列，以此展示减污降碳协同推进下国家层面 3E 绩效的时序演变特征，并进一步将研究视角延伸至区域层面，描述东部、中部、西部、东北四大地区的 3E 绩效水平。

减污降碳协同推进不仅不会对 3E 绩效造成负面影响，反而能够显著地提升 3E 绩效水平。图 5 – 2 报告了全国层面 3E 绩效的测度结果，

159

---

[1]　圣路易斯华盛顿大学大气成分分析小组网址：https：//sites. wustl. edu/acag/datasets/surface – pm2 –5/。

[2]　CEADs 网址：https：//www. ceads. net. cn/。

[3]　卢恩伯格生产率指数得到的结果为增长率形式，为便于表述，本章将其转化为指数形式的绩效，绩效指数大于 1 表示生产率增加，绩效指数小于 1 表示生产率下降，绩效指数等于 1 表示生产率不变。

[4]　严格意义上，当不考虑环境约束时，"3E 绩效"表示的是能源系统和经济系统的整体绩效。

左侧为四种情形下逐年的时序演变趋势，右侧为据此得到的3E绩效均值。样本考察期内，减污降碳协同推进下3E绩效最高，能够实现年均0.91%的增长，而放松环境约束会明显导致绩效下降，单独减污和单独降碳时绩效年均增长率分别为0.68%、0.91%，当完全不考虑环境约束时，甚至出现了整体绩效的负增长，年均下降0.91%。加入环境约束要远高于不考虑环境约束的整体绩效，这反映出自然生态的重大价值，体现了保护生态环境就是保护生产力，也再次印证了绿水青山就是金山银山理念的科学指导意义。因此，走高质量发展之路，必须坚持环境优先、生态优先，宁要绿水青山不要金山银山，宁可牺牲当下粗放的发展也要努力保护环境、改善生态，努力实现永续发展。此外，减污降碳协同推进的3E绩效水平要高于单独减污和单独降碳的3E绩效水平，这凸显了减污降碳协同推进行动的重大意义。大气污染和温室气体在化石能源燃烧方面具有高度的同根同源特征，二者的协同减排策略不仅能够有效地节约减排成本，还能够事半功倍地实现温室气体和大气污染物的多重减排目标。上述结论再次证明了生态环境的重要价值，证实了减污降碳协同推进行动的科学性、前瞻性，为新时期全力开展减污降碳协同推进工作提供了理论支撑，为进一步深入贯彻绿水青山就是金山银山理念提供了实践基础。

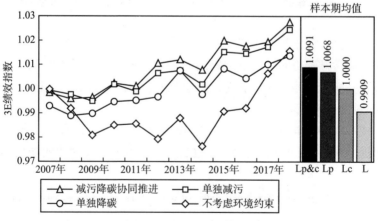

图5-2　中国3E绩效的时序变化与样本期均值

资料来源：笔者测算并绘制。

从时序演变特征来看，中国3E绩效整体呈现出不断上升的趋势，这与李华和董艳玲（2021）及刘华军等（2018）的研究结论相呼应，表明样本考察期内中国经济发展的整体质量和效益持续提升，不断向高质量发展迈进。同时，中国 3E 绩效呈现出明显的阶段性特征，可大致划分为绩效衰退期和绩效增长期两个阶段。不考虑环境约束时整体绩效衰退期最长，2007~2017 年每一年均为负增长，长达 10 年的持续下降导致 3E 绩效累积下降 13.09%，直到 2017 年才开始止降返升，此后两年 3E 绩效分别增长了 0.62% 和 1.56%。其他三种情形下可以统一划分为 2007~2011 年的绩效衰退期和 2012~2018 年的稳步增长期。2012 年以前，减污降碳协同推进、单独减污以及单独降碳下的 3E 绩效累积下降 0.57%、0.68%、3.84%，2012 年三者同时进入上升通道，3E 绩效逐年稳定增长，2018 年三种情形下 3E 绩效累积增长 2.74%、2.47% 和1.39%。3E 绩效的持续增长，体现出在新发展理念的指引下，中国经济、社会、生态取得全方位积极进展，表明中国的经济不断向更高质量、更有效率和更可持续的发展迈进。

减污降碳协同推进对 3E 绩效的影响在四大地区都表现为正向的促进作用，但是这种促进作用存在明显的空间分异特征。图 5-3 展示了不同情形下四大地区 3E 绩效的平均水平。

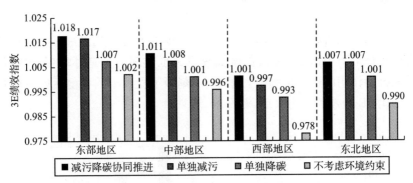

图 5-3　中国四大地区 3E 绩效

资料来源：笔者测算并绘制。

首先，四大地区均可总结出"减污降碳协同推进→单独减污→单独降碳→不考虑环境约束"3E 绩效依次递减的一般性特征，这说明，生态环境保护对 3E 绩效的推动作用在四大地区都有明显体现，这为减污降碳协同推进在全国范围的大力开展提供了事实证明。其次，从整体来看，东部地区在四种情形下的 3E 绩效均处于最高水平，其后为中部地区略高于东北地区，西部地区最低。这是因为东部地区不仅在经济发展水平上领先其他地区，其经济结构和产业结构的高效化、合理化、高级化进程也更快，此外东部地区在资本和高素质劳动力投入上具有明显优势，能够实现对资源、能源、资金和人力资本更为合理的配置，进一步将经济优势转换为能源结构调整和生态环境保护方面的优势。为此，东部发达地区应充分发挥自身发展优势，在经济社会发展全面绿色转型进程中肩负起排头兵责任，加快产业和能源结构调整步伐，借助技术创新优势，加速打造污染防治和碳减排双轮共驱新模式，实现碳排放率先达峰，为其他地区绿色低碳转型发挥示范引领作用。最后，也要认识到不同地区生态环境保护对3E绩效的推动作用存在差异。从减污降碳协同推进与不考虑环境约束绩效的差距来看，东部、中部、东北地区三者差距并不明显，位于1.5%~1.7%，而西部地区二者之差则高达2.3%。这表明西部地区虽然受到资源禀赋及区位因素的限制，整体绩效落后于其他地区，但在生态环境保护方面做出的努力为其实现高质量发展发挥了重要的作用。

二、减污降碳协同推进与中国3E绩效：阶段性考察

党的十八大以来，中国的生态文明建设取得了突出进展，不仅体现在四种情形下中国3E绩效的全面提升，也体现在生态环境保护对3E绩效推动作用的进一步增强。图5-4刻画了党的十八大前后四种情形下中国3E绩效的平均水平。

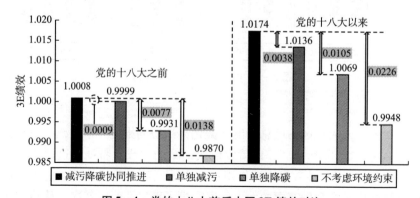

图5-4 党的十八大前后中国3E绩效对比

资料来源：笔者测算并绘制。

　　具体而言，党的十八大之前单独减污、单独降碳、不考虑环境约束时 3E 绩效均为负增长，仅减污降碳协同推进下的 3E 绩效实现了正增长。这表明，在党的十八大之前某段时期内，中国的生态环境保护工作并没有取得特别突出的进展，反而在某些方面存在明显短板，导致 3E 绩效下降。而党的十八大以来除不考虑环境约束时 3E 绩效增长为负，其他情形下均实现了正增长，减污降碳协同推进、单独减污、单独降碳以及不考虑环境约束下 3E 绩效分别比党的十八大之前高出 1.66%、1.37%、1.38% 和 0.78%。3E 绩效的全面提升，体现出党的十八大以来能源利用效率、环境保护效率以及经济发展质量方面的全面进步。此外，生态环境保护对 3E 绩效的提升作用在党的十八大前后也存在明显差异。党的十八大之前，减污降碳协同推进与不考虑环境约束的 3E 绩效相差 1.38%，与单独减污的绩效相差 0.09%，党的十八大以来，上述两种差距分别扩大为 2.26% 和 0.38%。考虑环境约束后 3E 绩效上升，反映了生态环境保护对 3E 绩效的推动作用。这体现出党的十八大以来中国在能源利用、环境保护、经济发展平衡发展和协同进步方面的出色表现，实现了建设资源节约型、环境友好型社会上的长足进步。特别是减污降碳协同推进与单独减污绩效差距的变化，展现出党的十八大以来中国在污染治理方面取得的历史性突出进展，在污染防治攻坚行动的持续开展下，真正实现了天更蓝、山更青、水更绿。

　　在区域层面，东部、中部、西部以及东北地区的 3E 绩效都实现了提升，而且表现出"绩效越低进步越快"的演进态势。以减污降碳协同推进下的 3E 绩效为例（见表 5-1），党的十八大之前绩效水平由高到低为东部、中部、东北和西部地区，而党的十八大以来它们的 3E 绩效分别上升 1.23%、1.87%、1.16% 和 2.09%，3E 绩效增幅由大到小依次为西部、中部、东部和东北地区。不同地区 3E 绩效的变化呈现出一定的收敛特征，这主要得益于区域协调发展战略的深入实施。党的十八大以来，中国的区域协调发展进入新的历史阶段，不再单纯强调经济发展水平的协调，而是充分考虑经济发展落后地区的资源禀赋和发展条件，深入挖掘地方发展潜力和发挥比较优势，同时将节约能源资源、生态环境保护放在突出位置，按照人口资源环境相均衡、经济社会生态效益相统一的原则，持续推进国土空间开发格局，推动区域协调发展向更

163

加均衡、更高层次、更高质量迈进。

表 5–1　　　　党的十八大前后四大地区 3E 绩效对比

地区	减污降碳		单独减污		单独降碳		不考虑环境约束		环保提升绩效		
	前	后	前	后	前	后	前	后	前	后	变化
东部	1.0115	1.0238	1.0107	1.0225	1.0033	1.0113	0.9998	1.0048	0.0117	0.019	+0.0073
中部	1.0012	1.0199	1.0011	1.0139	0.9938	1.0082	0.9920	1.0000	0.0092	0.0199	+0.0107
西部	0.9908	1.0117	0.9903	1.0047	0.9842	1.0010	0.9773	0.9788	0.0135	0.0329	+0.0194
东北	1.0009	1.0125	0.9973	1.0162	0.9900	1.0118	0.9706	1.0093	0.0303	0.0032	−0.0271

注:"前""后"分别代表党的十八大之前、党的十八大以来 3E 绩效;"环保提升绩效"表示减污降碳协同推进与不考虑环境约束时的绩效差值。

资料来源:笔者测算并绘制。

西部和东北地区是 3E 绩效水平提升最快的两个地区,然而,若从生态环境保护推动 3E 绩效提升的角度分析,党的十八大以来西部地区仍然表现出色,而东北地区则表现出生态环境保护拖累绩效迹象。对比西部地区减污降碳协同推进与不考虑环境约束时的绩效差距,二者的差距从 1.35% 增加至 3.29%,而东北地区二者的绩效差距从 3.03% 下降至 0.32%。对于西部地区,党的十八大提出"优先推进西部大开发"重大战略部署,把西部大开发放在区域发展总体战略的优先位置,此后西部地区开始注重实现开发和生态的动态平衡,通过持续推进退耕还林还草、重点流域水污染防治等重点工程,进一步增大生态转移支付力度,不断完善生态补偿机制,将绿水青山就是金山银山理念贯穿于发展的各个环节,实现了经济、社会和生态效益的同步提升。东北地区整体绩效上有所好转,四种情形下绩效提升幅度分别为 1.16%、1.18%、2.18% 和 3.88%,但由于地域、资源以及发展历史问题等,其接续产业发展、资源供需矛盾等问题仍然突出,并且人口、经济与资源和环境承载能力适应匹配程度相对较低,进而在某种层面体现出环境保护与绩效提升之间的失衡。对于西部和东北发展水平较为落后的地区,更应该认识到绿水青山所蕴含的巨大生态效益和经济效益,把生态保护好,将生态优势发挥出来,这将是它们实现高质量发展的重要途径。

第四节　减污降碳与 3E 子系统绩效

在 3E 系统框架下开展绩效考察，是从发展、协调、可持续角度探究中国经济发展质量和效益的重要范式，是探寻经济社会复杂系统综合优化路径的有效手段。能源、环境和经济子系统既是相互协调、有机统一的复杂整体，又有着各自的显著特性，存在特殊化问题，仅从系统整体视角并不足以全面认识中国的 3E 绩效。因此，有必要将研究深入至子系统层面，从相对独立的视角考察三大子系统的绩效水平，[①] 揭示党的十八大前后绩效对比情况，这对推动中国经济高质量发展具有重要的理论和实践意义。

一、全国层面 3E 子系统绩效的整体水平及阶段性特征

在全国层面上，3E 子系统之间的绩效协同提升有待加强。如图 5 - 5 所示，从绩效水平来看，能源系统和环境系统的整体绩效相对较高，经济系统相对较低；然而从不同情形下的绩效对比情况来看，能源系统具有明显区别于环境和经济系统的特征。

在环境和经济子系统中，"减污降碳协同推进→单独减污→单独降碳→不考虑环境约束"绩效依次递减的一般性结论仍然成立，统筹推进污染防治和碳减排行动要远高于单独开展污染防治和碳减排行动的绩效水平，特别是在经济子系统中，减污降碳协同推进比不考虑环境约束的绩效水平高出 1.22%，"抓环境就是抓经济"论断体现得淋漓尽致。然而在能源子系统中，不同情形下的绩效并无明显差异，甚至出现了不考虑环境约束的绩效水平要高于单独降碳的绩效水平。不同情形下的绩效变化，解释了三大子系统整体发展质量和效益对于不同环境控制措施的敏感程度。上述结论反映出中国能源利用与生态环境保护行动的协调程度仍然相对较低，以化石能源为主的能源结构不可持续性越发凸显。如

---

① 在本章中，若同时放松污染和碳排放约束，意味着测度过程完全不考虑生态环境保护对于绩效的影响，这等同于经济系统的绩效，因此本章不涉及同时放开两种约束的环境系统绩效。

何在推动能源革命过程中保持与经济增长、生态环境保护的动态平衡，是未来能源领域的一项重点工作。

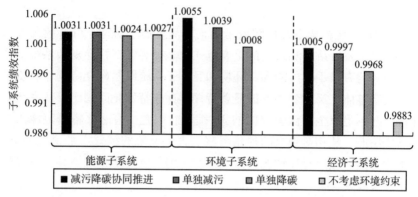

图5-5 2006~2018年中国能源、环境和经济子系统绩效
资料来源：笔者测算并绘制。

党的十八大以来，三大子系统绩效均实现了一定程度的提升，其中环境系统绩效的提升幅度最大。如图5-6所示，在环境系统中，减污降碳协同推进、单独减污、单独降碳三种情形下绩效的提升幅度分别为0.78%、0.47%和0.63%。环境系统的出色表现，展现了党的十八大以来中国生态文明建设取得的伟大成就。党的十八大以来，生态文明建设被纳入中国特色社会主义事业"五位一体"总体布局，生态文明体制

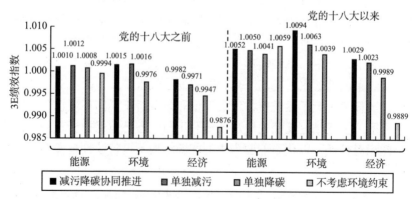

图5-6 党的十八大前后中国能源、环境和经济子系统绩效对比
资料来源：笔者测算并绘制。

改革全面深化，思想认识程度之深、环境治理力度之大、环境改善速度之快前所未有，而最为深刻的变革是思想观念的转变，也就是绿水青山就是金山银山理念对中国绿色发展之路的指引作用。在绿水青山就是金山银山理念的引领下，中国真正实现了生态效益向经济效益的转化，做到了经济社会发展与生态环境保护的协同共进，实现了经济效益、社会效益、环境效益的有机统一。

就能源系统而言，党的十八大以来其绩效水平大幅提升，但面临的挑战也最为严峻。党的十八大以来，在不考虑环境约束时，能源系统绩效的平均增长率为 0.59%，而减污降碳协同推进、单独减污、单独降碳下绩效的平均增长率分别为 0.52%、0.50% 和 0.41%。目前中国的能源消费还是以化石能源为主，化石能源燃烧不仅会造成大量的二氧化碳排放，也是 SO_2、氮氧化物等大气污染物的主要来源，如何缓解能源消耗造成的生态环境压力仍然是中国能源领域实现高质量发展亟须解决的重大现实问题。

二、区域层面 3E 子系统绩效的整体水平及阶段性特征

考察区域层面的 3E 子系统绩效，有助于帮助不同地区充分发挥比较优势、探寻差异化的绩效提升路径，为此，本章分别对四大地区的能源、环境和经济子系统绩效展开分析，结果如表 5 - 2 所示。在能源系统中，四大地区的整体绩效都实现了提升，其中东部地区能源系统绩效增长最快，其次为中部地区，东北地区和西部地区处于相对较低水平，这与李兰冰（2015）及关伟和许淑婷（2015）"中国的能源绩效呈现'东部→中部→东北→西部'依次递减"的结论相一致。东部地区经济实力雄厚，有着优越的技术创新和资本引进环境，这为其能源的高效利用及能源结构升级提供了强大的资金和技术保障；而西部以及东北地区在历史发展过程中扮演着工业制造和能源供应基地的角色，并且大多位于内陆和偏远地区，长期高投入、高排放的粗放发展模式致使这些地区经济发展以能源的大量投入为代价，进而导致能源系统绩效低于其他地区。从绩效的阶段性变化来看，四大地区能源系统绩效有了明显提升，以减污降碳协同推进的绩效为例，四大地区平均增长幅度分别为 0.27%、0.62%、0.43% 和 0.40%。党的十八大以来，中国始终坚持清

洁低碳导向，不断加快能源绿色低碳转型，持续推动能源供给和能源消费革命，实现了能源结构的持续改善和能源效率的不断提升。

表 5－2　　　　党的十八大前后四大地区 3E 子系统绩效对比

子系统	地区	全时期				十八大前				十八大后			
		污碳	污	碳	无	污碳	污	碳	无	污碳	污	碳	无
能源	东部	1.0043	1.0040	1.0030	1.0041	1.0029	1.0029	1.0016	1.0023	1.0056	1.0050	1.0044	1.0059
	中部	1.0039	1.0043	1.0024	1.0025	1.0008	1.0019	1.0004	0.9961	1.0070	1.0068	1.0043	1.0088
	西部	1.0017	1.0021	1.0018	1.0017	0.9996	0.9989	1.0001	0.9998	1.0039	1.0053	1.0035	1.0037
	东北	1.0028	1.0018	1.0029	1.0016	1.0008	1.0028	1.0008	0.9953	1.0048	1.0008	1.0050	1.0079
环境	东部	1.0092	1.0085	1.0024	—	1.0048	1.0052	0.9994	—	1.0136	1.0117	1.0054	
	中部	1.0060	1.0022	1.0003	—	1.0039	1.0008	0.9976	—	1.0081	1.0036	1.0031	—
	西部	1.0025	1.0018	0.9996	—	0.9976	0.9992	0.9959	—	1.0073	1.0043	1.0034	—
	东北	1.0031	1.0005	1.0006	—	1.0005	0.9997	0.9985	—	1.0056	1.0013	1.0026	—
经济	东部	1.0042	1.0041	1.0019	0.9982	1.0039	1.0025	1.0023	0.9975	1.0046	1.0057	1.0014	0.9989
	中部	1.0007	1.0010	0.9983	0.9935	0.9966	0.9984	0.9958	0.9958	1.0048	1.0036	1.0008	0.9912
	西部	0.9970	0.9937	0.9911	0.9763	0.9936	0.9922	0.9882	0.9775	1.0004	0.9952	0.9940	0.9751
	东北	1.0009	1.0045	0.9974	0.9883	0.9996	0.9949	0.9906	0.9753	1.0021	1.0141	1.0042	1.0014

注："污碳""污""碳""无"分别表示减污降碳协同推进、单独减污、单独降碳、不考虑环境约束的绩效指数。

资料来源：笔者测算并绘制。

在环境系统中，除西部地区单独降碳时出现了绩效下降，其他情形下四大地区均实现了绩效的正增长，体现出中国生态文明建设取得的巨大成就。从样本期平均水平来看，东部地区仍然是环境系统绩效最高的地区，其后为中部地区和东北地区，西部地区绩效水平最低，正如前面所述，东部地区技术创新能力较高，资源配置和管理模式先进，在环境治理方面也具有独特的技术和管理优势，而西部偏远地区本身自然条件较为复杂，生态脆弱性强，加之西部地区在资本投入和环境治理技术上存在明显劣势，其环境保护和治理成本相对较高，进而体现为环境系统绩效的劣势。党的十八大以来，三种情形下四大地区的环境系统绩效均实现了正增长，其中减污降碳协同推进时绩效上升最为明显，东部、中部、西部和东北地区分别上升 0.88%、0.42%、0.97%、0.51%。从环境约束对环境系统绩效的推动作用来看，党的十八大以来这种推动作用明显增强。对比减污降碳协同推进与单独减污时绩效差距的变动，党的十八大之前四大地区二者的差距分别为 -0.04%、0.31%、-0.16%、0.08%，而党的十八大以来差距扩大为 0.54%、0.63%、0.17%、0.20%。二者差距的扩张，体现了碳排放对于环境系统绩效的促进作用。党的十八大以来，中国为持续减排付出了艰苦卓绝的努力，实施了一系列诸如淘汰落后产能、推动产业升级、关停散乱污企业等绿色低碳发展措施，地方政府也将绿色低碳发展摆在重要位置，持续推动经济发展方式和能源利用方式转变。中国在绿色低碳转型方面的持续努力，为推动高质量发展提供了强劲动力。

经济系统绩效仍然呈现出东部最高、中部和东北地区次之、西部地区最低的空间分布特征。从党的十八大前后绩效水平变化来看，中部地区和西部地区绩效提升幅度较大，但若考虑不同情形下绩效水平的变化，中部和西部地区就成为表现最差的两个地区，它们减污降碳协同推进与单独减污绩效差距的变动分别为 0.92% 和 -2.36%。由此可以看出，生态环境保护的大力开展对 3E 整体绩效产生良好的推动作用，但单独从经济系统来看，则有可能给某些欠发达地区带来一定挑战，在经济资源投入相对匮乏的条件下，如何将资源用于生态环境保护，解决传统经济活动要素投入不足、资源管理低效等问题，是应重点关注的问题。

对四大地区能源、环境和经济子系统绩效展开比较分析，发现环境系统不仅绩效上升幅度最大，生态环境保护对绩效的推动作用也最为明显。从党的十八大前后绩效变化幅度来看，环境系统绩效的进步最大，以减污降碳协同推进下的绩效变化为例，四大地区环境系统绩效分别提升 0.88%、0.42%、0.97% 和 0.51%，能源系统绩效分别提升 0.27%、0.62%、0.43% 和 0.40%，经济系统绩效分别提升 0.07%、0.82%、0.68% 和 0.25%。从生态环境保护对于绩效的推动作用来看，加入环境约束特别是污染和碳排放双重约束后，能源、环境和经济子系统中四大地区基本都实现绩效的跃升，其中同样是环境系统绩效上升最为显著。党的十八大以来，中国经济社会发展的巨轮不断向着高质量发展前进，在经济发展、能源利用、资源节约、生态环境保护等方面都有了历史性突破。其中，生态文明方面的成就最令世人瞩目，体制机制的不断完善、生态环境的明显转变、生态安全屏障的不断优化，一系列生态文明建设的新突破为推动高质量发展提供了强劲动力。

第五节 结论与启示

本章旨在立足新的时代背景，提出减污降碳协同推进下 3E 绩效评价思路，定量考察了减污降碳协同推进对中国 3E 系统及子系统绩效的影响，从绩效视角生动立体地展示了中国生态文明建设所取得的伟大成就。研究结果表明：

减污降碳协同推进能够显著提升中国 3E 系统及子系统的绩效水平，中国已经进入了减污降碳协同增效的新阶段。具体表现在：在全国层面，减污降碳协同推进推动中国 3E 系统整体绩效实现年均 0.91% 的增长；党的十八大以来，减污降碳协同推进对 3E 绩效的提升作用更加明显，3E 系统整体绩效的年均增长率提高到 1.74% 。在地区层面，减污降碳协同推进对于不同地区 3E 绩效的提升也均具有促进作用，东、中、西和东北四大地区 3E 绩效的年均增长率分别达到 2.38% 、1.99% 、1.17% 、1.25% 。最后，在 3E 子系统层面，减污降碳协同推进对能源、环境和经济 3 个子系统绩效的提升均具有促进作用，减污降碳协同推进下能源、环境和经济三大系统绩效的年均增长率分别为 0.52% 、0.94% 、0.29% 。

减污降碳协同推进对于 3E 整体绩效和子系统绩效的提升均具有明显的推动作用，但仍面临着严峻挑战。一方面，减污降碳所产生的绩效推动作用具有明显的空间分异特征，从整体绩效水平上看，东部地区绩效最高，其次为中部和东北地区，西部地区最低，但从生态保护对绩效的促进作用来看，西部地区要明显强于其他三个地区，如何发挥西部地区的生态环境优势是亟待解决的重大现实问题；另一方面，能源、环境和经济子系统之间的绩效协同提升有待加强。能源系统绩效水平虽然较高，但考虑环境因素时绩效提升幅度相对较小。而环境和经济系统虽然绩效水平较低，但环境因素的纳入能够明显提升绩效水平。此外，相比党的十八大之前，党的十八以来减污降碳协同推进对绩效的促进作用在环境和经济系统中更加明显，绿水青山就是金山银山理念在环境和经济系统中体现得淋漓尽致。

减污降碳协同推进行动具有鲜明的时代特征，这是立足新发展阶段、贯彻新发展理念、构建新发展格局、推动经济高质量发展的必然要求和重大实践举措。站在"向着第二个百年奋斗目标奋进"的新的历史坐标上，我们应深入贯彻绿水青山就是金山银山理念，深刻理解减污降碳协同增效的理论逻辑，持续推动全社会凝聚共识、探索生态效益和经济效益协调统一的新道路，以绿水青山就是金山银山理念引领高质量发展。

第一，深入贯彻绿水青山就是金山银山理念，扎实开展减污降碳协同推进行动。对于中国的经济发展实践而言，绿水青山就是金山银山理念具有真理性的政策指导意义，要加强绿水青山就是金山银山理念在全社会范围的宣介力度，增强民众对减污降碳协同推进行动的认同感和使命感，例如可以通过培训、教育和宣传等方式增进社会大众对生态环境保护经济价值和社会价值的认知程度，还可以有效利用市场力量，通过引导社会大众对生态服务和产品的需求，营造对生态友好型相关产品和服务的市场氛围和市场条件，推动基层民众深入贯彻绿水青山就是金山银山理念。与此同时，政府官员和商界人士要深入学习绿水青山就是金山银山理念的价值意蕴与实践指向，上级部门要定期开展培训和集体学习，持续深化基层行政人员和商界人士对于绿水青山就是金山银山理念的理解。此外，还要推动基层管理部门和相关企业自觉谋划以"生态优先、绿色发展"为导向的高质量发展新路子，将实现减污降碳协同增效作为促进经济社会发展全面绿色转型的总抓手，大力扶持环保型技术和产品的研发和推广，特别是节能环保的新型技术，提高社会微观主体运用这些技术的能力，同时大力发展不依赖自然生态资源的产业，减少对自然生态资源的依赖，并通过生态修复的有序开展提升地区生态承载能力，使绿水青山持续发挥生态效益和经济社会效益。

第二，准确把握地区经济现实水平，充分发挥生态比较优势。持续推动东部沿海地区生态环境保护对绩效的助推作用，重视经济发展、科技创新与生态文明建设的互动耦合发展关系，努力实现以技术、理念、管理创新促进生态文明建设，以生态文明建设助推经济社会更高水平发展。对于北京、上海、浙江、广州等经济水平处于领先地位的地区，要增强资金的合理和高效化利用，严格控制产业规模，引导外资重点投入在生态友好、资源友好型生产技术上，降低污染排放和资源消耗；对于山东、福建、海南等仍存在较大经济发展潜力的地区，要加速推进产业结构转型和升级，积极引导资金流入技术密集型的高新技术产业、现代服务业以及先进制造业，改善过度依赖传统高资源密集型产业的局面，同时，还应加快发展现代海洋服务业、海洋科教创新等新兴项目的开展，持续降低经济发展造成的生态代价。进一步发挥中部、西部地区将生态效益转化为经济效益的能力，依托自身生态和资源优势，将生态环境保护作为推动高质量发展的新动能。例如，以祁连山、三江源等为代表的重要生态功能区要依托现有资源环境承载能力，大力开展清洁生产和循环经济，因地制宜发展环境友好型的富民产业和特色产业，形成以产业生态化和生态产业化为核心的绿色经济体系，将资源和生态优势转换为发展优势。以青海柴达木、陕西榆林等矿产、能源资源丰富的地区，要紧紧围绕"碳达峰、碳中和"目标的如期实现，加速探索低碳发展转型路径，持续推进经济绿色化进程，还要积极引进东部发达地区的先进技术、先进理念，承接绿色环保的产业和企业转移，推进能源资源一体化高效使用，构建高效可持续的能源资源利用体系。

第三，协同提升3E子系统绩效，重点提升能源系统的绩效。一方面要立足"碳达峰、碳中和"目标如期实现，持续调整能源发展政策，一是要聚焦产能、用能、储能三大环节，加快关键核心技术攻关，在产能环节上，持续推动传统煤电技术改造升级，推进新能源和可再生能源技术攻关；在用能环节上，大力引进低碳用能新技术、新工艺，着力推动高耗能产业减碳技术革新；在储能环节上，大力发展电化学储能技术和氢能储运技术。二是从供需两侧发力，加快传统能源替代进程，加速推进能源结构优化调整，从能源供给侧推进能源生产清洁替代，因地制宜推进光伏、风电等可再生能源发展以及高压输电工程建设，从能源需求侧拉动能源消费电能替代，通过在工业、农业、建筑业等领域加快推广以电代煤，同时加强引导全社会科学用电、节约用电。三是加快发展绿色金融，以市场化手段促进能源低碳发展，要探索建立碳账户，加强碳金融创新发展，同时要丰富绿色信贷产品，扩大绿色信贷规模，还可以鼓励发展型绿色金融，以满足低碳企业多元化的融资需求。另一方面要着重提升能源、环境和经济子系统之间的协调性和系统性，一是从发展理念上加强对能源—环境—经济协调发展战略的认识，特别是对于中部和东北部仍处于"环境困境"的欠发达地区，要将绿色发展理念深入融会到经济发展战略和规划当中，立足能源、经济、环境多系统耦合协调理念，以资源节约和生态保护为引导，反哺经济的发展，不断提升发展质量。二是加快构建现代化产业体系，培育经济发展新动能，特别是对于经济发展动能不足且绩效水平低的地区，如山西、黑龙江、内蒙古等地区，要持续推进工业经济结构，推进产业深度融合，发挥自身比较优势，结合自身发展特性推进战略性新型产业布局，要改善地区投融资环境，大幅提高有效投资的活力，以绿色消费、高端消费激发经济活力，同时要加快新旧动能转换，促进新兴业态的发展，强化创新驱动引领经济发展。

参考文献

［1］陈诗一：《中国的绿色工业革命：基于环境全要素生产率视角的解释（1980—2008）》，载《经济研究》2010 年第 11 期。

［2］关伟、许淑婷：《中国能源生态效率的空间格局与空间效应》，载《地理学报》2015 年第 6 期。

［3］黄清煌、高明：《环境规制对经济增长的数量和质量效应——基于联立方程的检验》，载《经济学家》2016 年第 4 期。

［4］黄庆华、胡江峰、陈习定：《环境规制与绿色全要素生产率：两难还是双赢?》，载《中国人口·资源与环境》2018 年第 11 期。

［5］金刚、沈坤荣：《以邻为壑还是以邻为伴？——环境规制执行互动与城市生产率增长》，载《管理世界》2018 年第 12 期。

［6］兰天阳：《实证研究我国能源经济环境系统的协调性》，载《中国管理信息化》2016 年第 24 期。

［7］李华、董艳玲：《中国经济高质量发展水平及差异探源——基于包容性绿色全要素生产率视角的考察》，载《财经研究》2021 年第 8 期。

［8］李兰冰：《中国能源绩效的动态演化、地区差距与成因识别——基于一种新型全要素能源生产率变动指标》，载《管理世界》2015 年第 11 期。

［9］刘华军、李超、彭莹等：《中国绿色全要素生产率增长的空间

不平衡及其成因解析》，载《财经理论与实践》2018 年第 5 期。

[10] 单豪杰：《中国资本存量 K 的再估算：1952～2006 年》，载《数量经济技术经济研究》2008 年第 10 期。

[11] 王兵、吴延瑞、颜鹏飞：《中国区域环境效率与环境全要素生产率增长》，载《经济研究》2010 年第 5 期。

[12] Chambers, R. G., Chung, Y., Färe, R., "Benefit and Distance Functions", *Journal of Economic Theory*, Vol. 70, No. 2, 1996, pp. 407 –419.

[13] Cooper, W. W., Seiford, L. M., Tone, K., "*Data Envelopment Analysis: A Comprehensive Text with Models Applications, References and DEA – Solver Software*", New York: Springer, 2007.

[14] Fukuyama, H., Weber, W. L., "A Directional Slacks – Based Measure of Technical Inefficiency", *Socio-Economic Planning Sciences*, Vol. 43, No. 4, 2009, pp. 274 –287.

[15] Meng, M., Qu, D. L., "Understanding the Green Energy Efficiencies of Provinces in China: A Super – SBM and GML Analysis", *Energy*, Vol. 239, 2021, pp. 1 –9.

[16] Oh D., "A Metafrontier Approach for Measuring an Environmentally Sensitive Productivity Growth Index", *Energy Economics*, Vol. 32, No. 1, 2010, pp. 146 –157.

[17] Watanabe, M., Tanaka, K., "Efficiency Analysis of Chinese Industry: A Directional Distance Function Approach", *Energy Policy*, Vol. 35, No. 12, 2007, pp. 6323 –6331.

[18] Xia, F., Xu, J., "Green Total Factor Productivity: A Re-Examination of Quality of Growth for Provinces in China", *China Economic Review*, Vol. 62, 2020, pp. 1 –30.

第六章　新时代中国绿色发展的实践历程与重大成就
——基于资源环境与经济协调性的考察*

本章简介：绿色是高质量发展的普遍形态。本章系统梳理了习近平总书记关于绿色发展的重要论述，总结了党的十八大以来中国绿色发展的实践历程，并采用数据包络分析框架，从资源环境与经济协调性视角对中国绿色发展水平进行定量评估，多维立体展示了新时代中国绿色发展取得的重大成就。研究发现：（1）进入新时代以来，中国资源环境与经济协调性不断增强，绿色发展水平持续提高。（2）中国四大区域板块的绿色发展水平实现了全面提升，绿色发展的区域协调性不断增强。在国家重大战略区域层面，粤港澳大湾区、京津冀地区充分引领中国绿色发展。（3）中国四大区域板块的绿色发展水平逐渐由低水平集聚向高水平发散演变；国家重大战略区域的绿色发展水平呈现出逐渐向高水平发散的分布特征；中国绿色发展的流动性逐步增强，向上转移的速度不断加快。此外，本章对"十四五"时期如何深入推进绿色发展提出了可行的对策建议。

第一节　引　　言

绿水青山就是金山银山。党的十九届六中全会审议通过的《中共中央关于党的百年奋斗重大成就和历史经验的决议》指出，保护生态环境就是保护生产力，改善生态环境就是发展生产力，决不以牺牲环境为代

＊　刘华军、邵明吉、孙东旭：《新时代中国绿色发展的实践历程与重大成就——基于资源环境与经济协调性的考察》，载《经济问题探索》2022年第9期。

价换取一时的经济增长①。党的十八大以来,伴随着中国经济由高速增长阶段转向高质量发展阶段的进程,以习近平同志为核心的党中央准确把握绿色发展的时代潮流,科学地摒弃了西方发达国家走过的"先污染后治理、以牺牲环境为代价换取经济增长"的老路,将绿色发展作为五大发展理念之一,大力推进生态文明建设,坚持绿色发展、循环发展、低碳发展,不断促进经济社会发展全面绿色转型。2020 年 9 月,习近平总书记在第七十五届联合国大会一般性辩论上宣布了中国的碳达峰、碳中和目标,即"二氧化碳排放力争于 2030 年前达到峰值,努力争取 2060 年前实现碳中和"②,充分体现了中国坚定不移走好绿色发展道路,推动全球实现可持续发展的大国担当。党的十八大以来,中国绿色发展取得了历史性成就,发生了历史性变革。本章从资源环境与经济协调性的视角出发,系统梳理习近平总书记关于绿色发展的重要论述,归纳总结新时代中国绿色发展的实践历程,真实立体地展示新时代中国绿色发展的重大成就,对于推进中国生态文明建设、促进经济社会发展全面绿色转型具有重要意义。

绿色是经济高质量发展的普遍形态,是生态文明建设的内在要求,也是实现永续发展的必要条件。党的十八大以来,习近平总书记立足新的历史方位和实践要求,深刻把握经济发展规律和大势,就绿色发展作出了一系列重要论述,提出了一系列新理念新思想新战略,成为习近平经济思想体系的重要组成部分。学界从不同视角对习近平总书记关于绿色发展重要论述的理论逻辑、历史逻辑和实践逻辑进行了阐释。例如,洪银兴等(2018)全面阐释了习近平新时代中国特色社会主义经济思想,深刻解读了创新、协调、绿色、开放、共享五大发展理念,探讨了绿色发展的人民性、科学性、世界性、时代性。何爱平等(2018)按照挖掘历史、把握当代、着眼未来的思路,从生产力和生产关系两个维度,深刻阐释了习近平总书记关于绿色发展的重要论述的理论创新。方文和杨勇兵(2018)从历史渊源、实践要求等多个层面,对绿色发展理念的形成发展、科学内涵、基本特征和时代价值进行了深入阐释。朱

---

① 资料来源:中国政府网,网址:http://www.gov.cn/xinwen/2021 – 11/16/content_5651269.htm。

② 资料来源:人民网,网址:http://cpc.people.com.cn/n1/2020/0923/c64094 – 31871240.html。

东波（2020）结合中国绿色发展的最新理论进展和实践成果，深刻诠释了绿色发展理念的思想基础、总体内涵、价值归旨，探讨总结了中国绿色发展的制度基础和实践路径。上述研究对于深入理解和准确把握习近平总书记关于绿色发展重要论述的理论精髓和核心要义具有重要的参考价值。

随着绿色发展理念的不断深入，基于经济增长与资源环境之间关系考察绿色发展问题逐渐成为学术界研究的热点，一些机构和学者从多个维度对中国绿色发展进行了量化分析，有助于直观认识新时代中国绿色发展取得的重大成就。其中，北京师范大学经济与资源管理研究院自2010年以来持续发布的《中国绿色发展指数报告》，从经济增长绿化度、资源环境承载潜力、政府政策支持度等三个方面测度了中国绿色发展指数，研究表明，中国绿色发展水平不断提高，经济发展水平、政府政策支持同绿色发展水平相关度较大，资源环境承载潜力对绿色发展水平的贡献较低。刘华军等（2018）在 DEA 框架下运用曼奎斯特生产率指数，从效率视角揭示了中国绿色发展的演变，研究发现，党的十八大以来，中国绿色发展水平呈现持续增长趋势，区域间协调程度不断提高，绿色发展取得积极进展。此外，部分学者即便没有直接考察中国绿色发展水平，但其构建的指标体系中涵盖了绿色发展指标，从侧面反映了新时代中国绿色发展的成就。例如，张侠和高文武（2020）、陈景华等（2020）、孙豪等（2020）基于创新、协调、绿色、开放、共享的新发展理念考察了中国高质量发展的时空格局，结果显示，进入新时代以来，中国经济高质量发展水平稳步提升，绿色发展是推动经济高质量发展的关键因素。这些研究对中国绿色发展水平的定量估计和评价提供了多维视角、丰富的证据和有益的启示。

在加快推进中国生态文明建设、经济高质量发展的新时期，本章聚焦新时代中国绿色发展这一主题，主要开展以下三个方面的工作：第一，系统梳理习近平总书记关于绿色发展作出的一系列重要论述，归纳新时代中国绿色发展的重大举措，总结新时代中国绿色发展的实践历程。第二，基于多投入多产出的绩效评价视角，构建考虑非期望产出的全局超效率 EBM 模型，对中国绿色发展水平进行科学测度，并遵循"让事实说话，让数据说话"的原则，通过描述统计、核密度估计、马尔科夫链等量化分析方法，从全国、四大区域板块及国家重大战略区域等多个层面，对新时代中国绿色发展的进程开展量化分析，用数据讲好绿色发展的中国故事。第三，基于中国绿色发展的实践历程和重大成就，本章对"十四五"时期深入推进绿色发展提供了可行的对策建议，为加快推动经济社会发展全面绿色转型提供决策参考。

第二节　新时代中国绿色发展的实践历程

进入新时代以来，习近平总书记就绿色发展作出了一系列重要论述（见图 6 - 1）成为习近平生态文明思想的重要组成部分。在习近平生态文明思想的指引下，中国始终坚持绿水青山就是金山银山理念，立足经济增长与资源环境协调发展，不断加强绿色发展的顶层设计，大力发展循环经济，加快推进低碳经济，积极倡导绿色消费，持续推动经济社会发展全面绿色转型，不断满足人民群众对美好生活的需要。

一、不断加强顶层设计，形成绿色发展战略规划体系

党的十八大以来，以习近平同志为核心的党中央高瞻远瞩、审时度势，对经济绿色发展进行了全局谋划和系统部署，加快形成了绿色发展战略规划体系。

2012 年 11 月召开的党的十八大把生态文明建设纳入中国特色社会主义事业"五位一体"总体布局，开启了中国生态文明建设的新时代。2015 年 4 月，中共中央、国务院出台《关于加快推进生态文明建设的意见》[①]，首次提出推进"绿色化"发展，并把绿色发展作为经济社会发展的基本途径，明确了建设美丽中国的实践路径。2015 年 10 月，党的十八届五中全会创新性提出五大发展理念，将绿色发展作为"十三五"乃至更长时期经济社会发展的一个重要理念，成为中国生态文明建设、社会主义现代化建设规律性认识的重要理论成果。党的十九大报告明确指出，推进绿色发展，加快建立绿色生产和消费的法律制度和政策导向，健全绿色低碳循环发展的经济体系，绿色发展有了全面而清晰的

---

① 资料来源：中国政府网，网址：http：//www.gov.cn/xinwen/2015 - 05/05/content_2857363.htm。

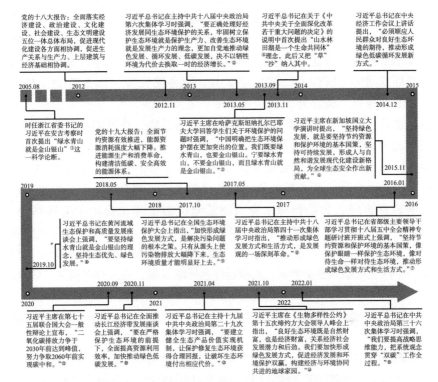

图6-1　习近平总书记关于绿色发展的重要论述

资料来源：笔者根据公开资料整理绘制。图中资料具体来源：①光明网，网址：https：//m.gmw.cn/baijia/2021-08/15/35081701.html。②共产党员网，网址：https：//news.12371.cn/2013/05/25/ARTI1369427307693841.shtml。③中国政府网，网址：http：//www.gov.cn/xinwen/2021-06/03/content_5615092.htm。④人民网，网址：http：//cpc.people.com.cn/xuexi/n/2015/0720/c397563-27331312.html。⑤共产党员网，网址：http：//news.12371.cn/2014/12/11/ARTI1418295777211338.shtml。⑥新华网，网址：http：//www.xinhuanet.com//politics/2015-11/07/c_1117071978_2.htm。⑦共产党员网，网址：https：//news.12371.cn/2016/01/18/VIDE1453117802712177.shtml。⑧中国政府网，网址：http：//www.gov.cn/xinwen/2017-05/27/content_5197606.htm。⑨学习强国网，网址：https：//www.xuexi.cn/822625c30f6179b77f8cf8b8d46e0f05/e43e220633a65f9b6d8b53712cba9caa.html。⑩中国政府网，网址：http：//www.gov.cn/xinwen/2019-10/15/content_5440023.htm。⑪中国政府网，网址：http：//www.gov.cn/xinwen/2020-09/22/content_5546169.htm。⑫中国政府网，网址：http：//www.gov.cn/xinwen/2020-11/15/content_5561711.htm。⑬中国政府网，网址：http：//www.gov.cn/xinwen/2021-05/01/content_5604364.htm。⑭中国政府网，网址：http：//www.gov.cn/xinwen/2021-10/12/content_5642048.htm。⑮中国政府网，网址：http：//www.gov.cn/xinwen/2022-01/25/content_5670359.htm。

"时间表"和"路线图"。2018 年 7 月,国务院印发《打赢蓝天保卫战三年行动计划》[1],明确到 2020 年的污染物排放和城市空气质量达标目标,突出防控 $PM_{2.5}$ 重点污染物、京津冀等重点区域、秋冬季重点时段以及钢铁等重点行业,要求强化区域联防联控。为加快建立健全绿色低碳循环发展的经济体系,2021 年 2 月,国务院发布《国务院关于加快建立健全绿色低碳循环发展经济体系的指导意见》[2],构筑了生产、流通、消费三个社会再生产的关键环节和基础设施、技术创新、法律制度三项关键支撑的体系建设,明确了 85 项重点任务和责任分工,标志着中国绿色发展制度体系由战术体系向战略体系的转型。2021 年 4 月,中共中央办公厅、国务院办公厅印发《关于建立健全生态产品价值实现机制的意见》[3],为践行绿水青山就是金山银山理念提供了关键路径。2021 年 11 月,中共中央、国务院印发《关于深入打好污染防治攻坚战的意见》[4],在总结拓展"十三五"污染防治攻坚战经验的基础上,根据"十四五"新任务新要求,对推进绿色低碳发展,深入打好蓝天、碧水、净土保卫战等方面作出具体部署。党的十九届五中全会审议通过《中华人民共和国国民经济和社会发展第十四个五年规划和 2035 年远景目标纲要》[5],设立了"推动绿色发展、促进人与自然和谐共生"专篇,从提升生态系统质量和稳定性、持续改善环境质量、加快发展方式绿色转型三个方面擘画了"十四五"时期以及 2035 年中国绿色发展的远景蓝图。

二、大力发展循环经济,突破资源禀赋约束

中国地域广阔,但资源并不丰富,人均资源更是与世界平均水平相差甚远。循环经济以资源的循环利用、高效利用为核心,以资源化、减

---

① 资料来源:中国政府网,网址:http://www.gov.cn/xinwen/2018 - 07/03/content_5303212.htm。

② 资料来源:中国政府网,网址:http://www.gov.cn/zhengce/content/2021 - 02/22/content_5588274.htm?gov。

③ 资料来源:中国政府网,网址:http://www.gov.cn/zhengce/2021 - 04/26/content_5602763.htm。

④ 资料来源:中国政府网,网址:http://www.gov.cn/zhengce/2021 - 11/07/content_5649656.htm。

⑤ 资料来源:中国政府网,网址:http://www.gov.cn/xinwen/2021 - 03/13/content_5592681.htm。

量化、再利用为原则，以低排放、低消耗、高效率为基本特征，是突破资源约束、实现绿色发展的重要方式。

2012年12月，国务院常务会议通过的《"十二五"循环经济发展规划》提出，到2015年资源产出率提高15%，要求构建循环型工业体系、循环型农业体系、循环型服务体系，完善税收、金融和收费等政策推进循环经济发展。2013年2月，国务院发布了中国循环经济领域的第一个国家级专项规划《循环经济发展战略及近期行动计划》[①]，明确了今后一个时期的循环经济发展任务，要求建立循环经济示范工程、循环经济示范城市、循环经济示范企业和示范园区。2015年4月，国家发改委印发的《2015年循环经济推进计划》[②] 提出，要把循环经济贯穿到国家实施的重大区域发展战略中，推动和引导再生资源回收模式创新。2017年4月，国家发改委发布《循环发展引领行动》[③]，明确要求初步形成绿色循环低碳产业体系，实现产业循环式组合、园区循环式改造、企业循环式生产。党的十八大以来，中国循环经济发展模式不断创新，重点领域积极推进，试点示范深入实施，与2015年相比，2020年中国单位GDP能源消耗继续大幅下降，单位GDP用水量降低28%、主要资源产出率提高了约26%。2021年7月，国家发改委印发《"十四五"循环经济发展规划》[④]，提出了到2025年中国循环经济的发展目标，制定了工业、社会生活、农业三大领域发展循环经济的主要任务，为"十四五"时期中国大力发展循环经济指明了方向。

三、加快经济低碳发展，促进经济绿色转型

坚持经济低碳发展，是加快推进绿色发展的内在要求，是推动转变经济发展方式、调整经济结构、推进新的产业革命的重大机遇，也是中

---

① 资料来源：中国政府网，网址：http://www.gov.cn/zhengce/content/2013 - 02/06/content_1631.htm。

② 资料来源：中国政府网，网址：http://www.gov.cn/xinwen/2015 - 04/20/content_2849620.htm。

③ 资料来源：中国政府网，网址：http://www.gov.cn/xinwen/2017 - 05/04/content_5190902.htm。

④ 资料来源：中国发改委，网址：https://iam - sso.ndrc.gov.cn/gbsso/oauth/single?client_id = fgwportal&redirect_url = aHR0cHM6Ly93d3cubmRyYy5nb3YuY24veHHnay96Y2ZL2dod2IvMjAyMTA3L3QyMDIxMDcwN18xMjg1NTI3Lmh0bWw = 。

国作为负责任大国的国际担当。党的十八大以来，中国全面落实《巴黎协定》，着力发展低碳经济，坚持实施碳达峰、碳中和目标战略，逐步实现新发展理念下的经济绿色转型。

第一，积极制定应对气候变化的战略规划。2013 年 11 月，国家发改委联合多部门发布《国家应对气候变化战略》①，明确了中国控制温室气体的战略目标、重点任务和保障措施。为加快实施《国家应对气候变化战略》，2014 年 9 月，国家发改委出台《国家应对气候变化规划（2014—2020 年）》②，从调整产业结构、优化能源结构、增加森林及生态系统碳汇、控制工业领域排放等 9 个方面提出了控制温室气体减排的重要举措，成为近年来中国统筹协调开展应对气候变化工作的行动指南。第二，大力开展节能减排工作。中国化石能源消费比例高、体量大，是温室气体排放的主要来源。进入新时代以来，中国不断淘汰落后产能，加快调整能源结构，减少煤炭消费、稳定油气供应、大幅增加清洁能源比重。截至 2019 年，中国非化石能源占一次能源消费比重达 15.3%，提前一年完成"十三五"规划目标任务，有效减少了温室气体和污染物排放。第三，不断完善碳排放权交易体系。自 2013 年深圳试点全国首个碳交易市场，到 2017 年底启动全国碳排放权交易体系，再到 2021 年，全国碳排放权交易系统正式上线交易，中国碳排放权交易体系基本建立。这是中国通过市场机制控制和减少温室气体排放、推动绿色低碳发展的重大实践创新。此外，为实现碳达峰、碳中和目标，完整、准确、全面贯彻新发展理念，2021 年 9 月，中共中央、国务院发布《关于完整准确全面贯彻新发展理念做好碳达峰碳中和工作的意见》③，随后国务院出台《2030 年前碳达峰行动方案》④，明确了中国减少温室气体排放的主要目标、工作原则、重要举措以及实施路径，形成了碳达峰、碳中和"1＋N"政策体系。

---

① 资料来源：中国政府网，网址：http://www.gov.cn/jrzg/2013 - 11/19/content_2529955.htm。

② 资料来源：中国国务院新闻办公室，网址：http://www.scio.gov.cn/xwfbh/xwbfbh/wqfbh/2015/20151119/xgzc33810/document/1455885/1455885.htm。

③ 资料来源：中国政府网，网址：http://www.gov.cn/zhengce/2021 - 10/24/content_5644613.htm。

④ 资料来源：中国政府网，网址：http://www.gov.cn/zhengce/content/2021 - 10/26/content_5644984.htm。

四、积极倡导绿色消费，推动形成绿色发展方式和生活方式

促进绿色消费既是弘扬社会主义核心价值观的重要体现，也是顺应消费升级趋势、推动供给侧改革、培育新的经济增长点的重要手段，更是缓解资源环境压力、推动绿色发展的现实需要。党的十八大以来，中国在绿色消费领域出台了一系列政策措施，逐渐推动形成了节约适度、绿色低碳、文明健康的绿色消费模式。

2016 年 3 月，国家发改委等十部门联合印发的《关于促进绿色消费的指导意见》① 提出，从培育绿色消费理念、引导居民践行绿色生活方式和消费模式、推进公共机构带头绿色消费、推动企业增加绿色产品和服务供给 5 个方面促进绿色消费，并要求健全绿色消费长效机制。2016 年 12 月，国务院办公厅发布《关于建立统一的绿色产品标准、认证、标识体系的意见》②，明确了健全绿色市场体系的重点任务和保障措施，严格规范了市场秩序，有效激发了绿色市场活力。2020 年 3 月，国家发改委、司法部出台《关于加快建立绿色生产和消费法规政策体系的意见》③，勾勒出中国绿色生产和消费法规政策体系的发展方向，强调运用市场与行政手段相结合的激励约束措施促进绿色生产和消费，并对重点领域、重点行业、重点环节提出了明确的政策举措及责任主体。2022 年 1 月，国家发改委等部门联合发布《促进绿色消费实施方案》④，系统设计了促进绿色消费的制度政策体系，包括全面促进重点领域消费绿色转型、建立健全绿色消费制度保障体系、强化绿色消费科技和服务支撑、完善绿色消费激励约束政策四大方面 22 项重点任务和政策措施。党的十八大以来，通过培育绿色消费理念、税收优惠、财政补贴等多种方式，积极引导、鼓励和规范企业、消费者、社会组织等多元主体广泛

183

---

① 资料来源：中国商务部网，网址：http：//www. mofcom. gov. cn/article/bh/201604/20160401305077. shtml。

② 资料来源：中国政府网，网址：http：//www. gov. cn/zhengce/content/2016 – 12/07/content_5144554. htm。

③ 资料来源：中国政府网，网址：http：//www. gov. cn/zhengce/zhengceku/2020 –03/19/content_5493065. htm。

④ 资料来源：人民政协网，网址：http：//www. rmzxb. com. cn/c/2022 – 07 – 04/3152871. shtml。

参与绿色消费，有效促进了供需对接，逐渐形成了多元协同的绿色消费方式。截至目前，中国新能源汽车保有量占全球新能源汽车保有量一半左右，成为中国绿色消费的行业典范。

第三节 研究方法与样本数据

一、概念界定

发展经济不能对资源和生态环境竭泽而渔，生态环境保护也不是舍弃经济发展而缘木求鱼。经济活动与资源环境的关系一直是世界关注的焦点。1987 年，联合国世界环境与发展委员会发布的《我们共同的未来》中，首次提及可持续发展问题。2005 年，联合国亚太经社会第五届环发部长会议，提出"绿色增长"概念，认为绿色增长是包含环境在内的经济可持续增长。随着人们环境保护意识的不断增强，绿色发展也不断赋予新的内涵。经合组织将绿色发展定义为：在确保自然资产持续提高人类社会所依赖的资源和环境的同时，促进经济增长和发展（OECD，2011）。世界银行认为绿色发展是在经济增长不放缓的前提下，实现生产过程高效、清洁和弹性化（World Bank，2012）。可见，虽然不同机构、组织对绿色发展的表述不尽相同，但本质都是实现资源环境与经济活动协调发展，"绿色"与"发展"和谐并进（李晓西等，2014）。

本章借鉴黄建欢等（2014）研究，采用绿色效率反映资源环境与经济的协调程度，衡量中国经济发展由高耗低效的传统模式向集约高效的绿色模式转变进程，主要基于以下两个方面的考虑：一是绿色发展效率可以反映出资源环境与经济增长协调的方向和程度。绿色发展效率遵循资源节约、环境友好、人与自然和谐共生等原则，与资源环境和经济协调相一致。当绿色发展效率越高，意味着资源环境与经济协调性越好；绿色发展效率越低，则表明资源环境与经济协调性越差。二是绿色发展效率能够体现资源环境与经济增长协调的内在联系。本章的绿色发展效率侧重于从投入产出角度反映资源环境与经济增长的协调，在测度投入产出效率时将整个资源环境与经济系统视为生产决策单元,以资源消耗为生产投入、经济产出为"期望产出"和环境污染物为"非期望产出",得到绿色发展水平的综合评价。

二、研究方法

本章的研究方法主要包括绿色发展水平测度、核密度以及马尔科夫链,其中核密度和马尔科夫链方法已经是较为成熟的量化分析工具,本章不作过多赘述,具体可参见刘华军等(2021),下面着重对绿色发展水平测度方法进行详细介绍。

为了确保绿色发展水平在城市之间具备跨期可比性,本章依据筒井(Tsutsui,2009)非期望产出的处理方式、参考托恩(Tone,2002)超效率模型的做法,结合帕斯托尔等(Pastor et al.,2005)提出的全局基准技术,构造了一个包括要素投入、期望产出和非期望产出的全局超效率 EBM 模型,测度中国绿色发展水平。同时,科埃利等(Coelli et al.,2005)指出,一个地区的资源要素禀赋是给定的,不能自行轻易改变全部要素投入,为此本章选择规模报酬不变(Constant Return – to – Scale,CRS)假设。具体而言,假设有 k(k = 1,…,K)个生产决策单元,每个生产决策单元投入 N 种生产要素 x_n(n = 1,…,N),生产 M 种期望产出 y_m(m = 1,…,M)和 Q 种非期望产出 b_q(q = 1,…,Q)。在 t(t = 1,…,T)时期,第 K(k = 1,…,K)个生产决策单元的要素投入、期望产出以及非期望产出表示为(x_k^t,y_k^t,b_k^t),即城市的绿色发展水平可表示为式(6.1):

$$P^G \left\{ \begin{array}{l} (x^t, y^t, b^t) \mid \sum_{t=1}^{T} \sum_{k=1}^{K} \lambda_k^t x_{kn}^t \leq x_{kn}^t ; \sum_{t=1}^{T} \sum_{k=1}^{K} \lambda_k^t y_{km}^t \geq y_{km}^t ; \\ \sum_{t=1}^{T} \sum_{k=1}^{K} \lambda_k^t b_{kq}^t \leq b_{kq}^t ; \lambda_k^t \geq 0 \end{array} \right\} \quad (6.1)$$

$$K^* = \min_{\theta, \eta, \lambda, s^-, s^+} \frac{\theta + \varepsilon_x \sum_{n=1}^{N} \frac{w_n^- s_n^-}{x_{no}}}{\eta - \varepsilon_y \sum_{m=1}^{M} \frac{w_m^+ s_m^+}{y_{mo}} + \varepsilon_z \sum_{q=1}^{Q} \frac{w_q^{b-} s_q^{b-}}{b_{qo}}}$$

185

$$\text{s. t.} \quad \sum_{t=1}^{T} \sum_{k=1(k \neq o, \text{if } t=\tau)}^{K} x_{no}^t \lambda_k^t - s_n^{-,\tau} \leqslant \theta x_{no}^\tau, \ n = 1, \cdots, N \quad (6.2)$$

$$\sum_{t=1}^{T} \sum_{k=1(k \neq o, \text{if } t=\tau)}^{K} y_{mo}^t \lambda_k^t + s_m^{+,\tau} \geqslant \eta y_{mo}^\tau, \ m = 1, \cdots, M$$

$$\sum_{t=1}^{T} \sum_{k=1(k \neq o, \text{if } t=\tau)}^{K} b_{qo}^t \lambda_k^t - s_q^{b-,\tau} \leqslant \eta b_{qo}^\tau, \ q = 1, \cdots, Q$$

$$\sum_{t=1}^{T} \sum_{k=1(k \neq o, \text{if } t=\tau)}^{K} \lambda_1^t + \lambda_2^t + \cdots + \lambda_k^t = 1$$

$$\lambda_k^t \geqslant 0, \ s^- \geqslant 0, \ s^+ \geqslant 0, \ s^{b-} \geqslant 0$$

其中，s_n^- 表示投入要素的非零松弛，即生产要素投入冗余变量，s_m^+ 表示产出要素的非零松弛，即合意产出不足变量，s_q^{b-} 表示非期望产出的非零松弛，即非合意产出冗余变量。

三、指标选取与数据来源

本章以中国 283 个地级及以上城市作为研究对象，时间跨度为 2012～2019 年。党的十八大以来，在四大区域板块发展总体战略基础上，中国相继实施了京津冀协同发展、长江经济带发展、粤港澳大湾区建设、长三角一体化发展、黄河流域生态保护和高质量发展等一系列国家重大区域发展战略，形成了以重大区域战略为引领、区域发展总体战略为支撑的国家区域发展战略新格局。本章分别从四大板块和五大国家重大战略区域考察新时代中国绿色发展的重大成就。四大板块分别为东部地区、中部地区、西部地区和东北地区。其中，东部地区包括北京、天津、河北、山东、江苏、浙江、上海、福建、广东、海南 10 个省市；中部地区包括山西、河南、安徽、江西、湖北、湖南 6 个省份；西部地区包括内蒙古、广西、重庆、四川、贵州、云南、陕西、甘肃、青海、宁夏、新疆 11 个省市；东北地区包括辽宁、吉林、黑龙江 3 个省份。五大重大国家战略区域分别为京津冀地区、长三角地区、长江经济带、黄河流域和粤港澳大湾区。其中，京津冀协同发展战略区域包括北京、天津、河北 3 个省市。长三角一体化发展战略区域包括上海、浙江、江苏、安徽 4 个省市。长江经济带发展战略区域包括上海、江苏、浙江、重庆、安徽、湖北、湖南、四川、江西、云南、贵州 11 个省市。黄河流域生态保护和高质量发展战略区域包括山东、山西、河南、陕西、青海、甘肃、宁夏、内蒙古8个省区。粤港澳大湾区战略区域包括广东、香港、澳门3个省区。由于数据限制，粤港澳大湾区研究对象主要为广东省。

在绿色发展水平测度方面，综合已有文献和数据可得性，本章选取的投入要素为资本、劳动、电力等。其中，资本存量采用张军等（2004）提供的方法进行测算，折旧率设为10.96%，城市固定资产投资利用其所在省份的固定资产投资价格指数，以2003年为基期进行平减处理；劳动投入为第二、第三产业从业人员总数；资源投入为全社会用电量。在期望产出方面，本章以2003年为基期的实际地区生产总值作为城市创造经济财富能力指标。在非期望产出方面，本章选取$PM_{2.5}$、工业废水、工业二氧化硫以及工业烟尘作为生产活动所产生的污染指标。本章基础数据主要来自《中国城市统计年鉴》和各省份统计公报，$PM_{2.5}$数据来自美国国家航空航天局（NASA）提供的卫星遥感数据，并通过国家基础地理信息中心提供的地理信息数据裁剪得到。

第四节　新时代中国绿色发展重大成就的量化分析

187

绿水青山就是金山银山，保护生态环境就是保护生产力、改善生态环境就是发展生产力。党的十八大以来，中国经济发展更加强调生态环境保护和资源可持续利用。本节基于2012～2019年中国城市绿色效率，采用统计描述、核密度以及马尔科夫链等分析方法，真实、立体地展示新时代中国绿色发展的重大成就。2015年，党的十八届五中全会将绿色发展作为五大发展理念之一，成为中国绿色发展的重要时间节点。本节根据这个时间节点，将样本考察期划分为2012～2015年和2016～2019年两个特征时期，从全国、四大区域板块和国家重大战略区域三个层面，考察中国绿色发展的整体特征。

一、新时代中国绿色发展的重大成就：基于全国层面的考察

党的十八大以来，中国绿色发展水平呈现出明显的上升趋势，不同

特征时期存在显著的差异（见图6-2）。具体来看，2012~2015年，中国绿色发展水平处于波动上升期，其中，2013年一度出现下降现象。究其原因，一方面2013年中国遭遇了大范围、高强度、多频次重污染天气；另一方面，中国存在明显的产能过剩问题，导致资源配置效率低下，严重影响了中国绿色发展水平。随后，中国发布了史上最为严厉的《大气污染防治行动计划》等一系列污染防治相关文件，持续加强生态环境保护力度，有效缓解了资源环境压力，使得资源环境与经济协调性不断加强，中国绿色发展水平由2013年的0.4418缓慢提升到2015年的0.4544。2015年，在党的十八届五中全会上，以习近平同志为核心的党中央提出包含绿色发展的新发展理念，并以此为指导推动经济发展方式发生了根本性改变（洪银兴等，2018），积极倡导绿色消费，大力发展绿色低碳循环经济，中国绿色发展水平进入快速提升阶段，由2016年的0.4824提高到2019年的0.5937，年均增长达到6.91%，明显高于2012年以来整体平均增长率（3.59%），标志着中国绿色发展迈上新台阶。

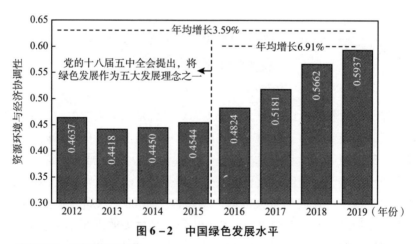

图6-2　中国绿色发展水平

资料来源：笔者测算并绘制。

二、新时代中国绿色发展的重大成就：基于四大区域板块的考察

　　绿色发展是中国经济社会发展的一项重大战略，是关系发展全局的一场深刻变革。持续推进中国经济社会全面绿色转型，不仅要着眼于资

源环境与经济协调发展，还要促进区域间协调发展。党的十八大以来，中国四大区域板块的绿色发展水平持续提高（见图 6 - 3），但也要看到不同区域间存在一定差异。

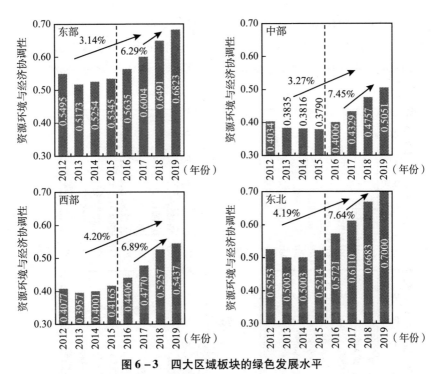

图 6 - 3　四大区域板块的绿色发展水平

资料来源：笔者测算并绘制。

从不同特征时期看，随着新发展理念的提出，在"十三五"时期中国四大区域板块的绿色发展水平均得到显著提高。特别是中部地区，在新发展理念的指导下，扭转了资源环境与经济协调性下降的局面，实现绿色发展水平显著提高。从不同区域看，东部地区和东北地区绿色发展水平要高于中部和西部地区。这可能是由于中部地区聚集了中国大多数资源型城市，同时西部地区承接了东部地区相对落后产业，导致中部和西部地区资源环境与经济协调性偏低。值得注意的是，2015 年以来，中部地区的资源环境与经济协调性年均增长 7.45%，明显高于东部和西部地区的 6.29% 和 6.89%，说明中国四大区域板块的绿色发展水平在全面提高的同时，区域协调性也在不断增强。

三、新时代中国绿色发展的重大成就：基于国家重大战略区域的考察

在中国现代化建设的新格局中，国家重大战略区域在率先实现经济快速增长的同时，还肩负着实现生态环境根本好转和绿色发展先行区的重要使命。如图 6－4 所示，党的十八大以来，五个国家重大战略区域

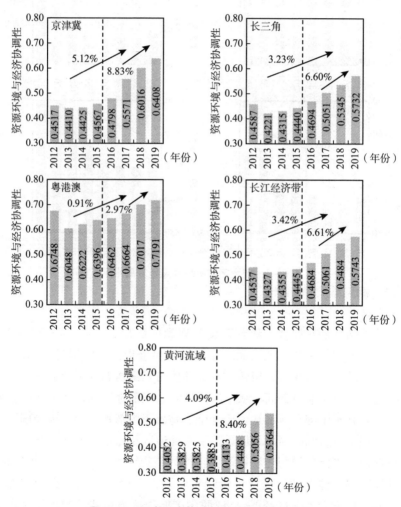

图 6－4　国家重大战略区域的绿色发展水平

资料来源：笔者测算并绘制。

的资源环境与经济协调性持续提高。从不同区域看，粤港澳大湾区的绿色发展水平最高，在五个国家重大战略区域中处于领先地位，京津冀、长三角地区和长江经济带次之，黄河流域的绿色发展水平最低。从增长速度看，样本考察期内，京津冀和黄河流域绿色发展水平的增长幅度较大，年均增长 5.12% 和 4.09%，长江经济带、长三角地区、粤港澳大湾区依次递减，分别为 3.42%、3.23%、0.91%。分特征时期看，国家重大战略区域的年均增长率在 2015 年之后明显增大，与全国绿色发展水平整体特征一致。综上可知，在国家重大战略区域中，粤港澳大湾区的资源环境与经济协调性显著高于全国平均水平，成为推进绿色发展的中国样板；京津冀绿色发展水平在"十三五"时期快速提高，充分发挥了引领带头作用；长三角地区、长江经济带和黄河流域处于全国平均水平，但随着《黄河流域生态保护和高质量发展规划纲要》《长江三角洲区域生态环境共同保护规划》等文件发布实施，资源环境与经济协调性显著提高。

第五节　新时代中国绿色发展的分布动态及其演进

本节基于 2012～2019 年中国绿色发展的核密度估计，从全国、四大区域板块和国家重大战略区域三个层面，刻画中国资源环境与经济协调性的分布形态和演变趋势，并通过马尔科夫链分析方法，揭示中国资源环境与经济协调性的等级跃迁情况，展示新时代中国绿色发展的重大成就。

一、新时代中国绿色发展的分布形态及其演变

（一）基于全国层面的考察

图 6-5 报告了 2012～2019 年中国绿色发展水平的分布形态及其演变趋势。可以看出，中国绿色发展具有以下特征：第一，从分布位置看，整体分布曲线中心及变化区间呈现出逐渐右移的趋势，其中，2013年出现小幅度左移之后持续右移，表明中国绿色发展水平不断提升，这

与前面分析相吻合。第二，从分布形态看，主峰高度逐渐降低、宽度逐渐增加，表明中国城市间绿色发展水平的绝对差异不断扩大。第三，从极化程度看，中国绿色发展的分布逐渐由单峰演变为双峰，而且随着时间推移，右侧峰的高度逐渐升高，宽度逐渐扩大，表明中国绿色发展两极分化程度不断加强，这主要是由于部分城市的资源环境与经济协调性提升速度明显高于其他城市造成的结果。第四，从延展性看，中国绿色发展存在右拖尾现象，这意味着中国少数城市绿色发展水平显著高于其他城市。总的来看，进入新时代以来，在习近平生态文明思想的指导下，中国深入贯彻新发展理念，绿色发展水平不断提升，尤其是在"十三五"时期出现了梯度效应，说明部分城市资源环境与经济协调性的提升速度明显高于全国平均水平，绿色发展走在了中国前列。

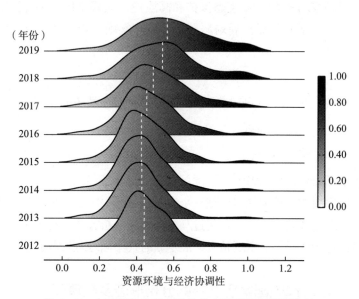

图 6 - 5　中国绿色发展水平的分布形态及其演变趋势

资料来源：笔者测算并绘制。

（二）基于四大区域板块的考察

图 6 - 6 刻画了 2012～2019 年中国四大区域板块绿色发展水平的分布形态及其演变趋势。从分布位置看，四大区域板块分布曲线中心和变化区间均逐渐向右移动，表明四大区域板块的绿色发展水平稳步提高。

其中，东部地区在 2013 年出现了较大幅度的左移，这主要是由于 2013 年东部地区出现了严重的雾霾天气，导致绿色效率下降。从分布形态看，四大区域板块分布曲线呈现出主峰高度逐渐降低、宽度逐渐变大的演变过程，说明四大区域板块绿色发展水平的绝对差异具有趋于扩大态势。从极化程度看，中部和西部地区始终维持单峰分布，东部和东北地区逐渐由单峰逐渐演变为双峰分布，说明中部和西部地区绿色发展水平的极化现象较弱，东部和东北地区呈现明显的极化趋势，特别是 2016 年以来，两极分化的现象不断加强，说明东部和东北地区部分城市资源环境与经济协调性的增强速度高于整体水平。从延展性看，东部和东北地区拖尾现象较弱，中部和西部地区拖尾现象较为明显，说明中部和西部地区内部少数绿色发展水平高的城市趋于强劲提升。综合来看，中部和西部地区的绿色发展水平逐渐由低水平集聚向高水平发散演变，东部和东北地区的绿色发展水平逐渐由低水平集聚向高水平双中心发散演变。

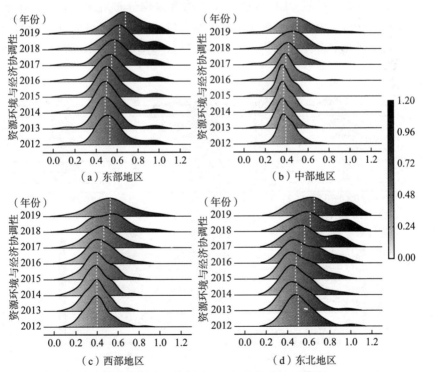

图 6-6　四大区域板块绿色发展水平的分布形态及其演变趋势

资料来源：笔者测算并绘制。

（三）基于国家重大战略区域的考察

图6-7描绘了2012～2019年国家重大战略区域绿色发展水平的分布形态及其演变趋势。从分布位置看，中国五个国家重大战略区域分布曲线中心和变化区间均表现出趋于右移的态势，意味着中国五个国家重大战略区域的绿色发展水平不断提升。从分布形态看，京津冀地区、长三角地区、长江经济带和黄河流域分布曲线具有主峰高度下降、宽度扩大的趋势，表明这四个国家重大战略区域绿色发展水平的绝对差异不断加大；粤港澳大湾区分布曲线的主峰高度先上升后下降、宽度先变窄后扩大，总体表现出主峰高度下降、宽度小幅扩大，意味着粤港澳大湾区绿色发展水平的绝对差异呈现出微弱扩大的态势。从极化现象看，京津冀、长三角地区、长江经济带和黄河流域始终维持单峰分布，说明京津冀地区、长三角地区、长江经济带和黄河流域的绿色发展水平不存在两极分化的现象；虽然2019年粤港澳大湾区双峰分布出现淡化，但主要呈现双峰分布，表明粤港澳大湾区的绿色发展水平两极分化现象较为突出。从延展性来看，京津冀、粤港澳大湾区拖尾现象并不明显，长三角

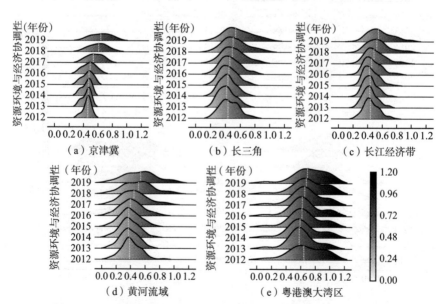

图6-7 国家重大战略区域绿色发展水平的分布形态及其演变趋势

资料来源：笔者测算并绘制。

地区、长江经济带和黄河流域的右拖尾经历了从收敛到拓宽的变化过程，总体趋于拓宽的趋势，表明这三个国家重大战略区域内部绿色发展水平较高城市和平均水平的差距存在一定程度的扩大。综上可知，国家重大战略区域的绿色发展水平呈现出逐渐向高水平发散的分布趋势。

二、新时代中国绿色发展的转移概率及演进趋势

与核密度估计方法相比，马尔科夫链分析方法既能体现中国绿色发展水平的转移方向，又能得到转移概率的大小，因此可与核密度估计方法相结合，进一步考察中国绿色发展的演变过程。本部分基于2012～2019年中国绿色发展水平，运用马尔科夫链分析方法，揭示党的十八大以来中国绿色发展的重大成就。

将中国城市绿色发展水平划分为低、中低、中高、高四个等级，从而得出2012～2019年时间跨度为1年、2年、3年中国绿色发展的马尔科夫转移概率矩阵，结果如图6-8所示。

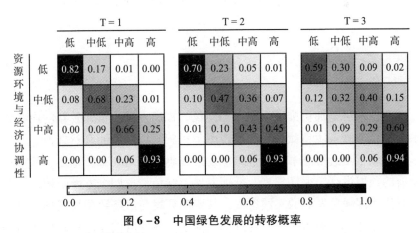

图6-8　中国绿色发展的转移概率

资料来源：笔者测算并绘制。

总的来看，中国绿色发展的演变具有以下特征：第一，中国绿色发展水平呈现出逐步向上转移的趋势。转移概率矩阵的上三角数据明显大于下三角数据，表明中高绿色发展逐渐向高水平转移。值得注意的是，当T=1、2、3时，下三角非对角线附近的概率基本为0；T=1、2时，

上三角非对角线附近的概率基本为0，而T=3时，上三角非对角线附近的概率显著不为0，这表明短期中，中国绿色发展水平不存在跨等级跃迁的可能，但长期来看，中国绿色发展水平将出现向上跨等级跃迁的情况。第二，中国绿色发展的流动性逐渐增强。当T为1时，对角线上的概率显著大于非对角线的数值，分别为0.82、0.68、0.66、0.93；随着时间的推移，除绿色发展为高水平外，对角线上的概率逐渐较小，到T为3时，对角线上的概率转变为0.59、0.32、0.29、0.94，特别是绿色发展水平为中低、中高的城市，向上一等级转变的概率明显大于保持等级不变的概率。第三，中国绿色发展向上转移的速度不断加快。对角线上方附近的概率逐渐由T=1的0.17、0.23、0.25增加到T=3的0.30、0.40、0.60，表明长期来看，中国绿色发展水平向上一等级转变的速度逐步加快，特别是绿色发展水平为中高的城市，向上转移的概率达到60%。

第六节　结论、启示与建议

一、研究结论

绿色发展是加快推进生态文明建设、提高发展质量和效益的内在要求，也是突破资源禀赋约束、实现中华民族永续发展的必然选择。本章系统梳理了习近平总书记关于绿色发展作出的一系列重要论述，从绿色发展的顶层设计、循环发展、低碳发展、绿色消费四个方面归纳总结了新时代中国绿色发展的实践历程；从资源环境与经济协调性视角定量评估了中国绿色发展水平，并通过统计描述、核密度估计、马尔科夫链等量化分析方法，从全国、四大区域板块以及国家重大战略区域等多个维度展示新时代中国绿色发展取得的重大成就。党的十八大以来，中国深入贯彻落实习近平生态文明思想，立足新发展阶段，坚持新发展理念，积极构建绿色发展战略规划体系，资源环境压力得到有效缓解，绿色发展方式和生活方式加快形成，资源环境与经济的协调性持续增强，中国绿色发展取得了显著成效，四大区域板块的绿色发展水平实现全面提高，绿色发展的区域协调性不断加强，粤港澳、京津冀国家重大战略区域充分发挥了引领示范作用。从核密度分析看，中国绿色发展水平具有明显的上升的趋势，中部和西部地区的绿色发展水平逐渐由低水平集聚向高水平发散转变，东部和东北地区逐渐由低水平单中心集聚向高水平双中心发散转变，国家重大战略区域的绿色发展水平呈现出逐渐向高水平发散的分布特征；从马尔科夫链结果看，中国绿色发展的流动性逐步增强，向上转移的速度不断加快。

二、经验启示

党的十八大以来，中国绿色发展取得了重大成就，回顾新时代中国绿色发展的实践历程，可以得出以下四点经验启示：

第一，始终坚持党的领导。中国绿色发展之所以能够取得如此瞩目的成就，最根本的一条就是始终坚持党的领导。纵观中国绿色发展的进程，党的坚强领导，是中国绿色发展不断推进的重要保障，是中国绿色发展能够不断深化的不竭动力，是成功推进中国绿色发展最为根本的原因。第二，始终坚持以人民为中心。中国推动实现绿色发展的根本目的是改善人民的生活环境、提高人民的生活质量。党的十八大以来，中国持续推进绿色发展，始终以人民为中心，坚持良好的生态环境是最普惠的民生福祉，不断满足人民日益增长的美好生活需要，真正做到了民之所望，施政所向。第三，始终坚持绿水青山就是金山银山理念。绿水青山就是金山银山的发展理念，深刻揭示了经济发展和生态环境保护的关系，指明了经济发展和环境保护协同共生的新路径。党的十八大以来，中国始终坚持绿水青山就是金山银山理念，大力发展循环经济、低碳经济，深入开展环境治理工作，资源环境与经济协调性不断增强，推动中国绿色发展迈上新台阶。第四，始终坚持市场化手段。市场化手段是中国绿色发展的内在动力。党的十八大以来，中国从供需两侧充分调动市场力量，积极引导和规范生产者、消费者、社会组织等多元主体积极参与到绿色发展之中，有效激活了绿色发展的市场潜力，持续推动形成绿色发展方式和生活方式。

三、对策建议

站在实现第二个百年奋斗目标的新起点，立足新时代新征程新使命，巩固拓展党的十八大以来中国绿色发展的重大成就，深入推进绿色发展，不断满足人民群众对美好生活的需要。本章结合中国绿色发展的实践历程和重大成就，提出如下建议：

第一，完善碳排放权交易市场。建立全国统一碳排放权交易市场是有效控制温室气体的重要制度创新，也是有效减少 $PM_{2.5}$ 等污染物排放、避免重污染天气的重要政策工具[①]。本章的实证结果表明，中国绿色发展水平不断提高，但空间不平衡问题仍然存在。建立完善的碳排放权交易市场既能推进中国绿色发展的进程，也能加强城市间绿色发展的协同。当前碳排放权交易市场主要覆盖电力行业，需要逐步扩大市场范围，丰富交易品种和交易方式，完善配额分配管理，并将碳汇交易纳入全国碳排放权交易市场体系中，不断完善碳排放权交易市场。

第二，着力发展绿色金融。绿色金融是以市场化方式促进绿色发展的重要途径，是推动中国经济社会发展全面绿色转型的强大内生动力。一方面，完善绿色金融标准体系。通过健全绿色经济活动、绿色属性认定等绿色分类标准，规范绿色金融业务，厘清绿色项目边界，明确绿色投融资方向，积极引导资金进入绿色发展领域。另一方面，创新绿色金融产品与服务，当前，中国绿色信贷在绿色金融产品中占据主要地位，但其他产品的规模仍然较小，可以通过创新环境权益抵质押贷款、绿色融资担保基金、绿色建筑保险等金融产品，增强绿色金融服务经济绿色发展的能力。

第三，加强绿色国际合作。2019 年 4 月 28 日，习近平总书记在世界园艺博览会开幕式上强调，"地球是全人类赖以生存的唯一家园，我们要像保护自己的眼睛一样保护生态环境，像对待生命一样对待生态环境，同筑生态文明之基，同走绿色发展之路"。[②] 首先，依托重点科研院所、企业探索建立国际绿色技术创新合作平台，建设中外合作绿色工

---

① 温室气体与大气污染具有同根同源同过程的特征，从源头上控制温室气体排放能够有效减少大气污染物排放。

② 《习近平谈治国理政（第三卷）》，外文出版社 2020 年版，第 374 页。

业园区，推动绿色技术创新成果在国内转化落地。其次，推进绿色"一带一路"建设，扩大绿色贸易，共建一批绿色工厂、绿色供应链，加快制定绿色产品标准和认证，并以此为契机，逐步建立绿色发展国际伙伴关系，进一步拓展双边、多边合作机制建设。

参考文献

［1］陈景华、陈姚、陈敏敏：《中国经济高质量发展水平、区域差异及分布动态演进》，载《数量经济技术经济研究》2020 年第 12 期。

［2］方文、杨勇兵：《习近平绿色发展思想探析》，载《社会主义研究》2018 年第 4 期。

［3］何爱平、李雪娇、邓金钱：《习近平新时代绿色发展的理论创新研究》，载《经济学家》2018 年第 6 期。

［4］洪银兴、刘伟、高培勇等：《"习近平新时代中国特色社会主义经济思想"笔谈》，载《中国社会科学》2018 年第 9 期。

［5］黄建欢、杨晓光、胡毅：《资源、环境和经济的协调度和不协调来源》，载《中国工业经济》2014 年第 7 期。

［6］李晓西、刘一萌、宋涛：《人类绿色发展指数的测算》，载《中国社会科学》2014 年第 6 期。

［7］刘华军、郭立祥、乔列成、石印：《中国物流业效率的时空格局及动态演进》，载《数量经济技术经济研究》2021 年第 5 期。

［8］刘华军、李超、彭莹：《中国绿色全要素生产率的地区差距及区域协同提升研究》，载《中国人口科学》2018 年第 4 期。

［9］孙豪、桂河清、杨冬：《中国省域经济高质量发展的测度与评价》，载《浙江社会科学》2020 年第 8 期。

［10］张军、吴桂英、张吉鹏：《中国省际物质资本存量估算：1952—2000》，载《经济研究》2004 年第 10 期。

［11］张侠、高文武：《经济高质量发展的测评与差异性分析》，载《经济问题探索》2020 年第 4 期。

［12］朱东波：《习近平绿色发展理念：思想基础、内涵体系与时代价值》，载《经济学家》2020 年第 3 期。

［13］Coelli, T. J., Rao, D. S. P., "Total Factor Productivity Growth in Agriculture: a Malmquist Index Analysis of 93 Countries, 1980 – 2000",

Agricultural Economics, Vol. 32, 2005, pp. 115 – 134.

[14] OECD, "*Towards Green Growth: Monitoring Progress*", Paris: OECD Publications, 2011.

[15] Pastor, J. T., Lovell, C. A., "Global Malmquist Productivity Index", *Economics Letters*, Vol. 88, No. 2, 2005, pp. 266 – 271.

[16] Tone K., "A Slacks – Based Measure of Super-Efficiency in Data Envelopment Analysis", *European Journal of Operational Research*, Vol. 143, 2002, pp. 32 – 41.

[17] Tsutsui, M., Tone, K., "An Epsilon – Based Measure of Efficiency in DEA", *European Journal of Operational Research*, Vol. 207, No. 3, 2009, pp. 1154 – 1563.

[18] World Bank, "*Inclusive Green Growth: the Pathway to Sustainable Development*, Washington", Washington: World Bank Publications, 2012.

第七章　新时代的中国农业绿色发展：历程、成就与展望

本章简介：推进农业绿色发展是农业发展观的一场深刻革命。党的十八大以来，在绿水青山就是金山银山理念指引下，中国农业绿色发展取得了历史性成就、发生了历史性变革。本章聚焦新时代的中国农业绿色发展，从时代背景、思想发展和战略举措3个方面系统梳理中国农业绿色发展的实践历程；遵循"让事实说话、让数据说话"的原则，构建包含资源节约保育、生态环境安全、绿色产品供给、生活富裕美好4个维度的农业绿色发展综合评价指标体系，从全国、区域和省际3个层面，对新时代中国农业绿色发展取得的重大成就进行多维立体全面的量化分析。研究发现：（1）进入新时代以来，中国农业绿色发展水平持续提高，农业资源集约节约利用水平不断提升，农业面源污染治理取得积极进展，优质绿色农产品供给能力明显增强，农村人居环境整治成效显著，为构建人与自然和谐共生的农业发展新格局提供了重要支撑。（2）在地区层面，四大经济区域的农业绿色发展水平存在增长趋同趋势，区域绿色农业发展协调性不断加强，三大粮食功能区的农业绿色发展水平实现全面提高。（3）随着农业绿色发展的持续推进，中国农业绿色发展高水平省份增多。相比于高水平省份稳定性较强，低水平省份存在明显的"跳跃转移"现象。最后，面对"十四五"时期"三农"工作的新目标新定位，中国应在巩固农业绿色发展重大成就的基础上，突出加强生态安全建设，推进农业清洁生产，强化科技创新应用，保障和改善农村民生，加快农业全面绿色转型升级。

第一节　引　言

推进农业绿色发展是农业发展观的一场深刻革命。党的十八大以来，党中央高度重视生态文明建设，坚定不移走生态优先绿色发展之路。绿色成为高质量发展的普遍形态，推进农业绿色发展是农业领域践行绿色发展理念的具体体现。2021年11月，党的十九届六中全会审议通过的《中共中央关于党的百年奋斗重大成就和历史经验的决议》（以下简称《决议》）强调指出，必须坚持绿水青山就是金山银山的理念，坚持山水林田湖草沙一体化保护和系统治理，像保护眼睛一样保护生态环境，像对待生命一样对待生态环境，更加自觉地推进绿色发展、循环发展、低碳发展，坚持走生产发展、生活富裕、生态良好的文明发展道路。这一要求也为转变农业发展方式，促进农业转型升级，全面推进农业绿色发展指明了行动方向，确立了基本遵循。《决议》同时也强调，党始终把解决好"三农"问题作为全党工作重中之重，实施乡村振兴战略，加快推进农业农村现代化，坚持藏粮于地、藏粮于技，实行最严格的耕地保护制度，推动种业科技自立自强、种源自主可控，确保把中国人的饭碗牢牢端在自己手中。作为新时代"三农"工作和生态保护工作的重要内容，中国为什么要推进农业绿色发展？中国推进农业绿色发展开展了哪些实践？这些实践取得了哪些重大成就？未来如何深入推进农业绿色发展？这些问题迫切需要进行全面总结和系统回答。在向着全面建成社会主义现代化强国的第二个百年奋斗目标迈进的重大历史关头，总结好新时代推进农业绿色发展的实践历程和重大成就，为实现农业高质量发展、全面推进乡村振兴、加快农业农村现代化提供坚实支撑，对于促进经济社会发展全面绿色转型、构建人与自然和谐共生的农业发展新格局具有重要借鉴价值。

绿色是农业永续发展的必要条件。党的十八大以来，习近平总书记坚持用大历史观来看待"三农"问题，准确把握当前农业发展形势深刻变化，就农业绿色发展作出一系列重要论述，成为习近平经济思想体系的重要组成部分。学界对习近平总书记关于农业绿色发展的重要论述进行了阐释。例如，于法稳（2016）分析了习近平总书记关于绿色发展重要论述的产生背景、科学内涵及重要意义，探讨了在绿色发展理念指导下，如何在发展理念、水土资源保护、生产行为规范以及生产技术生态风险评估等重点领域实现农业的绿色转型。罗必良（2017）结合党的十九大报告中坚持人与自然和谐共生的时代背景，从战略目标、战略重点与政策策略等方面，深刻阐释了绿色转型发展是新时代农业发展的战略选择。刘嘉敏和刘巍（2017）从提出背景和过程、基本内涵、当代价值三个层面，系统梳理了习近平总书记关于农业绿色发展的重要论述，总结提出了习近平总书记关于农业绿色发展的重要论述对于进一步深化马克思生态理论、推动农业可持续发展、建设社会主义生态文明具有重要的理论意义和实践意义。金书秦和韩冬梅（2019）针对农业现代化发展现状，指出科技创新是破解农业绿色发展难题的关键，未来农业要实现高质量的可持续增长，科技创新是核心动力。尹昌斌等（2021）指出农业绿色发展是习近平绿色发展理念在农业领域的具体体现，基于文献梳理的视角探讨了中国农业绿色发展的概念、内涵和原则，为未来农业绿色转型提供指导和借鉴。

　　随着绿色发展成为中国农业发展方式的战略选择，农业绿色发展这一问题受到社会和学界的普遍关注，一些研究机构和专家学者从不同维度对中国农业绿色发展进行了量化分析，有助于直观认识新时代中国农业绿色发展取得的重大成就。其中，中国农业科学院和中国农业绿色发展研究会于 2021 年 7 月联合发布的《中国农业绿色发展报告 2020》，从资源节约保育、生态环境安全、绿色产品供给、生活富裕美好四个方面测度了中国农业绿色发展指数，报告显示，进入新时代以来，中国农业绿色发展水平稳步提高，资源节约保育、生态环境安全、绿色产品供给和生活富裕美好四项指标都有明显提升。魏琦等（2018）构建了包含资源节约、环境友好、生态保育和质量高效四个维度的中国农业绿色发展指数，对中国农业绿色发展水平进行初步评估，结果显示，2012年以来中国农业绿色发展水平显著提高，资源利用效率明显提升，面源污染防治取得明显成效，质量效益得到极大提高。巩前文和李学敏（2020）从低碳生产、经济增收、安全供给三个维度构建了评价农业绿色发展水平的农业绿色发展指数，对中国农业绿色发展指数进行测度分析，结果表明，2012 以来中国农业绿色发展指数上升趋势生成，农业绿色发展形势向好。杨骞等（2019）、刘亦文等（2021）、李欠男等

203

（2022）等学者运用数据包络分析法（DEA），从全要素生产率视角对中国农业绿色发展水平进行测度，结果表明，党的十八大以来，中国绿色农业整体呈积极发展态势，未来仍需重视绿色农业的建设与发展，着眼于农业绿色全要素生产率的提升，实现资源、环境与农业经济增长的协调发展。

党的十八大以来，学界从明确科学内涵、评价总体水平、厘清发展重点、探索优化路径等方面对农业绿色发展进行积极探索，已有研究加深了对新时代农业绿色发展的理解，深化了对新时代农业绿色发展重大成就的直观认识。"十四五"时期是承前启后、继往开来的关键时间节点，中国的新发展阶段即将开启。鉴于此，本章聚焦新时代的中国农业绿色发展，系统开展以下三个方面的工作：首先，深刻阐释坚定不移推进农业绿色发展的时代背景，全面总结习近平总书记关于推进农业绿色发展的重要论述，系统梳理新时代推进农业绿色发展的战略举措。其次，遵循"让事实说话、让数据说话"的原则，构建包含资源节约保育、生态环境安全、绿色产品供给、生活富裕美好四个维度的农业绿色发展综合评价指标体系，从全国、区域和省际3个层面，综合运用 Kernel 密度函数、马尔科夫链等多样化量化分析工具，对新时代中国农业绿色发展取得的重大成就进行全景式展示。最后，立足当下，着眼未来，就如何深入推进农业绿色发展进行展望，为新时期继续推进农业绿色发展工作，科学谋划农业绿色发展目标任务，加快农业全面绿色转型升级提供决策参考。

第二节　新时代中国农业绿色发展的实践历程

一、推动农业绿色发展的时代背景

每一个时代都有自己的问题。从国际来看，环保、绿色、低碳已经成为全人类共同关注的话题。就农业领域而言，强调循环、低碳的农业绿色发展模式是全球实现农业可持续发展的重要途径。中国正处在农业绿色蓬勃发展的新时代。

　　务农重本，国之大纲。农业是安天下、稳民心的战略产业，是支撑整个国民经济发展和进步的基础，任何时候都不能动摇和削弱。新中国成立70年尤其是改革开放以来，农业发展取得了举世瞩目的历史性成就，为全球粮食安全、贫困治理和农业可持续发展做出了巨大贡献。中国创造了用不到全球9%的耕地养活了全球近20%人口的伟大奇迹。1949~2020年，全国粮食产量由2263.6亿斤跃升到13390亿斤，连续6年稳定在1.3万亿斤以上；人均粮食占有量由209公斤增至474公斤，远高于国际公认的400公斤安全线（见图7-1（a））。改革开放后，以家庭联产承包责任制为标志的农村改革全面铺开深化，为农业快速发展提供不竭动力（见图7-1（b））。农林牧渔业总产值由1978年的1397亿元逐年快速增长到2020年的137782.17亿元，年均名义增长率达11.55%。农林牧渔业各项构成产值保持年均10%以上的高速增长，创造了世界农业发展的奇迹。同时农村居民生活得到很大改善，实现了由贫困到全面小康的历史性跨越。1978年全国农村居民人均可支配收入仅为133.57元，2020年达到17131.47元，名义增长128.26倍，平均每年递增12.25%。同期农村居民人均消费支出由116.1元提高到13713.38元，名义增长118.12倍，平均每年递增12.03%，农民的获得感幸福感显著提升（见图7-1（c））。改革开放尤其是党的十八大以来，农村扶贫工作成效显著（见图7-1（d）），1978年农村贫困人口7.70亿人，大多数农村居民生活处于绝对贫困状态，2012年中国农村贫困人口数量减少到9899万人，到2020年底，中国现行标准下9899万农村贫困人口全部实现脱贫，创造了人类减贫史上的奇迹。

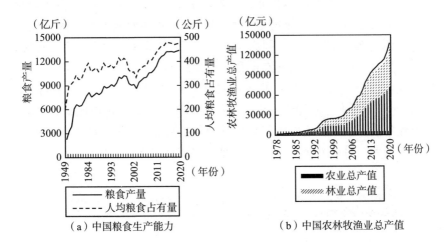

（a）中国粮食生产能力　　　　　（b）中国农林牧渔业总产值

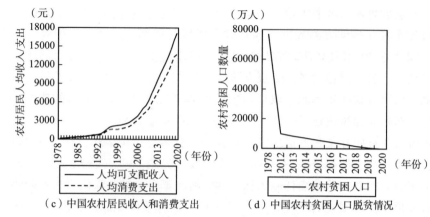

（c）中国农村居民收入和消费支出　　（d）中国农村贫困人口脱贫情况

图7-1　改革开放以来中国农业发展的基本事实

资料来源：笔者根据国家统计局相关数据整理绘制。图7-1（d）中，农村贫困人口数量摘编自《中国农村贫困监测报告2020》。

中国农业农村经济取得巨大成就的同时，也付出了资源趋紧、环境污染、生态破坏等巨大代价。长期以来，我们总是强调农业资源大国的优势，却掩盖了农业资源总量不足的事实。农业主要依靠资源消耗的粗放经营方式也没有发生根本改变，使得农业生产面临着资源稀缺和环境恶化的双重制约，农业可持续发展面临重大挑战。

第一，资源硬约束日益加剧，以粮食为主的农产品供给受到威胁。耕地、水资源是农业生产最基本的生态资源要素，而人多地少水缺是我国基本国情。一方面，中国耕地面积一波多折，增减曲线复杂（见图7-2（a））。1957～1995年，全国耕地年均净减少超过400万亩；1996～2008年，年均净减少超过700万亩；2012～2019年，年均净减少超过1000万亩。这一下降趋势反映在人均耕地面积上是，第一次全国土地调查为1.59亩、二调为1.52亩、三调为1.36亩。与此同时，耕地质量总体还不高、局部在退化。《2019年全国耕地质量等级情况公报》显示，全国耕地由高到低依次划分为10个质量等级，平均等级仅为4.76等。其中，一等到三等耕地仅占31%，中低产田占比2/3以上。以上现象说明中国耕地保护形势依然严峻，守住18亿亩耕地红线的压力越来越大。另一方面，根据水利部数据资料显示①，中国人均水资源

---

①　资料来源：中华人民共和国水利部官网：http：//www.mwr.gov.cn/ztpd/2011ztbd/rm-wzyslgzhy/mtyl/201107/t20110714_300652.html。

量不足世界人均水平的1/3，正常年份全国年缺水量达500多亿立方米，近2/3城市不同程度缺水。水资源供需矛盾突出成为可持续发展的主要瓶颈。而农业是用水大户，近年来农业用水占全国用水总量的比重居高不下，维持在60%以上（见图7-2（b）），农业用水效率不高，节水潜力巨大。缺水的同时，全国水生态环境问题十分突出，2009年全国废污水排放总量达到768亿吨，水功能区达标率仅为47.4%，北方部分地区的水资源开发利用率已超过100%，河湖湿地严重萎缩，地下水位持续下降①。从长期来看，中国水土资源越绷越紧，确保国家粮食安全和主要农产品有效供给与资源约束的矛盾日益尖锐。

第二，环境污染问题突出，确保农产品质量安全的任务更加艰巨。农业资源环境是农业生产的物质基础，也是农产品质量安全的源头保障。目前，中国农业资源环境遭受着外源性污染和内源性污染的双重压力，已成为制约农业健康发展的瓶颈约束。一方面，工业"三废"和城市生活等外源污染向农业农村扩散，农产品产地环境质量令人担忧。《全国土壤污染状况调查公报》显示，耕地土壤点位超标率为19.4%，其中，轻微、轻度、中度和重度污染点位比例分别为13.7%、2.8%、1.8%和1.1%。另一方面，农业内源性污染严重，化肥、农药等农业投入品过量使用，畜禽粪便、农作物秸秆和农田残膜等农业废弃物不合理处置，导致农业面源污染日益严重，加剧了土壤和水体污染风险。有关研究表明②，中国耕地面积不到世界耕地总面积的10%，但化肥施用量接近世界总量的1/3，而化肥综合利用率也只有30%左右，已成为农业面源污染的主要原因。数据显示（见图7-2（c）），从"八五"期间到"十二五"期间，化肥施用量增加了13674.69万吨（折纯量，下同），增长86.56%；农药使用量增加了451.22万吨，增长1倍之多。国际公认的化肥施用强度的安全上限为225公斤/公顷，根据相关统计数据对不同时期化肥施用强度进行计算，"九五"时期到"十二"时期中国化肥施用强度分别是安全上限的1.16倍、1.29倍、1.50倍、1.60倍。农业是高度依赖资源条件、直接影响自然环境的产业，农业环境污染加重的态势，长此以往将直接威胁到农业生产安全、农产品质量安全和生态环境安全。

---

① 资料来源：《2009年中国水资源公报》和2009年《中国环境状况公报》。

② 资料来源：《农村绿皮书：中国农村经济形势分析与预测（2015~2016）》，社会科学文献出版社2016年版。

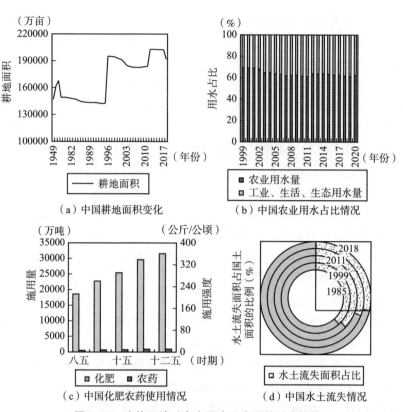

图 7-2　改革开放以来中国农业发展的重大挑战

资料来源：笔者根据国家统计局相关数据整理绘制。图 7-2（a）耕地面积数据来源于三次全国国土调查主要数据公报、自然资源部历年国土资源公报、国家统计局年报整理所得。图 7-2（d）水土流失面积数据来源于 1985 年、1999 年、2011 年、2018 年全国水土流失年度动态监测结果。

　　第三，生态系统退化明显，生态保育型农业发展面临诸多挑战。山水林田湖草沙是一个生命共同体，田园生态系统是整个生态系统的重要组成。当前中国存在严重的水土流失现象，四次全国水土流失年度动态监测结果显示，全国仍有超过 1/4 国土面积的水土流失面积（见图 7-2（d））。而且据 2005 年《中国国土资源报》预测，水土流失面积每年还在以 10000 平方千米的速度递增。同时受高强度、粗放式农业生产方式的影响，农田生态系统结构失衡、功能退化，农林、农牧复合生态系统破坏，水土流失治理难度越来越大。第七次全国森林资源清查结果显示，中国森林覆盖率 20.36%，只有世界平均水平的 2/3；人均森林面积 0.145 公顷，不足世界人均占有量的 1/4；人均森林蓄积

10.151 立方米，只有世界人均占有量的 1/7。全国乔木林生态功能指数
0.54，生态功能好的仅占 11.31%，生态脆弱状况没有根本扭转。
《2009 年全国草原检测报告》表明，与 20 世纪 80 年代相比，草原沙
化、盐渍化、石漠化依然严重。全国重点天然草原的牲畜超载率仍在
30% 以上，草原旱灾、火灾、雪灾等灾害严重，防灾减灾救灾能力不强。
全国现有森林、草原等生态状况不容乐观，进一步使得生物多样性遭受
到严重威胁。全国共有濒危或接近濒危的高等植物 4000 ~ 5000 种，占
全国拥有物种总数的 15% ~ 20%，高于世界 10% ~ 15% 的平均水平[1]。
在联合国《国际濒危物种贸易公约》列出的 640 个世界性濒危物种中，
中国的濒危物种就约占 25%，共 156 种，形势十分严峻。农业生产的区
域宏观生态系统遭到破坏，导致农田生态系统的稳定性下降，自我调节能
力减弱、防灾抗灾减灾能力低，将严重影响到农业可持续发展。

二、农业绿色发展的思想演进

绿色发展是现代农业建设的重大使命。党的十八大以来，习近平总
书记关于农业绿色发展作出一系列重要论述（见图 7 - 3），其真理性在
指导解决新时代农业发展的实际问题中得以验证和发展，为全国推进农
业绿色发展提供了基本遵循和行动指南。

（一）加快转变农业发展方式

节约资源是保护生态环境的根本之策。2012 年 11 月，党的十八大
报告提出："要节约集约利用资源，推动资源利用方式根本转变，加强
全过程节约管理，大幅降低能源、水、土地消耗强度，提高利用效率和
效益。"2013 年 12 月，习近平总书记在中央农村工作会议上提出："价
格'天花板'、成本'地板'挤压和补贴'黄线'、资源环境'红灯'
约束，很可能是今后一个时期农业发展面临的重要瓶颈。出路只有一
个，就是坚定不移加快转变农业发展方式。"[2] 2014 年 12 月，习近平总
书记在中央经济工作会议上指出："农业发展不仅要杜绝生态环境欠新

---

① 资料来源：2008 年 2 月国家林业局、国家环保总局、中国科学院联合发布的《中国
植物保护战略》。

② 《习近平关于社会主义经济建设论述摘编》，中央文献出版社 2017 年版，第 185 页。

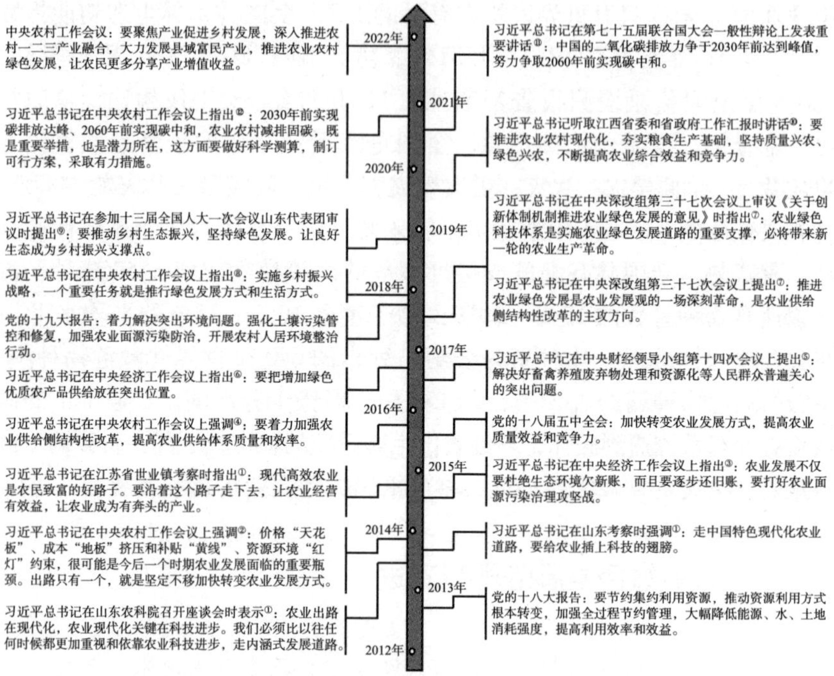

图7-3 习近平总书记关于农业绿色发展的重要论述

资料来源：笔者根据公开资料整理绘制。图中资料具体来源：①新华网网站：http：//www.xinhuanet.com/politics/2015-12/29/c_1117601781.htm?agt=906。②人民网网站：http://theory.people.com.cn/GB/n1/2017/0626/c412914-29361797.html。③新华社网站：https://baijiahao.baidu.com/s?id=1711630229807223819&wfr=spider&for=pc。④中国新闻网网址：https：//www.chinanews.com.cn/gn/2015/12-25/7688689.shtml。⑤央视网网站：http://news.cctv.com/2016/12/24/ARTI6xBGq8bHOJdJNSjhGlqW161224.shtml。⑥人民网网站：http://theory.people.com.cn/n1/2017/0206/c40531-29060617.html。⑦中国政府网网站：http://www.gov.cn/xinwen/2017-07/19/content_5211833.htm?gs_ws=tsina_636361575281298804。⑧新华社网站：https://baijiahao.baidu.com/s?id=1711630229807223819&wfr=spider&for=pc。⑨学习强国网站：https：//www.xuexi.cn/lgpage/detail/index.html?id=13730257457191014631。⑩新华社网站：https://baijiahao.baidu.com/s?id=16342230623233716309&wfr=spider&for=pc。⑪中国政府网站：http://www.gov.cn/xinwen/2020-09/22/content_5546169.htm。⑫新华社网站：https://baijiahao.baidu.com/s?id=1711630229807223819&wfr=spider&for=pc。

账，而且要逐步还旧账，要打好农业面源污染治理攻坚战。"① 其中转变农业发展方式是防治农业面源污染的根本出路。2015 年 10 月，党的十八届五中全会指出："加快转变农业发展方式，提高农业质量效益和

---

① 《习近平关于社会主义经济建设论述摘编》，中央文献出版社 2017 年版，第 186 页。

竞争力。"①

（二）加强农业供给侧结构性改革

新形势下，农业主要矛盾已经由总量不足转变为结构性矛盾，主要表现为阶段性的供过于求和供给不足并存。2015 年 12 月，习近平总书记在中央农村工作会议上首次提出："要着力加强农业供给侧结构性改革，提高农业供给体系质量和效率。""农业供给侧结构性改革"由此开创了现代农业发展新局面②。2016 年 12 月，习近平总书记在中央经济工作会议上指出："要把增加绿色优质农产品供给放在突出位置。"③ 2017 年 7 月，习近平总书记在中央深改组第三十七次会议上提出："推进农业绿色发展是农业发展观的一场深刻革命，是农业供给侧结构性改革的主攻方向。"④ 2019 年 5 月，习近平总书记听取江西省委和省政府工作汇报时讲话："要推进农业农村现代化，夯实粮食生产基础，坚持质量兴农、绿色兴农，不断提高农业综合效益和竞争力。"⑤

（三）强化农业绿色发展的科技支撑

提高农业质量效益竞争力，必然要求以科技创新作为强大引擎。党的十八大以来，"依靠科技进步，走中国特色现代化农业道路"成为习近平三农观的核心内容。2013 年 11 月，习近平总书记在山东农科院召开座谈会时表示："农业出路在现代化，农业现代化关键在科技进步。我们必须比以往任何时候都更加重视和依靠农业科技进步，走内涵式发展道路。"⑥ 2013 年 11 月，习近平总书记在山东考察时强调："走中国

---

① 国家发展和改革委员会：《"十三五"国家级专项规划汇编（下）》，人民出版社 2017 年版，第 514 页。

② 资料来源：中国新闻网，网址：http://www.ce.cn/xwzx/gnsz/szyw/201512/25/t20151225_7869042.shtml。

③ 资料来源：人民网，网址：http://theory.people.com.cn/n1/2017/0206/c40531 - 29060617.html。

④ 资料来源：中国政府网，网址：http://www.gov.cn/xinwen/2017 - 07/19/content_5211833.htm?gs_ws = tsina_636361575281298804。

⑤ 资料来源：新华网，网址：https://baijiahao.baidu.com/s?id = 163422306232337163 09&wfr = spider&for = pc。

⑥ 资料来源：新华网，网址：http://www.xinhuanet.com/politics/2015 - 12/29/c_1117601781.htm?agt = 906。

特色现代化农业道路，要给农业插上科技的翅膀。"① 2014 年 12 月，习近平总书记在江苏考察时强调："现代高效农业是农民致富的好路子。要沿着这个路子走下去，让农业经营有效益，让农业成为有奔头的产业。"② 2017 年 7 月，习近平总书记在中央深改组第三十七次会议上审议《关于创新体制机制推进农业绿色发展的意见》时指出："农业绿色科技体系是实施农业绿色发展道路的重要支撑，必将带来新一轮的农业生产革命。"③

（四）农业农村绿色发展引领乡村振兴

实施乡村振兴战略，绿色发展既是目标要求，也是实现手段。2016 年 12 月，习近平总书记在中央财经领导小组第十四次会议上提出："解决好畜禽养殖废弃物处理和资源化等人民群众普遍关心的突出问题。"④ 2017 年 10 月，党的十九大报告提出："着力解决突出环境问题。强化土壤污染管控和修复，加强农业面源污染防治，开展农村人居环境整治行动。" 2017 年 12 月，习近平总书记在中央农村工作会议上指出："实施乡村振兴战略，一个重要任务就是推行绿色发展方式和生活方式。"⑤ 2018 年 3 月，习近平总书记在参加十三届全国人大一次会议山东代表团审议时提出："要推动乡村生态振兴，坚持绿色发展，打造农民安居乐业的美丽家园，让良好生态成为乡村振兴支撑点。"⑥ 农业绿色发展助推脱贫攻坚和乡村振兴有效衔接。2021 年 12 月，中央农村工作会议提出："要聚焦产业促进乡村发展，深入推进农村一二三产业融合，大力发展县域富民产业，推进农业农村绿色发展，让农民更多分享产业增

---

① 资料来源：新华网，网址：http：//www. xinhuanet. com/politics/2015 – 12/29/c_1117601781. htm?agt = 906。

② 资料来源：新华网，网址：http：//www. xinhuanet. com/politics/2015 – 12/29/c_1117601781. htm?agt = 906。

③ 资料来源：中国政府网，网址：http：//www. gov. cn/xinwen/2017 – 07/19/content_5211833. htm?gs_ws = tsina_636361575281298804。

④ 资料来源：央视网，网址：http：//news. cctv. com/2016/12/24/ARTI6xBGq8bHOJdJNSjhGlqW161224. shtml。

⑤ 资料来源：新华网，网址：https：//baijiahao. baidu. com/s? id = 1711630229807223819&wfr = spider&for = pc。

⑥ 资料来源：学习强国网，网址：https：//www. xuexi. cn/lgpage/detail/index. html?id = 13730257457191014631。

值收益。"[1]

（五）农业减排固碳助力实现"双碳"目标

农业绿色发展与减排增汇具有高度一致性，既是推进生态文明建设的重要内容，也是助力碳达峰、碳中和的重要抓手。2020 年 9 月，习近平总书记在第七十五届联合国大会一般性辩论上发表重要讲话，提出"中国的二氧化碳排放力争于 2030 年前达到峰值，努力争取 2060 年前实现碳中和"。[2] 这要求我们用短于发达国家的时间完成深度减排。农业活动所产生的温室气体排放量较大，位于电热生产之后的第二大碳源，与此同时，农业生态系统兼具碳源和碳汇双重属性，使得农业减排增汇在气候变暖问题中发挥重要影响。因而推动农业绿色低碳发展，无论是从应对气候变化，还是从自身的可持续发展，或是从实现"双碳"目标来看都将发挥关键作用。2020 年 12 月，习近平总书记在中央农村工作会议上指出："2030 年前实现碳排放达峰、2060 年前实现碳中和，农业农村减排固碳，既是重要举措，也是潜力所在，这方面要做好科学测算，制订可行方案，采取有力措施。"[3] 旨在通过农业减排措施贡献碳达峰，通过农业增汇功能助力碳中和。

三、农业绿色发展的战略举措

党的十八大以来，以习近平同志为核心的党中央把农业绿色发展摆在生态文明建设全局的突出位置，推进农业发展全面绿色转型，开展了一系列根本性、开创性、长远性工作，农业绿色发展从认识到实践发生了历史性、转折性、全局性的变化。

（一）持续加强顶层设计，构建农业绿色发展的战略规划体系

党的十八大以来，党和国家以"绿水青山就是金山银山"发展理

---

　　[1]　资料来源：新华网，网址：http：//www.xinhuanet.com/house/20220303/232cb617430543d5a03e39d52971deec/c.html。

　　[2]　资料来源：中国政府网，网址：http：//www.gov.cn/xinwen/2020 - 09/22/content_5546169.htm。

　　[3]　资料来源：新华网，网址：https：//baijiahao.baidu.com/s? id = 1711630229807223819&wfr = spider&for = pc。

念为指引，突出农业绿色发展导向，聚焦农业经济增长与资源环境相协调，构建起新时代农业绿色发展战略规划体系。2015 年 5 月，农业部会同发展改革委等八部门联合颁布《全国农业可持续发展规划（2015—2030 年）》，围绕重点任务、区域布局、重大工程及保障措施等方面，对未来一个时期农业可持续发展做了整体的宏观设计。这是今后一个时期指导农业可持续发展的纲领性文件。2015 年 7 月，国务院办公厅印发《关于加快转变农业发展方式的意见》，这是国家层面首个系统部署转变农业发展方式工作的重要文件。2017 年 9 月，中共中央办公厅、国务院办公厅印发《关于创新体制机制推进农业绿色发展的意见》，首次提出把农业绿色发展摆在生态文明建设全局的突出位置，全面建立以绿色生态为导向的制度体系，全力构建人与自然和谐共生的农业发展新格局。这不仅是党中央出台的第一个关于农业绿色发展的文件，也是指导当前和今后一个时期农业绿色发展的纲领性文件。2018 年 9 月，中共中央、国务院印发《乡村振兴战略规划（2018—2022 年）》，乡村振兴的时间表也为农业绿色发展标记了 3 个关键时间节点，即农业农村绿色发展分三步走，助推脱贫攻坚与乡村振兴有效衔接。2021 年 10 月，中共中央、国务院印发《关于完整准确全面贯彻新发展理念做好碳达峰碳中和工作的意见》，与同期国务院印发的《2030 年前碳达峰行动方案》一起，共同构成贯穿碳达峰、碳中和两个阶段的顶层设计，成为推进农业绿色发展助力"双碳"目标的必然遵循。2021 年 8 月，农业农村部、国家发展改革委、科技部等六部门联合印发《"十四五"全国农业绿色发展规划》，为农业绿色发展举旗定向。这是全国首部农业绿色发展专项规划，不仅为推动农业向绿而行划定"硬杠杠"，也为"十四五"时期农业绿色发展工作作出系统部署和具体安排。新时代推进农业绿色发展的基础性制度框架基本确立，为实现农业高质量发展、农业农村现代化和实施乡村振兴奠定了坚实基础。伴随着农业绿色发展深入推进，战略规划体系日益完善，农业绿色发展各个领域实现历史性变革、系统性重塑、整体性重构。

（二）不断开展专项行动，多措并举高质量推进农业绿色发展

中国农业绿色发展仍处于起步阶段，资源投入仍处于高位，生态环境不欠新账、逐步还旧账的压力依然很大。党和国家坚持践行绿色发展

理念，加快转变农业发展方式，不断开展农业绿色高质高效行动。2012年11月，国务院办公厅出台《国家农业节水纲要（2012—2020年）》，这是农业节水的首个国家纲要，对保障国家粮食安全，促进现代农业发展，建设节水型社会将发挥重要作用。2015年2月，农业部出台《到2020年化肥使用量零增长行动方案》和《到2020年农药使用量零增长行动方案》，聚合力量，强化措施，全力推进化肥农药减量增效。2015年4月，农业部印发《关于打好农业面源污染防治攻坚战的实施意见》，提出"一控两减三基本"目标任务，正式打响农业面源污染治理攻坚战。2016年5月，国务院颁布《土壤污染防治行动计划》，被称为是史上最严厉的"土十条"，切实加强土壤污染防治工作，逐步改善土壤环境质量。2017年4月，农业部发布《关于实施农业绿色发展五大行动的通知》，要求开展畜禽粪污资源化利用行动、果菜茶有机肥替代化肥行动、东北地区秸秆处理行动、农膜回收行动和以长江为重点的水生生物保护行动等农业绿色发展五大行动，推行绿色生产方式，增强农业可持续发展能力。同年6月，国务院办公厅印发《关于加快推进畜禽养殖废弃物资源化利用的意见》，这是中国畜牧业发展史上第一个专门针对畜禽养殖废弃物处理和利用出台的指导性文件，对提升农业可持续发展能力具有深远的历史意义。随后农业部出台《畜禽粪污资源化利用行动方案（2017—2020年）》，深入开展畜禽粪污资源化利用行动，加快推进畜牧业绿色发展。2018年7月，农业农村部印发《农业绿色发展技术导则（2018—2030年）》，围绕提高农业质量效益竞争力，构建支撑农业绿色发展的技术体系。一批实用技术和典型模式初步形成，一系列投入减量、综合治理等长效机制逐步建立，农业转型绿色发展初见成效。为了如期实现碳达峰、碳中和目标，2021年10月，国务院新闻办公室发布《中国应对气候变化的政策与行动》白皮书，提出启动实施农业绿色发展五大行动，提升农业减排固碳能力。同年11月，农业农村部农业生态与资源保护总站发布农业农村减排固碳十大技术模式，以推动农业绿色发展和乡村生态振兴，提升农业农村应对全球气候变化能力。2022年1月，生态环境部联合农业农村部等部门印发《农业农村污染治理攻坚战行动方案（2021—2025年）》，强化源头减量、资源利用、减污降碳和生态修复，持续推进农村人居整治和农业面源污染防治。

（三）着力强化制度保障，建立多部门协同的支持与保障体系

党的十八大以来，各部门出台一系列适应绿色农业发展的政策保障措施，加快引导农业生产方式绿色化，逐渐形成了多部门协同的农业支撑保障体系。第一，农业补贴作为国家强农惠农政策的重要组成部分，2015 年 5 月，财政部、农业部印发《关于调整完善农业三项补贴政策的指导意见》，对农业的三项补贴进行了改革，将农作物良种补贴、种粮农民直接补贴和农资综合补贴合并为农业支持保护补贴。2016 年在全国范围内实施农业支持保护补贴，政策目标调整为支持耕地地力保护和粮食适度规模经营。这促进了支农政策由"黄箱"转为"绿箱"，拓展了支持农业发展和农民增收的政策空间。第二，农业金融作为解决农业经营主体融资难题、激发其内生活力的重要手段，2016 年 1 月，财政部、国家税务总局印发《关于中国农业发展银行涉农贷款营业税优惠政策的通知》。2020 年 7 月，中央农村工作领导小组办公室、农业农村部等七部门联合印发《关于扩大农业农村有效投资，加快补上"三农"领域突出短板的意见》。2021 年 5 月，中国人民银行、中央农村工作领导小组办公室等六部门联合发布《关于金融支持新型农业经营主体发展的意见》，切实做好新型农业经营主体金融服务工作。2022 年 4 月，农业农村部、国家乡村振兴局联合印发《社会资本投资农业农村指引（2022 年）》，鼓励社会资本投入农业农村绿色发展。第三，人力资源作为支撑农村产业发展的第一资源，2011 年 3 月，中共中央组织部、农业部等五部门联合印发《农村实用人才和农业科技人才队伍建设中长期规划（2010—2020 年）的通知》，为全国农业农村人才发展提供了遵循。与此同时，为配合落实人才队伍建设中长期规划，农业农村部自2012 年起制定印发本年度人才工作要点。2021 年 2 月，中共中央办公厅、国务院办公厅印发《关于加快推进乡村人才振兴的意见》，加快培养农业农村科技人才。第四，农业科技创新作为农业发展的第一推动力，2016 年以来，科技部主管的国家重点研发计划部署"农业面源和重金属污染农田综合防治与修复技术研发""化学肥料减施增效综合技术研发""粮食丰产增效科技创新"及"重大病虫害防控综合技术研发与示范""农业面源、重金属污染和绿色投入品研发""林业种质资源培育与提升""北方干旱半干旱与南方红黄壤等中低产田能力提升科技

创新""黑土地保护与利用科技创新"等重点专项。以瞄准农业绿色发展领域的重大、核心、关键科技问题，组织产学研优势力量协同攻关，提出整体解决方案。

第三节　指标体系、测算方法与数据说明

一、指标体系构建

建立科学合理的农业绿色发展指标体系是定量评价农业绿色发展水平、引导地方有序推进农业绿色发展的基础性工作。本章遵循指标选取的独立性、代表性、差异性、可操作性等原则（杜栋等，2008），借鉴《中国农业绿色发展报告2020》中的农业绿色发展评价指标体系、《"十四五"全国农业绿色发展规划》中的"十四五"农业绿色发展主要指标以及学术界有关农业绿色发展指标体系研究成果（赵会杰和于法稳，2019；魏素豪等，2020；许烜，2021），充分考虑农业绿色发展水平测度的实际情况，构建中国农业绿色发展综合评价指标体系。具体而言，中国农业绿色发展水平是目标层，共设立资源节约保育、生态环境安全、绿色产品供给和生活富裕美好4个一级指标（子系统），每个一级指标下分别设立二级指标，共涵盖19个二级指标（见表7-1）。

表7-1　　　　　　中国农业绿色发展综合评价指标体系

一级指标（权重）	二级指标（权重）	单位	类型	指标含义
资源节约保育（0.3026）	耕地保有率（0.0370）	%	+	确保耕地红线不突破
	节水灌溉面积比例（0.1644）	%	+	提高节水设施利用程度
	耕地复种指数（0.1712）	—	-	降低土地资源利用强度
	单位农业产值耗水量（0.0662）	m³/元	-	降低水资源利用强度
	森林覆盖率（0.3358）	%	+	提高生态保育度
	水土治理面积（0.2254）	千hm²	+	提高水土流失治理程度

续表

一级指标（权重）	二级指标（权重）	单位	类型	指标含义
生态环境安全（0.2176）	化肥施用强度（0.2885）	t/hm^2	−	降低化肥使用强度
	农药使用强度（0.1757）	t/hm^2	−	降低农药使用强度
	农膜使用强度（0.2025）	t/hm^2	−	降低农膜使用强度
	农业 COD 排放强度（0.1479）	g/m^3	−	降低农业面源污染物排放
	农业氨氮排放强度（0.1413）	g/m^3	−	降低农业面源污染物排放
	农作物成灾面积比例（0.0441）	%	−	反映农业抗风险能力
绿色产品供给（0.1980）	单位面积优质农产品数（0.1674）	个/万 hm^2	+	提升农产品品牌质量
	粮食单位产出量（0.6415）	t/hm^2	+	提高粮食生产能力
	食源性疾病暴发事件数（0.1911）	件	−	反映食品质量安全情况
生活富裕美好（0.2818）	农村居民人均可支配收入（0.2146）	元	+	保障农民生活质量
	土地产出率（0.3288）	元/hm^2	+	提高农业生产力水平
	劳动生产率（0.2375）	元/人	+	提高农业经济效益
	农村卫生厕所普及率（0.2192）	%	+	改善农民生活居住环境

资料来源：笔者整理绘制。

（一）资源节约保育

资源节约是农业绿色发展的基本特征，反映耕地、水资源等农业基本资源及其利用状况。生态保育是农业绿色发展的根本要求，反映农业生产的区域宏观生态条件。主要包括耕地保有率、耕地复种指数、节水灌溉面积比例、单位农业产值耗水量、森林覆盖率、水土治理面积6个具体指标。其中耕地保有率＝年末耕地面积/上年末耕地面积，耕地复种指数＝农作物播种面积/耕地面积，节水灌溉面积比例＝节水灌溉面积/灌溉面积，单位农业产值耗水量＝农业用水量/农业总产值。

（二）生态环境安全

环境友好是农业绿色发展的内在属性，反映农业在生产过程中相关生产物质的投入和使用情况，反映农业生产场地污染和低碳生产状况。主要包括化肥施用强度、农药使用强度、农膜使用强度、农业 COD 排放强度、农业氨氮排放强度、农作物成灾面积比例6个具体指标。其中化肥施用强度、农药使用强度、农膜使用强度均以其相应的农业生产物资使用量与农作物播种面积的比例来表示，农业COD排放强度、农业氨氮排放强度均以其相应的农业水污染物排放量与当年地表水总量的比例来表示，农作物成灾面积比例则以成灾面积占受灾面积的比例来表示。

（三）绿色产品供给

绿色产品是农业绿色发展的直接目标，兼顾农业生产的数量和质量，反映绿色优质安全农产品供给情况。主要包括单位面积绿色食品标志产品数量、粮食单位产出量、食源性疾病暴发事件数3个具体指标。其中单位面积优质农产品数量＝绿色食品标志产品数量/耕地面积，粮食单位产出量＝粮食总产量/粮食播种面积。

（四）生活富裕美好

经济增收是农业绿色发展的最终目的，反映农业生产的增收惠民情况。生活美好是农业绿色发展的基本目标，推动美丽宜居乡村建设，反映农村人居环境整治情况。主要包括农村居民人均可支配收入、土地产出率、劳动生产率、农村卫生厕所普及率4个具体指标。其中土地产出率以农业总产值与农作物播种面积的比例来表示，另外由于官方统计机构并未公布农业从业人数，劳动生产率以第一产业劳动生产率代替（魏素豪等，2020），即以第一产业产值与第一产业从业人数的比例来表示。

二、二阶段熵权法

熵权法是一种客观赋权的多指标综合评价方法，它根据各指标的联系程度或各指标所提供的信息量来决定指标的权重，能够客观准确地评价研究对象。传统使用熵权法仅对末级指标赋权，指标数量多寡会导致上级指标权重相差较大的问题。为了避免因指标数量不同而产生的指标权重不公平性问题，本章采用二阶段熵权法，使分析结果更加科学合理。具体操作如下：第一阶段是在对各组二级指标的原始数据标准化处理后，通过一次熵权法分别对其赋权并计算得分，得到资源节约保育、生态环境安全、绿色产品供给、生活富裕美好四项一级指标的评价指数。第二阶段再次使用熵权法对一级指标进行上述处理,最终加权得到评价农业绿色发展水平的综合指数。熵权法评价模型参考赵会杰和于法稳(2019)、金赛美(2019)、敬莉和冯彦(2021)、刘俊杰和刘学舟(2022)的学术成果。具体计算过程如下:

第一步,无量纲处理。统计学中,不同量纲的数据不能直接进行比较,必须对基础指标进行无量纲处理。

$$P_{ij}'' = \frac{X_{ij} - \min\{X_j\}}{\max\{X_j\} - \min\{X_j\}}(i=1,2,\cdots,m;j=1,2,\cdots,n)(+)$$

$$P_{ij}'' = \frac{\max\{X_j\} - X_{ij}}{\max\{X_j\} - \min\{X_j\}}(i=1,2,\cdots,m;j=1,2,\cdots,n)(-)$$

$$\text{(7.1)}$$

式(7.1):P_{ij}''表示评价指标的无量纲结果,X_{ij}表示第 i 个省份的第 j 个指标的数值。

第二步,指标平移。无量纲处理后的数据会出现数值为 0 的情况,为了保证信息熵公式计算,通常的做法是进行整体指标平移,将所有无量纲处理后的数值加 1。

$$P_{ij}' = P_{ij}'' + 1 \qquad (7.2)$$

第三步,归一化处理。

$$P_{ij} = P_{ij}' \bigg/ \sum_{i=1}^{km} P_{ij}' \qquad (7.3)$$

第四步,计算各级指标的相对信息熵。

$$e_j = -\frac{1}{\ln km} \sum_{i=1}^{km} P_{ij}\ln P_{ij}, 0 \leqslant e_j \leqslant 1 \qquad (7.4)$$

式(7.4):k 表示年份跨度,m 表示省份个数。

第五步,计算各级指标系统相对信息熵的冗余度。

$$g_j = 1 - e_j \qquad (7.5)$$

第六步,计算各级指标的权重。

$$w_j = g_j \bigg/ \sum_{j=1}^{n} g_j \qquad (7.6)$$

第七步,计算某个年份被考察对象的综合指数。

$$I_i = \sum w_j \times P_{ij}'' \qquad (7.7)$$

三、数据说明

本章以中国 2012~2020 年 30 个省份的面板数据为考察样本，鉴于数据的可获得性和可比较性，暂不考虑西藏和港澳台地区。样本数据的具体处理方式和来源如下：一是农作物播种面积、森林覆盖率、农业用水量、农业总产值、化肥施用折纯量、农药使用量、农用塑料薄膜使用量、当年地表水总量、农作物成灾面积、农作物受灾面积、粮食产量、粮食播种面积、农村居民人均可支配收入数据来源于国家统计局官方网站（https：//data. stats. gov. cn/easyquery. htm？cn = E0103）。二是有效灌溉面积、水土流失治理面积、农业 COD 排放量、农业氨氮排放量、第一产业从业人数数据来源于 EPS 数据平台中"中国宏观经济数据库""中国环境数据库"下载。三是灌溉面积数据来源于《中国水利统计年鉴》，耕地面积、第一产业产值数据来源于各省统计年鉴，绿色食品标志产品数量数据来源于《绿色食品统计公报》，食源性疾病暴发事件数据来源于《中国卫生健康统计年鉴》，农村卫生厕所普及率数据来源于《中国农村统计年鉴》。其中，所有有时间价值的数据（农业总产值、农村居民人均可支配收入、第一产业产值）都折算到以 2012 年为基期。

第四节　新时代中国农业绿色发展的重大成就

新时代以来，生态优先、绿色发展成为全党全社会的共识，绿色农业发展方式加快转变，农业绿色发展目标任务取得积极进展。本节基于 2012~2020 年中国农业绿色发展水平的测度结果，从全国、区域和省际三个层面立体展示新时代中国农业绿色发展取得的重大成就。

一、基于全国层面的考察

党的十八大以来，中国农业绿色发展综合指数均值由 2012 年的 0.45 提升至 2020 年的 0.57，增长了 26.67%，年平均增长率为 3.18%，农业绿色发展水平呈现持续上升态势（见图7-4（a））。这充分体现了党中央对生态文明建设高度重视，对贯彻绿色发展理念决心坚定，推动农业绿色发展取得积极进展。具体表现在国家在"十二五"期间全面加强生态文明建设、打响农业面源污染防治攻坚战和推进农业供给侧结构性改革，以及"十三五"期间实施农业绿色发展五大行动及推进农业绿色发展、实施乡村振兴战略等相关政策措施发挥作用。总体而言，中国农业绿色发展水平增长速率和递增态势相对稳定，农业绿色发展形势向好。

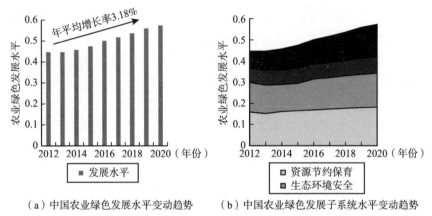

（a）中国农业绿色发展水平变动趋势　（b）中国农业绿色发展子系统水平变动趋势

图7-4　中国农业绿色发展水平：全国层面

资料来源：笔者测算并绘制。

中国农业绿色发展的4个子系统得分均呈现逐年递增态势（见图7-4（b））。其一，资源节约保育得分年均增长1.76%，平均贡献最高，达到了33.64%，是农业绿色发展的首要组成部分。党的十八大以来，国家在耕地资源保育、农业高效节水和农业生态系统保护方面开展大量工作，坚守18亿亩耕地红线，出台农业节水纲要，落实农业生物资源保护规划，为保持资源节约保育增长提供了重要支撑。其二，生态环境安全得分年均增长1.67%，平均贡献28.68%，是农业绿色发展的重要组成部分。自2015年打响农业面源污染防治攻坚战，2017年开展农业绿色发展五大行动以来，截至2020年底，全国化肥和农药使用量连续5年负增长，化肥农药使用强度明显下降，生态环境安全取得积极进展。其三，绿色产品供给得分年均增长1.61%，平均贡献最低，为 14.14% ，是农业绿色发展的短板组成部分。得益于江苏、山东、云南等省份优质农产品供给能力一骑绝尘，其单位面积优质农产品数量的快速增长对绿色产品供给总体增长趋势起到重要作用，但仅依赖个别省份带动全国绿色优质产品供给的力量相对薄弱。其四，生活富裕美好得分年均增长率最高，为 8.44% ，平均贡献 23.54% ，是农业绿色发展的主要驱动力量。农村居民人均可支配收入快速增加对生活富裕美好提升有重要贡献，2012 年全国农村居民人均可支配收入 8389 元，2020 年增加至 17131 元，名义增长了接近 105 个百分点。这离不开为脱贫攻坚战全面胜利和全面建成小康社会的艰苦奋斗以及乡村振兴战略的实施。总体来看，农业自然资源直接影响农业生产的质量，未来保护好农业基础生产要素耕地、水、生物等资源仍是重中之重，同时更要着力加强农业供给侧结构性改革，围绕农业增效、农民增收、农村增绿，多维度不断提高农业综合效益和竞争力，让农业绿色发展的红利惠及亿万农民。

二、基于区域层面的考察

（一）四大区域板块

图 7-5 报告了党的十八大以来四大区域板块[①]的农业绿色发展水平。根据图 7-5（a），2012 年以来，东北地区农业绿色发展水平最高，平均水平比东部地区高出接近 10% ，比中部和西部地区高出 20% 以上。东部、中部和西部地区农业绿色发展存在较大增长潜力。究其原因，东北和东部地区农业大省较多，其农业发展历史悠久，同时具有农业生产天然优势，发展绿色农业的基础相对较好。在变动趋势上，东北地区农业绿色发展水平呈波动中提升态势，东部地区发展势头迅猛，中部和西部地区始终处于稳步增长阶段。2012~2016 年，东北、东部、中部和西部地区农业绿色发展水平年平均增长率分别为 3.38% 、3.20% 、2.83% 、1.35% 。

---

① 东部地区包括北京、天津、河北、上海、江苏、浙江、福建、山东、广东、海南 10 个省份。中部地区包括山西、安徽、江西、河南、湖北、湖南 6 个省份。西部地区包括内蒙古、广西、重庆、四川、贵州、云南、陕西、甘肃、青海、宁夏、新疆 11 个省份。东北地区包括辽宁、吉林、黑龙江 3 个省份。

2017～2020 年，东北、东部、中部和西部地区年平均增长率分别上升至 3.82%、3.41%、3.81%、1.93%。可以发现，东北地区"一马当先"格局被打破，地区间出现"你追我赶"局面。其中东北和西部地区间农业绿色发展水平差距从 2012 年的 0.14 下降到 2020 年的 0.09，同比下降 35.71%。按照以上演变态势，四大区域农业绿色发展水平存在增长趋同趋势，地区间差距逐渐缩小，区域农业发展协调性增强。

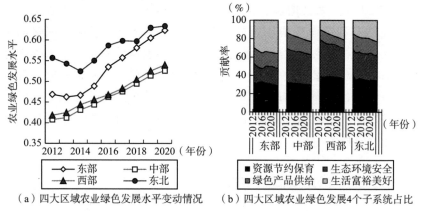

(a) 四大区域农业绿色发展水平变动情况　　(b) 四大区域农业绿色发展 4 个子系统占比

图 7 - 5　中国农业绿色发展水平：四大经济区域

资料来源：笔者测算并绘制。

　　四大区域农业绿色发展 4 个子系统的贡献率有所不同（见图 7 - 5 (b)）。东部地区生活富裕美好（34.33%）平均占比最高。主要在于东部近郊区等有基础有条件的地区基本完成农村户用厕无害化改造。2020 年东部地区农村卫生厕所普及率超过 90%，居四大地区之首，农村居民生活居住环境改善明显。中部地区生态环境安全（34.82%）平均占比最高。党的十八大以来，中部地区化肥施用强度、农药使用强度分别下降 13.83%、29.68%，农业 COD 排放强度和氨氮排放下降幅度超过 98%，产地环境保护较其他地区成效显著。西部地区资源节约保育（37.94%）、生态环境安全（35.56%）表现突出，平均占比远高于其他指标。样本考察期内，西部地区单位农业产值耗水值降幅远高于其他地区，达到 37.03%；化肥施用强度、农药使用强度分别下降 11.77%、28.02%；农业氨氮排放强度降幅在 90% 左右，农业资源节约与环境治理取得良好成效。东北地区资源节约保育（35.42%）平均占比最高，其他指标表现相对均衡。得益于党的十八大以来，东北地区推广保护性耕作制度，加强黑土地保护利用，相比于其他地区，东北地区耕地保有率上升态势明显。

（二）三大粮食功能区

图7-6报告了党的十八以来三大粮食功能区[①]的农业绿色发展水平。根据图7-6（a），2012年以来，主销区农业绿色发展水平一直处于领先地位，年平均水平从2012年的0.49上升到2020年的0.65，累计提高0.16，年平均增长率为3.49%；其次是主产区，年平均水平从2012年的0.46上升到2020年的0.58，累计提高0.12，年平均增长率为3.01%；产销平衡区农业绿色发展水平最低，年平均水平从2012年的0.39上升到2020年的0.51，累计提高0.11，年平均增长率为3.16%。由于主销区农业绿色发展水平增长速率明显快于其他地区，随着时间的推移，主销区和产销平衡区间农业绿色发展水平差距从2012年的0.10扩

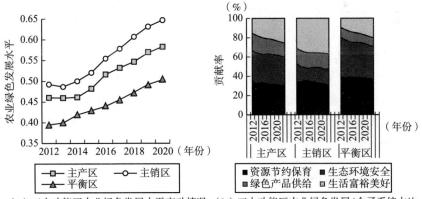

（a）三大功能区农业绿色发展水平变动情况 （b）三大功能区农业绿色发展4个子系统占比

图7-6　中国农业绿色发展水平：三大粮食功能区

资料来源：笔者测算并绘制。

---

① 《国家粮食安全中长期规划纲要（2008—2020年）》，根据各地粮食生产的资源禀赋条件、区域比较优势以及消费特点，将我国30个省份划分为粮食主产区、主销区和平衡区，其中粮食主产区包括河北、内蒙古、辽宁、吉林、黑龙江、江苏、安徽、江西、山东、河南、湖北、湖南、四川13个省份；粮食主销区包括北京、天津、上海、浙江、福建、广东、海南7个省份；粮食产销平衡区包括山西、广西、重庆、贵州、云南、陕西、甘肃、青海、宁夏、新疆10个省份。

大到 2020 年的 0.14，增长了 45.25%。2020 年农业绿色发展水平前十名均位于主销区（内蒙古、辽宁、黑龙江、四川、江西、吉林）和主产区（浙江、福建、北京、上海），三大功能区的农业绿色发展水平差距逐渐拉开。未来主产区、主销区、产销平衡区推进国家粮食安全产业带建设的同时，也要大力开展绿色高质高效行动，深入实施优质粮食工程，助力主产区和产销平衡区"直道超车"。

三大功能区农业绿色发展 4 个子系统的贡献率各不相同（见图 7-6（b））。其一，主产区资源节约保育（31.49%）和生态环境安全（30.88%）平均占比较高，其他指标表现良好。2016 年以来主产区 13 个省份逐步成为国家扩大耕地轮作休耕制度试点，其耕地复种指数增长趋势有所遏制，水土治理面积增长明显，节水灌溉面积比例提高到 50% 左右，主产区特色绿色种植制度加快构建。其二，主销区生活富裕美好（35.74%）和资源节约保育（32.79%）表现良好，其他指标表现一般。2020 年生活富裕美好排名前十的省份中除江苏、广东、广西以外，其余 7 个省份位于主销区，这些省份经济发展程度较高，农民的人居环境明显改善，农民的生活质量显著提升，有效助力农业农村发展的绿色转型升级。其三，产销平衡区资源节约保育（37.60%）和生态环境安全（36.74%）表现突出，其他指标表现不佳。产销平衡区 10 个省份多处于干旱半干旱地带，主要依靠技术发展旱作农业，样本考察期内平衡区单位农业产值耗水量以年均 5.81% 的速度快速下降，节水灌溉面积比例居三大功能区之首，农业资源节约利用较其他地区表现良好。

（三）基于省际层面的考察

党的十八大以来，中国各省份农业绿色发展水平呈现出不同程度的上升趋势（见图 7-7）。一方面，2012~2020 年，上海、宁夏、天津、河北 4 个省份农业绿色发展水平呈现出快速增长态势，增长速度超过 40%；辽宁、黑龙江、吉林东北三省增长速度较为靠后，但也保持在 10%~20% 较高的增速区间。另一方面，2020 年，浙江农业绿色发展水平（0.78）居全国首位，福建、内蒙古、北京位于第二梯队（0.68~0.72），辽宁、黑龙江、四川、江西、上海、吉林、广西位于第三梯队（0.61~0.67），云南、河北、海南、江苏、天津、广东、湖北、湖南、陕西、山东位于第四梯队（0.54～0.60），重庆、贵州、山西、甘肃、河南、新疆、安徽、宁夏、青海位于第五梯队（0.39～0.53）。可以发现，中国 30 个省份农业绿色发展水平呈现多点多源多链条分布，并逐渐形成扩散效应，促进农业绿色发展从增长极向周围不发达地区的扩散。

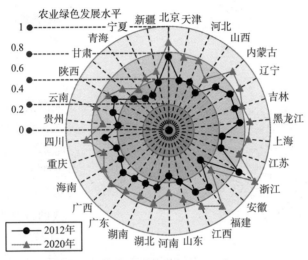

图 7 - 7 中国农业绿色发展水平：省际层面

资料来源：笔者测算并绘制。

省际农业绿色发展 4 个子系统得分均呈正向增长（见图 7 - 8）。从资源节约保育看，2020 年，云南、福建、浙江、内蒙古、陕西、北京、广西、四川、辽宁 9 个省份资源节约保育得分超过 0.55。部分省份资源节约保育提升趋势明显，上海增长最快，由 2012 年的 0.17 上升至 0.30，增长超过 75%，其次是新疆、云南、北京、四川、贵州增长幅度在 15%～20%，资源节约型农业加快发展。从生态环境安全看，中国各省份生态环境安全得分良好，2020 年青海、黑龙江、贵州、江西、四川、内蒙古资源节约保育得分甚至超过 0.90。山东生态环境安全改善程度最大，由 2012 年的 0.63 上升至 2020 年的 0.82，30.02% 的大幅增长表明山东农业面源污染得到有效管控。

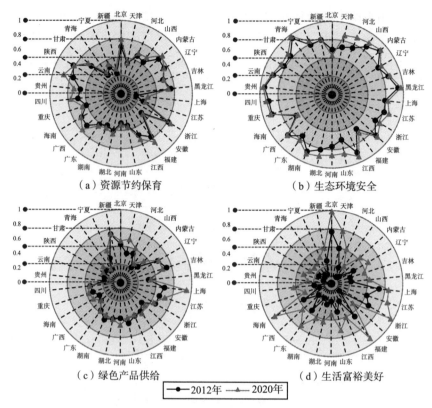

（a）资源节约保育　　　　（b）生态环境安全

（c）绿色产品供给　　　　（d）生活富裕美好

—●— 2012年　—▲— 2020年

图7-8　中国农业绿色发展子系统水平：省际层面

资料来源：笔者测算并绘制。

从绿色产品供给看，2020年，上海绿色产品供给得分一骑绝尘，较2012年增长50.13%，表明党的十八大以来上海绿色产品供给保障能力稳定，在坚守农产品质量安全底线的同时，农业"应绿尽绿"发展水平处于全国领先。同期天津、山西、宁夏、内蒙古、海南、甘肃等省份绿色产品供给得分较低，但增长了25%以上，存在明显的"追赶效应"。从生活富裕美好来看，中国各省份生活富裕美好得分明显提升，2020年各省得分前9名的省份依次为北京、浙江、福建、海南、江苏、上海、天津、广东、山东，均位于经济发展水平较高的东部地区。贵州增长幅度最大，由2012年的0.02上升至2020年的0.26，每年以超过40%的速度快速增长；内蒙古、云南、宁夏、安徽、山西、甘肃、湖南、广西、四川、青海、重庆等省份排名靠后，年平均增长率10%以上，保持了较快增长速度。

第五节　新时代中国农业绿色发展的
分布动态及其演进

本节基于 2012～2020 年中国农业绿色发展的核密度估计，从中国农业绿色发展综合水平及各子系统水平两个视角，剖析中国农业绿色发展的分布形态和演变趋势，并通过马尔科夫链分析方法，揭示中国农业绿色发展的等级跃迁情况，展示新时代中国农业绿色发展的重大成就。

一、分布形态及其演变态势

党的十八大以来，中国农业绿色发展核密度曲线的分布位置、形状态势、拖尾情况均向好发展（见图 7-9）。从核密度的分布位置来看，中国农业绿色发展密度函数中心呈现逐渐右移的变化态势，其中 2016 年核密度曲线较初始年份大幅右移，2017 年以后曲线右移速度有所下降，但整体向好的趋势没有发生改变。以上说明，2012～2016 年中国农业绿色发展水平呈逐步递增趋势，2017～2020 年农业绿色发展水平虽继续提升，但这一期间推进农业绿色发展存在一定的上行压力。从核密度的分布态势来看，中国农业绿色发展密度曲线以双峰分布为主，主次峰高度上升且逐渐平缓，这表明中国农业绿色水平差异有减弱趋势。具体来看，2013 年开始出现多个波峰，分化趋势开始显现；2014 年呈现"高—低"两个波峰，双峰分布明显，分化程度加强，这是由于初期山东、河南、江苏等省份在农业结构调整中成功抓住机遇，农业发展实现较大飞跃，农业生态文明建设取得阶段性成果；2017 年呈多峰分布，且主峰峰值达到最高，极化现象明显，分化程度进一步加强，说明此时绿色发展亟待成为中国农业发展方式的战略选择；2018 年主峰、次峰高度差距有所减小，分化趋势缓和，2019 年和 2020 年均主峰峰度逐渐平缓，说明中国农业绿色发展水平极化现象有所遏制，农业绿色发展取得长足进展。从核密度的分布延展性来看，中国农业绿色发展核密度曲线延展性呈逐年扩张趋势，左右两侧均存在拖尾现象，且右侧拖尾明显。这意味着党的十八大以来，农业发展全面绿色转型取得积极进展，农业绿色发展水平较高的省份增多。

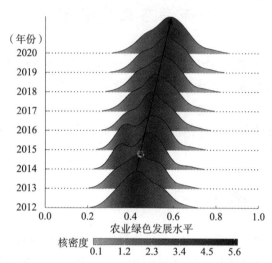

图7-9 中国农业绿色发展的分布形态及其演变

资料来源：笔者测算并绘制。

中国农业绿色发展4个子系统的密度曲线演变特征均呈向好态势（见图7-10）。资源节约保育的核密度曲线呈现出双峰分布特征，2012～2020年密度曲线主峰多位于0.4～0.6，次峰多位于0.2～0.4，波峰位置偏右且持续增高，主峰与次峰之间的距离逐渐缩小，表明党的十八大以来国家创新体制机制推进农业绿色发展，强化资源保护与节约利用，省级资源节约保育保持向高水平收敛的良好发展态势。从生态环境安全的分布形态及其演变趋势看，2012年省级生态环境安全密度曲线主峰较宽，随着时间推移，主峰不断收窄且逐步向右偏移，最终维持在0.8～1.0区间内；生态环境安全的密度曲线延展性呈逐年扩张趋势，主峰与次峰之间的高度差距逐步拉大，且左侧拖尾稍加明显，表明国家打响农业面源污染防治攻坚战以来，生态环境安全整体状况有所改善，同时也应注重农业生态领域不断拓展，区域间治理水平的分化。从绿色产品供给的分布形态及其演变趋势来看，波峰数量逐渐由双峰分布向多峰分布演变，俱乐部收敛特征明显；主峰位置偏左且持续向右偏移，最靠右形成的波峰与主峰逐渐拉开距离，原因在于2015年推进农业供给侧结构性改革以来，上海、江苏、山东、云南等省份注重培植龙头企业，优先发展优质农产品、绿色食品和有机食品，单位面积优质农产品数量位居全国前列。生活富裕美好的密度曲线始终保持双峰分布向右拖尾的形态，尽管向右拖尾的生活富裕美好高水平省份一直存在，但主峰位置持续右移，2020年最高点所对应的生活富裕美好得分向右偏移至0.2~0.4范围区间，较2012年翻一番，充分体现了党的十八大以来把农民增收作为农业绿色发展基本任务，变绿色为效益，促进农民增收，助力脱贫攻坚。

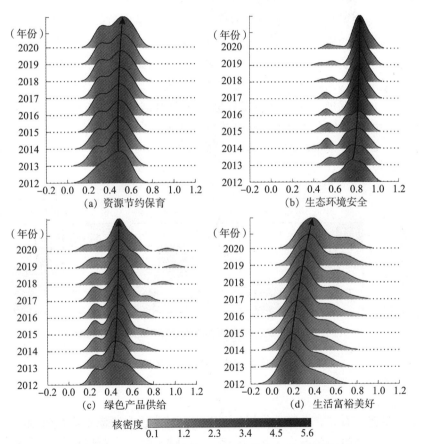

图7-10　中国农业绿色发展子系统的分布形态及其演变

资料来源：笔者测算并绘制。

二、转移概率及演进趋势

根据马尔科夫链分析方法，时间跨度 T 设定为 1 年、2 年、3 年，将各省份农业绿色发展划分为 4 种类型：低、中低、中高和高水平，测算不同时间跨度下中国农业绿色发展水平状态转移的概率矩阵，考察中国农业绿色发展水平转移规律。状态转移概率矩阵主对角线的数值表示农业绿色发展水平平稳转移的概率，非对角线的数值表示农业绿色发展水平向上转移或向下转移的概率。测度结果如图 7－11 所示。

根据测算结果，随着时间的推移，除低水平省份以外，其他类型省份对角线上的概率值并未明显高于非对角线上的概率值，这说明各省份农业绿色发展水平并不稳定，保持初始状态的概率较小，内部流动性较强。党的十八大以来，农业发展方式加快转变，资源节约型、环境友好型农业加快发展，农业绿色发展取得明显进展。在状态转移概率矩阵中，中国农业绿色发展水平的状态转移主要趋向于高水平，其次是中高水平，向更低水平状态转移的概率变小。

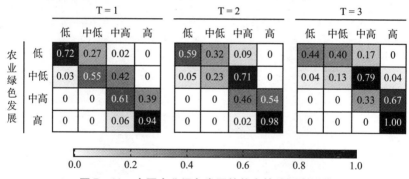

图 7－11　中国农业绿色发展的状态转移概率矩阵

资料来源：笔者测算并绘制。

具体来看，农业绿色发展处于低水平的省份呈现向上等级跨级跃迁的趋势，当时间跨度为 1 年、2 年、3 年时，处于农业绿色发展低水平的省份向上转移的概率分别为 28%、41%、56%。原因在于初期低水平省份的农业农村基础设施及生产技术相对落后，从而出现农业绿色发展水平增长延迟的现象。但随着时间跨度的增大，生态文明建设及农业绿色发展逐步推进，处于农业绿色发展低水平的省份保持固有状态的概率降低，向上转移的概率逐步增加，且向更高水平转移的概率也在逐一突破。处于农业绿色发展中低或中高水平的省份都有向更高水平转移趋势，并且随着时间跨度的增加，这种转移发生的概率逐渐增大，该水平类型的省份农业绿色发展快、潜力大。处于农业绿色发展高水平的省份时间跨度为 1 年、2 年、3 年时，该省份继续保持高水平农业绿色发展的概率分别为 94%、98%、100%，表明高水平省份的农业绿色发展保持原有状态的稳定性较强，路径依赖特征明显，进入农业绿色发展的良性循环。

中国农业绿色发展 4 个子系统的转移概率测度结果如图 7 - 12 所示。其一，资源节约保育处于低水平的省份向上跨级转移的概率几乎为 0%，究其原因，部分省份自然资源和自然条件先天优势不足，加之短时间内一个地区自然资源禀赋不会轻易发生改变，便造成以上越级流动困难的现象。但随着时间推移，处于资源节约保育中低以上水平的省份向上转移的概率逐渐增大，表明党的十八大以来农业绿色发展技术体系不断完善，先进科学技术的溢出效应在一定程度上能够弥补前期自然条件的先天缺失，对越级向上转移的态势有所助益。

其二，生态环境安全无论从哪个水平出发，均呈现出向上转移趋势。随着时间跨度的延长，状态转移概率矩阵主对角线的概率不断下降，向上转移的概率不断提升，表明农业生态环境安全趋势性压力总体上得到缓解。特别是低水平和中低水平省份均实现了跨越式的等级跃迁，说明随着农业绿色发展持续推进，农用生产物资减少使用、农业生产能耗不断降低的农业结构调整方式取得积极成效。而中高水平的省份的生态环境安全向高水平转移势头不佳，正处于压力叠加的攻坚阶段。

其三，绿色产品供给各省份维持原有水平的概率均大于非对角线元素的概率。各省份路径依赖特征明显，尤其是低水平省份维持原有水平的能力维持在 85% 以上，保持其原有状态的稳定性较强。但随着时间的推移，这种保持固有状态的趋势得到缓解，绿色产品供给处于中低以下水平的省份向更高水平转移的概率正在逐级突破。新时代以来，人们对绿色优质农产品的消费需求日益增长，绿色产品供给呈刚性需求，倒逼农业高质量发展。

其四，低水平生活富裕美好的省份将不再存在，总体会朝着中高水

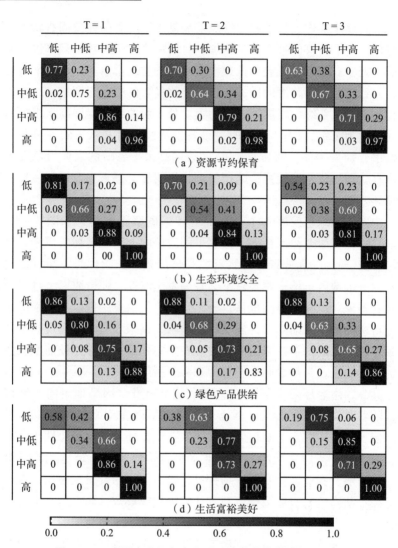

图 7-12 中国农业绿色发展子系统的状态转移概率矩阵

资料来源：笔者测算并绘制。

平和高水平演变。不论时间跨度的延长，除低水平省份以外，生活富裕美好转移概率矩阵的下三角均为 0，各水平生活富裕美好没有向下转移的可能，不存在后退现象。这充分体现了党的十八大以来农业绿色发展在实现保供给、保收入、保生态上的协调统一，助推脱贫攻坚与乡村振兴的有效衔接。

234

第六节　总结与展望

一、总结

　　绿色是厚植农业发展的鲜明底色。农业绿色发展是推进农业高质量发展、农业农村现代化和实施乡村振兴战略的重大举措，对保障国家食物安全、资源安全和生态安全具有重大意义。本章聚焦新时代的中国农业绿色发展，从时代背景、思想发展和战略举措3个方面系统梳理了中国农业绿色发展的实践历程；构建包含资源节约保育、生态环境安全、绿色产品供给、生活富裕美好4个维度的农业绿色发展综合评价指标体系，从全国、区域和省际3个层面，动态立体地展示了新时代以来中国农业绿色发展所取得的重大成就。党的十八大以来，中国积极践行树立绿水青山就是金山银山理念，农业发展方式加快转变，资源节约型、环境友好型农业加快发展，中国推进农业绿色发展取得了显著成效，四大经济区域的农业绿色发展水平存在增长趋同趋势，区域绿色农业发展协调性不断加强，三大粮食功能区的农业绿色发展水平实现全面提高。从核密度分析看，中国农业绿色发展水平呈现出分布中心右移、峰度逐渐平缓以及多峰向单峰过渡的动态变化特征，向右侧拖尾，发展水平较高的省份增多，农业绿色发展取得长足进展。从马尔科夫链结果看，中国农业绿色发展水平总体存在向高水平聚集的趋势，随着农业绿色发展的持续推进，相比于高水平省份稳定性较强，低水平省份具有良好的分布流动性，存在明显的"跳跃转移"现象，农业绿色转型升级后劲十足。

二、展望

　　实现中国梦，基础在"三农"。站在实现第二个百年奋斗目标的新起点，要深刻认识强农兴农的使命担当，巩固拓展新时代以来中国农业绿色发展的重大成就，深入推进农业绿色发展，高质量全面推进乡村振兴。

235

第一，加强生态安全建设。强化农业资源养护，严守耕地资源保护红线，确保粮食安全生产和自给。抓好农业生态环境修复工作，严格管理山林采伐，持续开展山体修复、环境整治等各项工作。加强重点区域水土流失综合治理，实施耕地、草原、河湖等轮休轮作制度，推进山水林田湖草沙一体化保护和系统治理，逐步修复农业生态系统。优化农业生产布局，坚持宜农则农、宜林则林、宜牧则牧、宜渔则渔，逐步建立起人与自然和谐共生的农业发展新格局。

第二，推进农业清洁生产。在外源上，防止工矿废物和城乡生活垃圾污染农田，避免农产品产地环境质量下降。在内源上，按照"一控两减三基本"目标，在更大范围内实施果菜茶有机肥替代化肥行动，避免化肥、农药等农业投入品过量使用，有效遏制农业面源污染；发展生态循环农业，使畜禽粪污、农膜、农作物秸秆基本得到资源化、综合循环再利用和无害化处理，减少农业废弃物对水体、土壤、空气等资源环境的污染和危害，改善农业生态环境。

第三，强化科技创新应用。要从市场需求、资源节约和全产业链角度，确定科技创新的方向，依据区域气候特点和比较效益，优化农业科技资源布局，推动科技创新向促进农业绿色发展倾斜。面向农业绿色发展前沿，加大科技创新投入，研究探索适应不同区域、不同产业的农业绿色发展技术集成创新模式。加快绿色成果转化，完善农业绿色科技创新成果转化机制，大力推广节本高效、绿色环保的重大关键共性技术，提高肥料和水资源利用效率。

第四，保障和改善农村民生。立足各地区资源禀赋，坚持保护环境优先，因地制宜选择有资源优势的特色产业，推进产业精准扶贫。把地区生态环境优势转化为经济优势，推行绿色生产方式，大力发展绿色、有机和地理标志优质特色农产品，支持创建区域品牌。推进一二三产业融合发展，发挥生态资源优势，发展休闲农业和乡村旅游，带动农户脱贫致富。加快补齐农村民生短板，提高农村美好生活保障水平。开展农村人居环境整治行动，全面提升农村人居环境质量。

参考文献

[1] 于法稳：《习近平绿色发展新思想与农业的绿色转型发展》，载《中国农村观察》2016 年第 5 期。

［2］罗必良：《推进我国农业绿色转型发展的战略选择》，载《农业经济与管理》2017年第6期。

［3］刘嘉敏、刘巍：《论习近平农业绿色发展思想》，载《理论观察》2017年第4期。

［4］金书秦、韩冬梅：《科技创新是破解农业绿色发展难题的关键》，载《科技日报》2019年4月22日。

［5］尹昌斌、李福夺、王术等：《中国农业绿色发展的概念、内涵与原则》，载《中国农业资源与区划》2021年第1期。

［6］中国农业绿色发展研究会：《中国农业科学院农业资源与农业区划研究所》，引自《中国农业绿色发展报告2020》，中国农业出版社2021年版。

［7］魏琦、张斌、金书秦：《中国农业绿色发展指数构建及区域比较研究》，载《农业经济问题》2018年第11期。

［8］巩前文、李学敏：《农业绿色发展指数构建与测度：2005—2018年》，载《改革》2020年第1期。

［9］杨骞、王珏、李超等：《中国农业绿色全要素生产率的空间分异及其驱动因素》，载《数量经济技术经济研究》2019年第10期。

［10］刘亦文、欧阳莹、蔡宏宇：《中国农业绿色全要素生产率测度及时空演化特征研究》，载《数量经济技术经济研究》2021年第5期。

［11］李欠男、李谷成、尹朝静：《中国农业绿色发展水平的地区差异及收敛性——基于地级市面板数据的实证》，载《中国农业大学学报》2022年第2期。

［12］杜栋、庞庆华、吴炎：《现代综合评价方法与案例精选》，清华大学出版社2008年版。

［13］赵会杰、于法稳：《基于熵值法的粮食主产区农业绿色发展水平评价》，载《改革》2019年第11期。

［14］魏素豪、李晶、李泽怡等：《中国农业竞争力时空格局演化及其影响因素》，载《地理学报》2020年第6期。

［15］许烜、宋微：《乡村振兴视域下农业绿色发展评价研究》，载《学习与探索》2021年第3期。

［16］金赛美：《中国省际农业绿色发展水平及区域差异评价》，载

《求索》2019 年第 2 期。

　　［17］敬莉、冯彦：《黄河流域农业绿色发展水平测度及耦合协调分析》，载《中南林业科技大学学报（社会科学版）》2021 年第 5 期。

　　［18］刘俊杰、刘学舟：《农业绿色发展水平测度及提升路径研究——以珠江—西江经济带 11 市为例》，载《生态经济》2022 年第 1 期。

第八章 新时代中国乡村振兴的实践历程与重大成就

本章简介：乡村振兴是关系全面建设社会主义现代化国家的全局性、历史性任务，是新时代"三农"工作的总抓手。本章聚焦新时代中国乡村振兴的实践历程与重大成就，围绕"产业兴旺、生态宜居、乡风文明、治理有效、生活富裕"的乡村振兴战略总要求，深刻阐释乡村振兴的重要意义和丰富内涵，系统梳理新时代中国乡村振兴的实践历程，通过构建指标体系对乡村振兴指数进行科学测度，真实立体展示党的十八大以来中国乡村振兴取得的重大成就。研究发现：进入新时代以来，中国乡村振兴综合指数及分项指数实现稳步提升，5个分项指数对综合指数变动的贡献由大到小依次是产业兴旺、乡风文明、生活富裕、生态宜居和治理有效。党的十九大将乡村振兴上升为国家战略以来，乡村振兴综合指数提升速度明显加快。在区域层面，四大区域板块的乡村振兴水平实现全面提升，东部地区的山东、江苏、浙江等省份在中国乡村振兴进程中发挥了重要引领作用。乡村振兴取得的重大成就为新时期深入实施乡村振兴战略奠定了良好基础，本章在梳理乡村振兴实践历程与重大成就的基础上，总结阐释乡村振兴的中国经验和时代价值，面向新时期乡村振兴的新任务新要求提出可行政策建议。

第一节 引言和文献综述

民族要复兴，乡村必振兴。中国作为人口大国和农业大国，"三农"问题始终是关系国计民生的根本性问题。党的十八大以来，党中央坚持把解决好"三农"问题作为全党工作的重中之重,把脱贫攻坚作为全面建成小康社会的标志性工程,组织推进人类历史上规模空前、力度最大、惠及人口最多的脱贫攻坚战,推动农业农村取得历史性成就、发生历史性变革。2017 年 10 月,党的十九大将乡村振兴上升为国家战略,乡村振兴成为关系全面建设社会主义现代化国家的全局性、历史性任务①。2021 年 11 月,党的十九届六中全会审议通过的《中共中央关于党的百年奋斗重大成就和历史经验的决议》指出②,把解决好"三农"问题作为全党工作重中之重,实施乡村振兴战略,加快推进农业农村现代化。自 2012 年 11 月召开党的十八大以来,中国特色社会主义新时代已经走过十个年头,在向着全面建成社会主义现代化强国的第二个百年奋斗目标迈进的重大历史关头,深刻阐释新时代中国乡村振兴的重要意义与丰富内涵、系统梳理中国乡村振兴的实践历程、真实立体展示新时代中国乡村振兴取得的重大成就、全面总结乡村振兴的中国经验与时代价值、同时提供可行政策建议,不仅是深入学习贯彻党的十九届六中全会精神的重要任务,而且对于增强奋进新征程、建功新时代的信心,更加深入推动乡村振兴进程具有重要意义。

乡村振兴是近年来学界和社会各界高度关注的热点问题,大量研究围绕乡村振兴的意义以及乡村振兴的内涵开展了深入且富有启发性的理论探讨。刘彦随(2018)从城乡发展不平衡、农业基础不牢固、"乡村病"日益严峻三大亟待破解的现实问题出发,系统论述了实施乡村振兴战略的重要意义。张海鹏等(2018)从乡村衰退的国际背景、中国乡村建设百年探索的历史延续以及乡村振兴战略的现实意义出发对乡村振兴的必要性进行了深入阐释。张军(2018)从经济建设、文化建设、生态建设、福祉建设和政治建设等多个方面对乡村振兴的主要内容作了系统分析。刘等(Liu et al.,2020)构建了城乡一体化理论框架,从"人、地、业、权"的角度全面阐释了乡村振兴的关键因素。何仁伟(2018)建立了城乡发展均衡模型以及城乡等值线,从政策制度构建、"点轴"渐进扩散、分区分类推进、典型发展模式提炼等方面系统论述

---

① 资料来源:中国政府网,网址:http://www. gov. cn/zhuanti/2017 – 10/27/content_5234876. htm。

② 资料来源:中国政府网,网址:http://www. gov. cn/xinwen/2021 – 11/16/content_5651269. htm。

了乡村振兴的可行路径。纪志耿和罗倩倩（2022）立足习近平总书记关于乡村振兴的重要论述，从城乡关系、生态文明、农耕文化、乡村治理、生活富裕的认识深化角度，系统梳理了乡村振兴的发展脉络和创新性贡献。

为了掌握乡村振兴的现状及推进成效，大量研究通过构建指标体系对中国乡村振兴开展综合评价。在指标体系的选取上，多数学者按照乡村振兴的"二十字"总要求，从产业兴旺、生态宜居、乡风文明、治理有效、生活富裕五个维度构建乡村振兴指标体系（张挺等，2018；张旺和白永秀，2022）①，还有学者基于"五位一体"乡村振兴战略目标任务构建指标体系对乡村振兴开展综合评价，例如，贾晋等（2018）按照"六化四率三治三风三维"的乡村振兴任务构建了指标体系对中国 30 个省的乡村振兴水平进行了定量测度与比较。在利用指标体系开展综合评价时，指标赋权方法的选择直接影响指数测度结果。现有研究多采用熵权法对乡村振兴指标体系进行赋权（陈秧分等，2018；徐雪和王永瑜，2022）。客观赋权是熵权法的优点，基于熵权法测算的各个维度权重不同意味着重要程度不同，然而让一个维度比另一个维度更重要显然缺乏理论与政策支持（Xu et al.，2020）。为了避免熵权法的弊端，有研究将主成分分析法与专家打分相结合进行赋权（闫周府和吴方卫，2019），然而这种方法由于存在专家主观性也会产生不同指标具有不同权重的问题。因此，在乡村振兴指标体系不均等赋权缺乏必要的理论与政策支持的背景下，采用等权重赋权法将是更好的选择。除了利用指标体系开展综合评价外，实地调研也是考察乡村振兴实践效果的重要手段。例如，中国社会科学院农村发展研究所（2021）选取全国 10 个省，从农村人口与劳动力、农村产业结构、农民收支与社会福祉、农村居民消费、乡村治理、农村综合改革 6 个方面开展了大规模农户和村庄调查，形成了"中国乡村振兴综合调查数据库"。

已有研究对于深入理解和准确把握乡村振兴的意义和内涵具有重要参考价值，对客观认识和定量评价乡村振兴水平提供了有益启示，但目

---

①　由于研究样本及样本的时期跨度不同，出于对数据可得性、完整性和连续性的考量，这些研究在指标选取上存在较大差异。例如在"治理有效"方面，张挺等（2018）采用乡村法治建设、村民自治实践、发展均衡程度的相关指标，而张旺和白永秀（2022）采用公共预算、村庄整治、村庄规划等相关指标。

前系统梳理新时代中国乡村振兴实践历程的研究还相对较少，而通过量化分析全面展示新时代中国乡村振兴重大成就的研究则更为少见。在实现全面建成小康社会、开启第二个百年奋斗目标的重大历史关头，本章聚焦新时代以来中国乡村振兴的实践历程与重大成就，系统开展了以下三个方面的工作：一是从理论逻辑、历史逻辑、实践逻辑和现实逻辑四个方面阐释乡村振兴的重要意义，紧扣"产业兴旺、生态宜居、乡风文明、治理有效、生活富裕"乡村振兴总要求阐明新时代乡村振兴的深刻内涵，在此基础上从战略规划、顶层设计、地方实践三个方面梳理新时代中国乡村振兴的实施历程。二是遵循"让数据说话"的原则，在充分考虑数据的完整性和连续性的基础上进行指标选择，进而构建乡村振兴综合评价指标体系，将定基极差法、等权重赋权法、纵向堆叠数据法相结合，测度乡村振兴综合指数和分项指数，从全国、区域和省际三个空间层面对新时代中国乡村振兴取得的重大成就进行量化分析，并采用分布动态方法揭示中国乡村振兴的演进趋势。三是在系统梳理中国乡村振兴实践历程与重大成就的基础上，从坚持党的领导、保障农民主体地位、城乡融合发展、推进乡村建设等方面总结乡村振兴的中国经验，不仅有助于化解新时代社会主要矛盾、实现共同富裕，而且也为发展中国家解决"三农"问题提供经验借鉴。对标新时期乡村振兴和农业农村现代化的新任务新要求，从补齐短板、增强区域协调性、数字科技赋能、立法形式推动乡村振兴等方面，为新时期加快推进乡村振兴和农业农村现代化进程提供了可行的对策建议。

第二节 新时代中国乡村振兴的逻辑、内涵与历程

党的十九大将乡村振兴上升为国家战略，为从根本上解决"三农"问题指明了前进方向，提供了行动纲领。本部分对新时代中国乡村振兴的基本逻辑进行阐释，结合乡村振兴战略的"二十字"总要求阐明新时代乡村振兴的深刻内涵，并系统梳理新时代乡村振兴的实践进程。

一、乡村振兴的基本逻辑

乡村振兴战略是解决人民日益增长的美好生活需要和不平衡不充分的发展之间的矛盾的必然要求，是实现"两个一百年"奋斗目标的必然要求，是实现全体人民共同富裕的必然要求。就理论逻辑而言，乡村振兴战略有着深厚的马克思主义理论基础，马克思和恩格斯认为城乡分离是社会分工的产物，虽然具有一定的历史进步性，但城乡融合才是历史发展的必然。乡村振兴战略继承和发展了马克思主义关于乡村发展和城乡融合经典论述的基本理论（洪银兴等，2018），是我们党"三农"工作理论创新的最新成果。就历史逻辑而言，我国自古便有"农为邦本、本固邦宁"的古训。新中国成立至今乡村治理走过了 70 多年历程，经历了土地改革时期、农业合作化时期、人民公社时期、改革探索时期、新农村建设时期（丁志刚和王杰，2019）。在中国特色社会主义新时代，立足国情农情，顺势而为，推动农业全面升级、农村全面进步、农民全面发展，谱写新时代乡村全面振兴的新篇章。就实践逻辑而言，习近平总书记在庆祝中国共产党成立 100 周年大会上的重要讲话中指出，经过全党全国各族人民持续奋斗，我们实现了第一个百年奋斗目标，在中华大地上全面建成了小康社会，历史性地解决了绝对贫困问题，正在意气风发向着全面建成社会主义现代化强国的第二个百年奋斗目标迈进[①]。在巩固拓展脱贫攻坚成果的基础上，实施乡村振兴战略，推进脱贫地区发展和群众生活改善，成为党对"三农"工作一系列方针政策的继承和发展，是亿万农民的殷切期盼。就现实逻辑而言，人民日益增长的美好生活需要和不平衡不充分的发展之间的矛盾在乡村最为突出。全面建成小康社会和全面建设社会主义现代化强国，最艰巨最繁重的任务在农村，最广泛最深厚的基础在农村，最大的潜力和后劲也在农村。乡村振兴能够更好解决城乡发展不平衡、农村发展不充分等重大问题，弥补乡村短板（刘彦随，2018）。

243

---

① 资料来源：中国政府网，网址：http://www.gov.cn/xinwen/2021 – 07/15/content_ 5625254. htm。

二、乡村振兴的深刻内涵

党的十九大报告明确提出了"产业兴旺、生态宜居、乡风文明、治理有效、生活富裕"的乡村振兴总要求,赋予了乡村振兴丰富内涵[①]。这"二十个字"总要求,涉及了农业农村现代化的所有方面,而且有机联系、不可分割,既是要求、也是方向(张海鹏等,2018)。第一,产业兴旺是解决农村一切问题的前提。产业兴旺作为乡村振兴的物质基础和经济基础,以深化农业供给侧结构性改革为主线,通过加快构建现代农业产业体系、生产体系、经营体系,实现农村一二三产业深度融合发展,推动农业生产从增产导向向提质导向转变,为建设现代化经济体系奠定坚实基础。第二,生态宜居是乡村振兴的内在要求。生态宜居蕴含了人与自然之间的和谐共生关系,以绿水青山就是金山银山理念为遵循,统筹山水林田湖草沙系统治理,推行乡村绿色发展方式,加强农村人居环境整治,进而实现百姓富、生态美的统一。第三,乡风文明是乡村振兴的紧迫任务。中华文明根植于农耕文化,乡村是中华文明的基本载体,传承优秀乡村文化,并将传统农耕文化与现代文明结合,形成现代乡村文明体系,增强发展软实力(乔陆印和刘彦随,2019)。第四,治理有效是乡村振兴的重要保障。通过加强农村基层基础工作,健全乡村治理体系,确保广大农民安居乐业、农村社会安定有序,打造共建共治共享的现代社会治理格局,推进国家治理体系和治理能力现代化。第五,生活富裕是乡村振兴的主要目的。生活富裕不仅仅体现在收入上,还应体现在居民生活质量方面,体现在家庭和睦、社会和谐等方面(黄祖辉,2018)。通过不断拓宽农民增收渠道,全面改善农村生产生活条件,促进社会公平正义,增进农民福祉,让亿万农民走上共同富裕的道路,汇聚起建设社会主义现代化强国的磅礴力量。

三、乡村振兴的实践历程

以习近平同志为核心的党中央高瞻远瞩、审时度势,对乡村振兴进

---

① 资料来源:中国政府网,网址:http://www.gov.cn/zhuanti/2017-10/27/content_5234876.htm。

行了全局谋划和系统部署。在新时代脱贫攻坚目标任务如期完成的基础上，全面推进乡村振兴，"三农"工作重心实现历史性转移，中国已踏上全面推进中国特色社会主义乡村振兴大道。

一是从国家战略高度推进乡村振兴。党的十八大以来，以习近平同志为核心的党中央始终把解决好"三农"问题作为全党工作的重中之重。2013年12月，习近平总书记在中央农村工作会议上指出"小康不小康，关键看老乡"，强调"中国要强，农业必须强；中国要美，农村必须美；中国要富，农民必须富"。[①] 2015年7月，习近平总书记在吉林调研时提出"任何时候都不能忽视农业、不能忘记农民、不能淡漠农村"[②]。2017年10月18日，习近平总书记在党的十九大报告中提出乡村振兴战略，乡村振兴正式上升到国家战略高度[③]。乡村振兴战略是党中央站在中国特色社会主义进入新时代的历史方位、社会主要矛盾发生转变而做出的一项重大战略决策，是工业化和城镇化发展到一定阶段后推进农业农村现代化的必然选择，是决胜全面建成小康社会进而全面建设社会主义现代化强国的一项重大战略任务。实施乡村振兴战略，坚持农业农村优先发展，按照产业兴旺、生态宜居、乡风文明、治理有效、生活富裕的总要求，建立健全城乡融合发展体制机制，推进农业农村现代化，必将对中国解决"三农"问题和推进农业农村发展产生深远影响。

二是加快形成乡村振兴的战略规划体系（见图8-1）。在实施乡村振兴战略的过程中，重视全局性、阶段性、方向性的战略谋划，持续加强顶层设计至关重要。以习近平同志为核心的党中央推动改革全面发力、多点突破、蹄疾步稳、纵深推进，从夯基垒台、立柱架梁到全面推进、厚积成势，再到系统集成、协调高效，乡村振兴实现历史性变革、系统性重塑、整体性重构。2018年9月，中共中央、国务院印发了《乡村振兴战略规划（2018—2022年)》[④]，细化实化工作重点和政策措

---

　① 资料来源：人民网，网址：http://politics. people. com. cn/n/2013/1225/c1024 - 23937047. html。

　② 资料来源：人民网，网址：http://politics. people. com. cn/n/2015/0719/c70731 - 27325093. html。

　③ 资料来源：中国政府网，网址：http://www. gov. cn/zhuanti/2017 - 10/27/content_ 5234876. htm。

　④ 资料来源：人民网，网址：http://politics. people. com. cn/n1/2018/0926/c1001 - 30315263. html。

施，部署重大工程、重大计划、重大行动，确保乡村振兴战略落实落地。党的十九大以来，相继出台《中共中央　国务院关于实施乡村振兴战略的意见》①、《中共中央　国务院关于全面推进乡村振兴加快农业农村现代化的意见》② 和《中共中央　国务院关于做好 2022 年全面推进乡村振兴重点工作的意见》③ 等中央"一号文件"。2021 年 3 月《中华人民共和国国民经济和社会发展第十四个五年规划和 2035 年远景目标纲要》④ 提出了"脱贫攻坚成果巩固拓展，乡村振兴战略全面推进，全体人民共同富裕迈出坚实步伐"的"十四五"时期经济社会发展主要目标。2019 年以来，中国前瞻性部署推进数字乡村建设，相继发布《数字乡村发展战略纲要》⑤ 和《数字农业农村发展规划（2019—2025年）》⑥ 等专项规划，形成数字乡村建设的政策框架。2022 年 5 月，中共中央办公厅、国务院办公厅印发了《乡村建设行动实施方案》，⑦ 为新时期加强农村重点领域基础设施建设，改善农村公共服务和乡村治理制定了行动路线图。按照党中央和国家推进乡村振兴的部署要求，各部门各司其职、密切配合，制定了一系列指导意见和专项规划，细化落实并指导各地方完成乡村振兴主要目标任务。

三是乡村振兴的地方实践扎实推进。为全面落实乡村振兴战略，各地出台了一系列政策文件主动服务和融入国家战略，因地制宜，不断探索实践，涌现出一批可复制的典型做法，为新时期深入推进乡村振兴实践提供了经验借鉴。比较具有代表性的地方实践包括：山东形成 1 个实

---

① 资料来源：中国政府网，网址：http：//www. moa. gov. cn/ztzl/yhwj2018/zxgz/201802/t20180205_6136444. htm。

② 资料来源：中国政府网，网址：http：//www. gov. cn/zhengce/2021 – 02/21/content_5588098. htm。

③ 资料来源：中国政府网，网址：http：//www. gov. cn/zhengce/2022 – 02/22/content_5675035. htm。

④ 资料来源：中国政府网，网址：http：//www. gov. cn/xinwen/2021 – 03/13/content_5592681. htm。

⑤ 资料来源：中国政府网，网址：http：//www. gov. cn/zhengce/2019 – 05/16/content_5392269. htm?tdsourcetag = s_pctim_aiomsg。

⑥ 资料来源：中国政府网，网址：http：//www. moa. gov. cn/nybgb/2020/202002/202004/t20200414_6341532. htm。

⑦ 资料来源：中国政府网，网址：http：//www. gov. cn/gongbao/content/2022/content_5695035. htm。

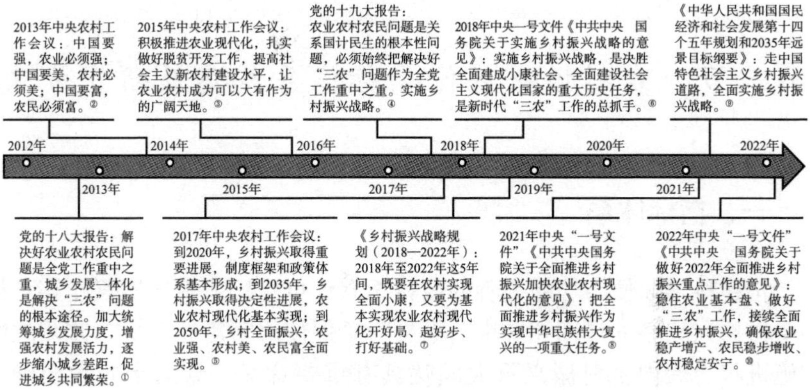

图 8 - 1　中国乡村振兴的战略规划与顶层设计

资料来源：笔者根据公开资料整理绘制。图中资料具体来源：①人民网，网址：http：//cpc. people. com. cn/n/2012/1118/c64094 - 19612151. html。②人民网，网址：http：//politics. people. com. cn/n/2013/1225/c1024 - 23937047. html。③人民网，网址：http：//politics. people. com. cn/n1/2015/1225/c1024 - 27978167. html。④中国政府网，网址：http：//www. gov. cn/zhuanti/2017 - 10/27/content_5234876. htm。⑤中国政府网，网址：http：//www. moa. gov. cn/ztzl/ncgzhy2017/zxdt/201801/t20180103_6133744. htm。⑥中国政府网，网址：http：//www. moa. gov. cn/ztzl/yhwj2018/zxgz/201802/t20180205_6136444. htm。⑦人民网，网址：http：//politics. people. com. cn/n1/2018/0926/c1001 - 30315263. html。⑧中国政府网，网址：http：//www. gov. cn/zhengce/2021 - 02/21/content_5588098. htm。⑨中国政府网，网址：http：//www. gov. cn/xinwen/2021 - 03/13/content_5592681. htm。⑩中国政府网，网址：http：//www. gov. cn/zhengce/2022 - 02/22/content_5675035. htm。

施意见、1 个战略规划、5 个工作方案和系列专项方案的"1 + 1 + 5 + N"政策体系，实施乡村振兴"十百千"示范创建工程，全力打造乡村振兴齐鲁样板。广西通过打造"社会扶贫网 + 消费扶贫网 + 乡村振兴网"三网合一的"扶贫振兴网"，以数字乡村建设促进乡村振兴。海南利用当地气候优势，发展乡村绿色生态产业，建设"全域旅游示范村"，推动生态优势不断向产业优势和经济优势转变，探索出一条产业生态化和生态产业化有机融合的乡村振兴道路。吉林加强黑土地保护工作，扩大推广"梨树模式"，以黑土地保护促进乡村振兴，以乡村振兴提升黑土地可持续利用水平。福建开展人才投身乡村振兴事业激励工程、科技特派员制度深化工程、农村高等专业人才培养工程等项目，培育一批扎根乡村、服务农业、带动农民的农村创新创业带头人，为乡村振兴提供重要的人才保障。陕西柞水县注重培育特色高效农业，发展优势特色农产品，把"小木耳"做成"大产业"，稳农就业、助农增收，带动群众脱贫致富助力乡村产业振兴。

第三节　乡村振兴评价指标体系构建及研究方法

一、指标体系

构建科学简便、功能完善的乡村振兴评价指标体系，不仅能够具体化乡村振兴战略的目标和要求，而且对于促使战略落地生根、监测战略实施进程、展现乡村振兴重大成就具有重要意义。党的十九大明确了"产业兴旺、生态宜居、乡风文明、治理有效、生活富裕"的乡村振兴战略总要求①，为构建乡村振兴评价指标体系明确了方向。本章基于乡村振兴战略"二十字"总要求和《乡村振兴战略规划（2018—2022年)》②，借鉴有关乡村振兴指标体系的研究成果（张雪等，2020；吕承超和崔悦，2021；张旺和白永秀，2022；徐雪和王永瑜，2022），将"乡村振兴综合指数"作为一级指标，将"二十字"总要求作为二级指标，在充分考察数据的可得性、连续性的基础上③，最终选取 28 个三级

---

① 资料来源：中国政府网，网址：http：//www. gov. cn/zhuanti/2017 - 10/27/content_5234876. htm。

② 资料来源：人民网，网址：http：//politics. people. com. cn/n1/2018/0926/c1001 - 30315263. html。

③ 在构建乡村振兴综合评价指标体系时，研究者要面临数据可得性和连续性的挑战。不同于实地调研的一手数据，全国省域尺度的乡村振兴指标体系完全基于统计数据，指标的选取往往面临困难：更多的三级指标会使得指标体系更加全面，但同时也会存在更多的数据缺失情况。例如徐雪和王永瑜（2022）采用"已编制村庄规划的行政村占比"和"已开展村庄整治的行政村占比"作为治理有效下的三级指标，"对生活污水进行处理的行政村占比"和"对生活垃圾进行处理的行政村占比"作为生态宜居下的三级指标，该四项指标的数据仅到 2016 年，2017～2020年数据缺失。吕承超等（2021）采用"对生活污水进行处理的乡占比"作为生态宜居下的三级指标，该指标缺失黑龙江省、海南省和青海省 2012～2016 年连续五年的数据。贾晋等（2018）采用"农产品加工业主营业务收入"作为产业兴旺下的三级指标，但其中烟草制造业缺失青海省 2012～2020 的数据，皮革、毛皮、羽毛及其制品和制鞋业缺失青海 2012～2020 年的数据，木材加工和木、竹、藤、棕、草制品业缺失青海省 2012～2015 年、2018～2020 年的数据，纺织服装、服饰业缺失海南省 2014～2017 年的数据，家具制造业缺失青海省 2012 年、2018～2020 年的数据，故本章采用农副食品加工业，食品制造业，酒、饮料和精制茶制造业，纺织业，造纸和纸制品业，印刷和记录媒介复制业和橡胶和塑料制品业的主营业务收入进行加总代表农产品加工业主营业务收入。本章的时期跨度设定为 2012～2020 年，与其他研究相比时间跨度较长。在指标体系完整的基础上，本章倾向于坚持数据的真实性，因此放弃了部分数据严重缺失的三级指标。数据的监测、收集、整理以及数据平台的建设，将是深入推进乡村振兴的一项重要任务。

指标，建立乡村振兴综合评价指标体系，具体如表8-1所示。

表8-1　　　　　　　　　　乡村振兴综合评价指标体系

一级指标	二级指标	三级指标	指标解释	方向
乡村振兴综合指数	产业兴旺	粮食单产	粮食产量/粮食播种面积	正向
		人均农业机械总动力	农业机械总动力/第一就业人员	正向
		土地产出率	农业总产值/农作物播种面积	正向
		劳动生产率	第一产业增加值/乡村人口	正向
		当年绿色食品获证产品数量	当年绿色食品获证产品数量	正向
		农产品加工业主营业务收入	农产品加工业主营业务收入	正向
	生态宜居	化肥施用强度	化肥施用量/农作物播种面积	负向
		农药使用强度	农药使用量/农作物播种面积	负向
		集中供水的行政村占比	集中供水的行政村占比	正向
		乡绿化覆盖率	乡绿化覆盖率	正向
		设置卫生室的村占行政村的比例	设置卫生室的村/行政村总数	正向
	乡风文明	每万人乡镇文化站个数	乡镇文化站个数/乡村人口	正向
		农村居民教育文化娱乐支出占比	农村居民教育文化娱乐支出/农村总支出	正向
		农村义务教育专任教师本科及以上普及率	专任教师本科及以上学历人数/专任教师总数	正向
		农村电视节目综合人口覆盖率	农村电视节目综合人口覆盖率	正向
		农村广播节目综合人口覆盖率	农村广播节目综合人口覆盖率	正向
	治理有效	居民村委会覆盖率	村民委员会单位数/自然村个数	正向
		村委会成员中本科及以上学历普及率	村委会成员中本科及以上学历/村委会成员	正向
		主任、书记"一肩挑"比例	主任书记一肩挑/村委会主任	正向
		社区服务中心数量	社区服务中心数量	正向

续表

一级指标	二级指标	三级指标	指标解释	方向
乡村振兴综合指数	生活富裕	农村人均可支配收入	农村人均可支配收入	正向
		城乡人均可支配收入比	城市人均可支配收入/农村人均可支配收入	负向
		农村人均消费支出	农村人均消费支出	正向
		城乡居民人均消费支出比	城市人均可支配收入/农村人均可支配收入	负向
		农村恩格尔系数	农村恩格尔系数	负向
		农村居民每百户拥有家用汽车数	农村居民每百户拥有家用汽车数	正向
		农村人均住宅面积	农村人均住宅面积	正向
		农村居民最低生活保障平均标准	农村居民最低生活保障平均标准	正向

资料来源：笔者整理并绘制。

在样本数据的选取上，本章以中国 30 个省份为研究样本，由于西藏自治区缺失数据较多，将其从样本中剔除。此外，本章的研究样本未包含香港特别行政区、澳门特别行政区和台湾地区。相关指标原始数据来源于《中国农村统计年鉴》《中国教育统计年鉴》《中国统计年鉴》《中国民政统计年鉴》《中国城乡建设统计年鉴》《中国社会统计年鉴》和各省份统计年鉴。对于个别年份或地区缺失的数据，本章采用插值法进行填补。

在时期跨度的选择上，党的十九届六中全会通过的《中共中央关于党的百年奋斗重大成就和历史经验的决议》明确指出，"党的十八大以来，中国特色社会主义进入新时代"①。由于本章聚焦新时代中国乡村振兴的实践历程与重大成就，因此选择 2012 年作为样本时期跨度的起始年份。考虑数据的可得性，本章将样本时期跨度设定为 2012～2020 年。此外，党的十九大提出乡村振兴战略，为对比乡村振兴上升为国家战略的前后变化，以观察不同时期中国乡村振兴的表现，本章以党的十九大为节点将整个样本期划分为两个时段，即 2012～2017 年、2017～2020 年。

———————————

① 资料来源：中国政府网，网址：http://www.gov.cn/zhengce/2021－11/16/content_5651269.htm。

二、测度方法

本章采用以下步骤对乡村振兴综合指数和分项指数进行测度：

第一步，采用定基极差法对指标进行标准化处理。按照指标与乡村振兴指数的关系，可以分为正向指标和负向指标两类。正向指标数值越大，表明乡村振兴指数越高；负向指标越大，表明乡村振兴指数越低。定基极差法是指在对各年度数据进行标准化处理时，采取统一基准年（2012 年）的最大值和最小值，如式（8.1）、式（8.2）所示。标准化后基准年（2012 年）的数据在 0 ~ 1 分布，其中最低为 0，最高为 1。其余年份的数据可能低于 0，也可能高于 1。采用上述方法对指标进行标准化处理后，满足数值越高代表乡村振兴指数越高的特点。

$$正向指标\ Z_{ij} = \frac{b_{ij} - \min b_{i2012}}{\max b_{i2012} - \min b_{i2012}} \qquad (8.1)$$

$$负向指标\ Z_{ij} = \frac{\max b_{i2012} - b_{ij}}{\max b_{i2012} - \min b_{i2012}} \qquad (8.2)$$

第二步，采用等权重赋权法确定指标权重。产业兴旺、生态宜居、乡风文明、治理有效和生活富裕 5 个二级指标均为 20% 的权重，同一个二级指标所包含的三级指标具有相同的权重。采取等权重赋权法主要是基于以下三方面的考虑：一是乡村振兴是包含乡村产业振兴、人才振兴、文化振兴、生态振兴和组织振兴在内的全方面振兴。采用等权重赋权法更能突出乡村振兴全面振兴的意义，体现乡村各个领域均衡全面发展的政策内涵。二是在乡村振兴的五个维度中，没有任何理论与政策支持让一个维度比另一个维度更重要①，同等权重也符合需要通过综合战

---

① 在乡村振兴综合评价的指标赋权上，大量学者采取熵权法进行赋权。熵权法是基于信息熵对各指标子系统不确定性（或无序性）的度量进行自动赋权，并进一步计算综合得分的评价方法。熵权法对三级指标进行赋权时，会产生一个问题，即当不同二级指标所包含的三级指标个数相差较大时，二级指标的权重会受三级指标个数的影响。二级指标包含的三级指标数量越多，该二级指标权重有可能越大。本章"生活富裕"二级指标包含 8 个三级指标，而"治理有效"二级指标包含 4 个三级指标，如果采用熵权法进行赋权，"治理有效"二级指标下的三级指标权重分别为 3.44%、3.07%、4.96%、6.21%，"生活富裕"二级指标下的三级指标权重分别为 3.48%、2.50%、3.72%、2.81%、1.66%、9.09%、2.85%、4.98%。将三级指标权重简单加总求和得到二级指标的权重，经过测算，"治理有效"的权重为 17.68%，"生活富裕"的权重为 31.08%，"生活富裕"二级指标的权重远高于"治理有效"二级指标的权重。

略实现所有维度均衡发展的精髓（Xu et al.，2020）。三是采用等权重赋权法不需要频繁调整权重，这与国家政策的长期稳定性相符合，且利于纵向比较研究结果（韩磊和刘长全，2018）。

第三步，采用纵向堆叠数据法实现数据的纵向可比性。将 2012～2020 年的指标数据依次堆叠，构建一个涵盖时间和空间双重维度的面板数据结构。每一个指标均涵盖 270 个数据（30 个省份、9 年），且每一个指标具有统一的极差参照系（2012 年的最大值和最小值）。将指标数据纵向"切割"成 9 份，得到对应年份可进行比较的乡村振兴分项指数与综合指数。本章采用纵向堆叠数据法，实现了数据的纵向可比性，能够更加准确地研究乡村振兴各指数的动态变化过程。

第四节　新时代中国乡村振兴的重大成就

本节利用乡村振兴综合指数和分项指数，从全国、区域和省际三个空间层面展示新时代中国乡村振兴取得的重大成就，在此基础上采用分布动态方法揭示中国乡村振兴的演进趋势。

一、基于全国层面的考察

进入新时代以来，中国的乡村振兴水平实现了明显提高，乡村振兴取得重大进展，特别是党的十九大将乡村振兴上升为国家战略后，乡村振兴综合指数提升速度明显加快，乡村振兴分项指数持续提升。

根据表 8-2，在乡村振兴综合指数的表现上，中国乡村振兴综合指数由 2012 年的 0.4117 上升到 2020 年的 0.6034，增长幅度达到 46.56%，实现了 4.89% 的年均增长。其中，党的十八大到党的十九大这一时期，乡村振兴综合指数年均增长 4.80%；而党的十九大以来，乡村振兴综合指数年均增长率加快，达到 5.05%。在乡村振兴分项指数的表现上，生态宜居和乡风文明指数一直领先，且分别以 2.01% 和 5.18% 的年均增长率持续提高。产业兴旺、治理有效、生活富裕三个分项指数尽管低于生态宜居和乡风文明指数，但增长速度较快，分别实现了 8.20%、4.09% 和 6.05% 的年均增长。对比党的十九大前后表现可以发现，党的十九大以来，乡风文明和生活富裕指数的增速有所放缓，但仍保持持续提升状态，而产业兴旺、治理有效和生态宜居指数的增速则明显加快，特别是产业兴旺和治理有效指数，二者均实现了10%以上的高速增长。

表 8 - 2　　　　　　　　　　中国乡村振兴指数

年份	乡村振兴综合指数	乡村振兴分项指数				
		产业兴旺	生态宜居	乡风文明	治理有效	生活富裕
2012	0.4117	0.0634	0.1216	0.0976	0.0499	0.0792
2013	0.4474	0.0689	0.1241	0.1158	0.0513	0.0874
2014	0.4680	0.0742	0.1248	0.1221	0.0525	0.0944
2015	0.4910	0.0791	0.1271	0.1283	0.0565	0.1000
2016	0.5023	0.0810	0.1282	0.1341	0.0515	0.1075
2017	0.5205	0.0876	0.1296	0.1406	0.0512	0.1115
2018	0.5508	0.0957	0.1342	0.1456	0.0578	0.1175
2019	0.5828	0.1040	0.1391	0.1506	0.0663	0.1228
2020	0.6034	0.1190	0.1426	0.1463	0.0688	0.1267
均值	0.5087	0.0859	0.1301	0.1312	0.0562	0.1052
2012～2017 年均增长率	4.80%	6.71%	1.29%	7.57%	0.49%	7.07%
2017～2020 年均增长率	5.05%	10.75%	3.22%	1.33%	10.39%	4.37%
2012～2020 年均增长率	4.89%	8.20%	2.01%	5.18%	4.09%	6.05%

资料来源：笔者测算并绘制。

　　从乡村振兴综合指数变动的来源看，进入新时代以来，乡村振兴5个分项指数对综合指数变动的贡献由大到小依次是产业兴旺、乡风文明、生活富裕、生态宜居和治理有效。同时，我们也注意到，不同时期乡村振兴综合指数变动的来源存在差异。根据图8-2，2012～2017年，中国乡村振兴综合指数由0.4117增长到0.5205，提高了26.42%。5个分项指数对乡村振兴综合指数变动的贡献从高到低依次是乡风文明、生活富裕、产业兴旺、生态宜居和治理有效，贡献分别为10.44%、7.83%、5.90%、1.96%和0.30%。2017～2020年，乡村振兴综合指数由 0.5205 提高到 0.6034，提高了 15.93%。乡风文明指数对综合指数的贡献与上一阶段相比明显下降，仅为 1.09%，存在较大提升空间。产业兴旺指数对综合指数的贡献最大，达到 6.03%，成为这一时期中国乡村振兴综合指数变动的主要来源，这表明乡村振兴上升为国家战略以来，中国在构建现代农业产业体系、生产体系、经营体系，农村一二三产业深度融合发展方面取得了显著成效。

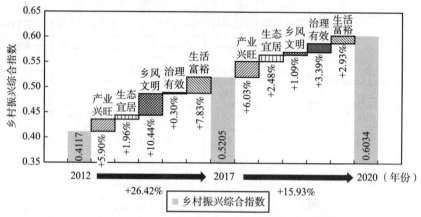

图 8-2　中国乡村振兴综合指数变动的来源贡献

资料来源：笔者测算并绘制。

二、基于区域层面的考察

党的十八大以来，中国四大区域板块①的乡村振兴综合指数均实现了明显提升。根据图 8-3，东部、中部、西部和东北地区的乡村振兴综合指数分别由 2012 年的 0.5083、0.3886、0.3323、0.4270 增长到 2020 年的 0.6814、0.6072、0.5311、0.6012。东部地区在中国乡村振兴空间格局中扮演引领者角色，其乡村振兴综合指数以 3.73% 的年均增长率持续增长。其他三个地区的乡村振兴综合指数对东部地区呈追赶态势，其中，中部地区和东北地区发展水平相近。党的十九大以来，中

---

①　东部地区包括北京、天津、河北、上海、江苏、浙江、福建、山东、广东和海南 10 个省份；中部地区包括山西、安徽、江西、河南、湖北和湖南 6 个省份；西部地区包括内蒙古、广西、重庆、四川、贵州、云南、陕西、甘肃、青海、宁夏和新疆 11 个省份；东北地区包括辽宁、吉林和黑龙江 3 个省份。

部地区的乡村振兴综合指数增速明显加快，年均增长率由 5.14% 上升到 6.75%，在 2020 年中部地区的乡村振兴综合指数实现了对东北地区的反超。在四大区域板块中，西部地区的乡村振兴综合指数表现出"起点低，进步快"的特点，尽管其乡村振兴综合指数最低，但以 6.03% 的年均增长率快速增长，不断缩小与其他三个地区的差距，中国的乡村振兴在空间上呈现趋同趋势。

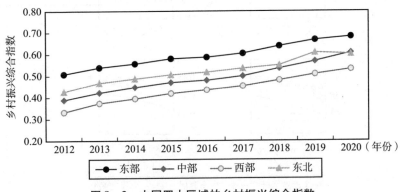

图 8 - 3　中国四大区域的乡村振兴综合指数

资料来源：笔者测算并绘制。

　　在乡村振兴分项指数的表现上，四大区域板块的各分项指数总体上呈上升态势，如图 8 - 4 所示。对东部地区而言，在其五个分项指数中，生活富裕指数最高。东部地区城市化、工业化进程较快，不仅有力促进了经济发展，而且深刻改变了乡村生活水平。治理有效指数波动中上升，尤其党的十九大以来，年均增长率达到 7.41%。对中部地区而言，生态宜居和乡风文明是其乡村振兴的主要优势，应该充分发挥两者对乡村振兴的拉动作用。中部地区的产业兴旺指数以 9.55% 的年均增长高速增长，党的十九大以来，年均增长提高到 14.56%，呈现良好势头。对西部地区而言，生态宜居和乡风文明指数排在其五个分项指数的前两名，分别以 2.04% 和 7.49% 的增长率快速增长，与其余分项指数拉开较大距离。生活富裕、产业兴旺和治理有效指数分别以 8.72%、11.25% 和 3.62% 的增长率进行追赶。对东北地区而言，其拥有广袤的黑土地、丰富的矿产资源、发达的装备制造业，产业兴旺指数以 7.79% 的年均增长率高速增长，为东北地区乡村振兴提供强劲动力，并在 2020

年超过乡风文明指数成为东北地区分项指数之首。东北地区的治理有效指数前期出现下滑，党的十九大以来实现了 14.79% 的年均增长，虽在2020 年略有下降，但总体呈现波动中上升态势。

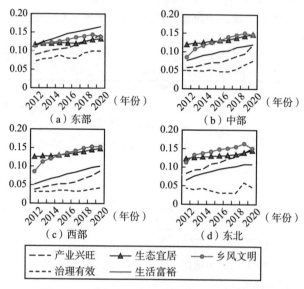

图 8 - 4　中国四大区域的乡村振兴分项指数

资料来源：笔者测算并绘制。

在乡村振兴综合指数变动的来源上，如图 8 - 5 所示，2012 ~ 2017年，东部地区乡村振兴综合指数变动主要来源于生活富裕指数，其对综合指数的贡献达到 6.93%。中部和西部地区乡村振兴综合指数变动的主要来源均为乡风文明指数，贡献分别为 13.95% 和 16.93%。东北地区乡村振兴综合指数变动的主要来源为产业兴旺指数，贡献达到9.20%。2017 ~ 2020 年，四大区域板块乡村振兴综合指数变动的主要来源均为产业兴旺指数，其对东、中、西、东北地区乡村振兴综合指数的贡献分别为 4.74%、7.99%、6.62% 和 5.41%。这充分表明党的十九大以来，产业兴旺引领四大区域板块的乡村振兴进程，为乡村振兴注入强劲动能。同时，我们也应注意到东北地区乡风文明指数的贡献为 - 0.08%，东北地区应深入挖掘农耕文化蕴含的优秀思想观念、人文精神，结合时代要求在保护传承基础上创造性转化、创新性发展，进一步丰富和传承中华优秀传统文化。

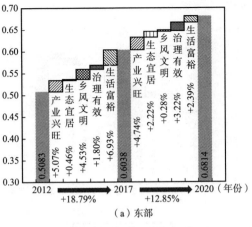

（a）东部

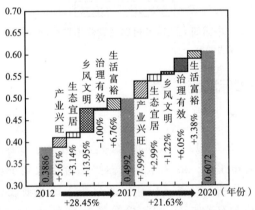

（b）中部

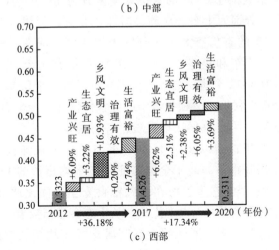

（c）西部

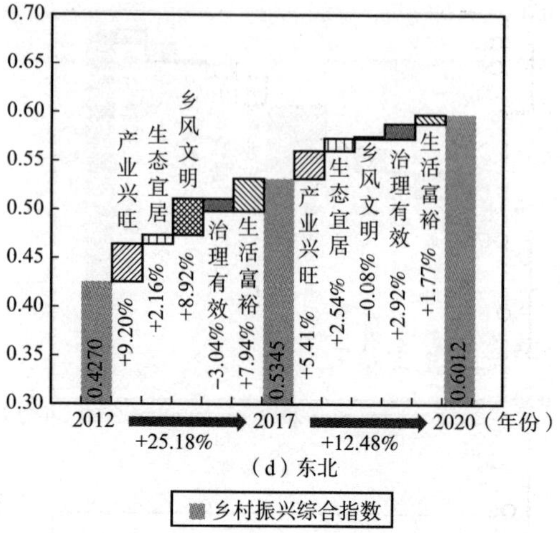

图 8 – 5 中国四大区域乡村振兴综合指数变动的来源贡献

资料来源：笔者测算并绘制。

三、基于省际层面的考察

党的十八大以来，中国各省份的乡村振兴综合指数普遍朝更高水平发展。根据图 8 – 6，2012 年乡村振兴综合指数高于 0.60 的省份只有 2 个，分别为北京和江苏。2017 年乡村振兴综合指数高于 0.60 的省份数量上升为 5 个，分别为江苏、山东、北京、天津和浙江。而在 2020 年乡村振兴综合指数高于 0.60 的省份数量上升为 15 个，其中高于 0.65 的省份有 7 个，分别为山东、江苏、浙江、北京、天津、上海和河北；位于 0.60 ~ 0.65 的省份有 8 个，分别为黑龙江、河南、湖北、湖南、内蒙古、安徽、广东和福建；低于 0.50 的省份有 3 个，分别为云南、广西和贵州；其余 12 个省份的乡村振兴综合指数位于 0.50 ~ 0.60。

进一步分析乡村振兴分项指数中的各省份情况，为全面推进乡村振兴提供科学依据。从产业兴旺指数看，各省份均实现了不同程度的增长，贵州、云南和甘肃以超过 15% 的年均增长率快速提高。具体到 2020 年的产业兴旺指数，高于全国产业兴旺平均指数的 15 个省份中，粮食主产区占 11 个，这些省份在确保粮食安全、优化调整农业结构、构建三产融合发展体系方面表现优异。从生态宜居指数看，各省份平稳提高。党的十九大以来，浙江的生态宜居指数年均增长率最高，达到 13.94%，由 2017 年的 0.0770 增长到 2020 年的 0.1139。且各省份的生态

（省份）

0 0.2 0.4 0.6 0.8　0 0.08 0.16　0 0.05 0.1 0.15　0 0.05 0.1 0.15　0 0.05 0.1 0.15　0 0.08 0.16 0.24

（a）乡村振兴
综合指数　（b）产业
兴旺　（c）生态
宜居　（d）乡风
文明　（e）治理
有效　（f）生活
富裕

○ 2012年　× 2017年　□ 2020年

图8-6　中国省际层面的乡村振兴综合指数及各分项指数

资料来源：笔者测算并绘制。

宜居指数在2020年均超过0.10，主要得益于"两山"论的提出，以及开展农村人居环境整治行动，推进美丽乡村建设。从乡风文明指数看，西部省份大多实现了快速增长，贵州、新疆、云南、青海、内蒙古、广西和宁夏的年均增长率均超过7%，说明在弘扬主旋律和社会正气、改善农民精神风貌、提高乡村社会文明程度、焕发乡村文明新气象等方面取得显著成效。从治理有效指数看，浙江、安徽、福建、重庆和甘肃均以超过10%的年均增长率实现了快速提升。具体到2020年，全国治理有效平均指数为0.0688，低于全国治理有效指数的有18个省份，其中宁夏和广西的治理有效指数低于0.20，还存在较大提升空间，未来需要把夯实基层基础作为固本之策，建立健全党委领导、政府负责、社会协同、公众参与、法治保障的现代乡村社会治理体制。从生活富裕指数看，2020 年全国生活富裕平均指数为 0.1267，高于全国生活富裕指数的省份有 13 个，其中 9 个省份位于东部地区，北京、浙江、天津、上海和江苏排在前 5 名，扮演"领先者"角色。云南、广西、海南、贵州和甘肃位于排名末 5 名，但分别以 11.90%、8.48%、6.66%、21.61% 和 13.67% 的年均增长率快速提高，应继续构建农民增收的长效机制，让农民群众有更多实实在在的获得感、幸福感、安全感。

四、中国乡村振兴的分布动态演进趋势

本节首先基于 2012～2020 年中国乡村振兴综合指数和各分项指数的核密度估计，考察新时代中国乡村振兴的分布形态和演进趋势，在此基础上通过马尔科夫链分析方法，揭示乡村振兴的等级跃迁情况，为掌握新时代乡村振兴的动态演进趋势提供参考。

（一）分布形态及其演变态势

党的十八大以来，乡村振兴综合指数和各分项指数核密度曲线的波峰数量、波峰高度、主峰位移、拖尾情况均向好演变（见图 8-7）。

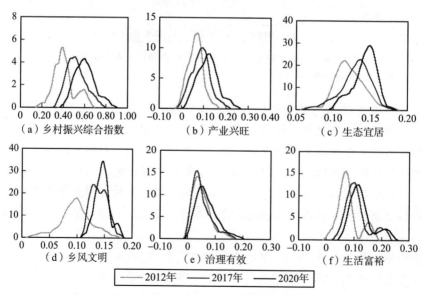

图 8-7　中国乡村振兴指数的分布形态及其演变

资料来源：笔者测算并绘制。

其中，乡村振兴综合指数密度曲线最高点对应的指数位置大致由2012年的0.38右偏移至2020年的0.58，充分证明了党的十八大以来中国乡村振兴水平实现了整体提高。2020年与2012年相比，分布形态由双峰向单峰演变，表明中国乡村振兴水平并未出现极化现象，实现了在协同中提升。产业兴旺指数密度曲线始终保持单峰分布形态，波峰逐步右移，最终保持在0.10~0.16范围内。山东、江苏、黑龙江、浙江等省份的产业兴旺指数处于全国领先地位，推动产业兴旺密度曲线产生右拖尾现象。生态宜居指数密度曲线的左拖尾现象有所改善，意味着某些省份例如广东、湖南、海南的生态宜居水平有了提升。波峰位置偏右且持续提升，到2020年主峰分布在0.13~0.16，生态宜居水平整体呈现良好发展态势。乡风文明指数的密度曲线波峰持续右移，呈现高度上升、宽度缩小态势，说明乡风文明水平实现较大提升，绝对差异存在减小趋势。左拖尾现象明显改善，贵州、海南、云南等省份的乡风文明水平实现较大提升。治理有效指数密度曲线在2017~2020年呈现主峰右移、高度降低态势，但其密度主峰位于0.02~0.09，且移动幅度不大，意味着治理有效指数还存在较大提升潜力。生活富裕指数密度曲线存在双峰特征，2012~2020年其主峰位于0.05~0.14，呈现向右转移、高度降低态势，表明生活富裕水平整体提高。2020年次峰位于0.18~0.21，北京、浙江、天津等省份已成为生活富裕方面的领先者，需注重不同省份生活富裕水平的协同提升。

（二）转移概率及其演进趋势

核密度估计方法可以对中国乡村振兴综合指数和分项指数的分布位置、分布形态、分布延展性等进行分析，有助于把握整体形态，但是不能分析其转移概率大小。马尔科夫链分析方法可以对概率转移及其演变趋势进行研究，因此将两者相互补充，更加深入地反映中国乡村振兴综合指数和分项指数的分布动态及其演变趋势。根据马尔科夫链分析方法，本章依据历年乡村振兴综合指数和各分项指数高低，将其划分为四种状态：25%以内为低水平，26%~50%为中低水平，51%~75%为中高水平，高于75%为高水平。同时，将时间跨度（T）分别设定为1年、3年、5年。

图8-8报告了乡村振兴综合指数的马尔科夫链概率矩阵。短期内

对角线元素转移概率高于非对角线元素转移概率，说明短期内各省份乡村振兴水平持续性较强、流动性较差，不易发生改变。随着时间演进，乡村振兴水平呈现逐步向上转移的趋势。中长期内，对角线元素的转移概率明显下降，低、中低和中高水平对角线元素转移概率小于非对角线元素转移概率，乡村振兴水平不断提高并表现出持续上升趋势。同时，中国乡村振兴高水平的省份保持原有状态的稳定性较强，随着时间跨度的延长，转移概率从0.96上升为1且并未出现反弹，不存在向下转移的趋势，高水平省份的整体稳定性较好，其维持原有水平的能力不断提高，存在集聚现象。

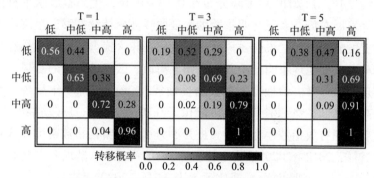

图8-8 中国乡村振兴综合指数的转移概率

资料来源：笔者测算并绘制。

图8-9展示了中国乡村振兴五个分项指数的演变特征。从产业兴旺指数看，随着时间跨度的延长，各省份维持原有水平的概率不断下降，向更高水平转移的概率明显提升，在长期的时间跨度下，中高水平向高水平转移的概率高达0.94，实现跨越式的等级跃迁。从生态宜居来看，中低水平的省份向中高水平转移的概率分别为0.50、0.69和0.66，向上转移的概率超过保持原有水平的概率，具有良好的增长潜力。但需注意在长期的时间跨度内，中低水平地区向低水平地区转移的概率有轻微上升，中低水平地区应坚持遵循乡村发展规律，扎实推进生态宜居的美丽乡村建设。从乡风文明指数看，上三角数据明显高于下三角数据，且在中长期的时间跨度下，上三角非对角线附近的概率显著不为0，表明乡风文明水平将出现向上跨等级跃迁的情况。从治理有效指数看，保持原有状态的概率高于其他概率，但在短期和中期时，中高水

平向中低水平转移的概率分别为 0.06 和 0.21，呈现上升趋势，说明治理有效指数中高水平的省份在中期可能面临较大挑战。从生活富裕指数看，对角元素转移概率值明显变小，向上转移概率明显提升，呈现跨越、持续的改善趋势，且下三角数据均为 0，将出现向上跨等级跃迁的情况。

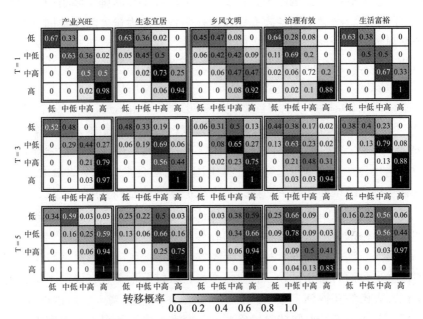

图 8-9　中国乡村振兴分项指数的转移概率

资料来源：笔者测算并绘制。

第五节　乡村振兴的中国经验与时代价值

进入新时代以来，党中央坚持把解决好"三农"问题作为全党工作重中之重，实施乡村振兴战略，走出了一条"产业兴旺、生态宜居、乡风文明、治理有效、生活富裕"乡村全面振兴的中国道路。在梳理乡村振兴的实践历程与重大成就的基础上，总结乡村振兴的中国经验，有助于化解新时代社会主要矛盾、实现共同富裕，同时也为发展中国家解决"三农"问题提供经验借鉴。

一、乡村振兴的中国经验

第一，坚持党的领导，发挥中国特色社会主义制度优势。中国共产党是领导乡村振兴的核心力量，中国特色社会主义制度优势是推动乡村振兴的根本保障。正是由于充分发挥我国社会主义制度能够集中力量办大事的优势，全党全国各族人民以及社会各方面力量才能在中国共产党的坚强领导下，形成乡村振兴的共同意志、共同行动。新时代以来，中国共产党党员队伍的持续发展壮大，为增强乡村基层党组织政治功能和组织力凝聚力奠定了坚实的组织保障。根据最新的中国共产党党内统计公报，截至 2021 年 12 月 31 日，全国 9034 个城市街道、29649 个乡镇、114065 个社区（居委会）、491129 个行政村已建立党组织，覆盖率均超过 99.9%①。乡村振兴取得的重大成就充分证明，中国共产党领导是中国特色社会主义最本质的特征，是中国特色社会主义制度的最大优势。只有坚持党的全面领导不动摇，坚决维护党的核心和党中央权威，充分发挥党的领导政治优势，走中国特色社会主义乡村振兴道路，才能全面推进乡村振兴不断从胜利走向新的胜利。

第二，维护农民根本利益，保障农民主体地位。人民对美好生活的向往就是我们的奋斗目标。农业强不强、农村美不美、农民富不富，关乎亿万农民的获得感、幸福感、安全感。在乡村振兴全面推进进程中，任何一个环节都始终坚持农民受益这一标准，中国的强农惠农富农政策就是要让农民群众得到更多的实惠。农民是乡村振兴的主体，是乡村振兴的受益者，仅靠外部"输血"，乡村振兴的可持续性与农民的真正富裕无法得到充分保障。通过建立"政府主导、群众参与"的乡村振兴长效机制，保障了农民的主体地位，充分尊重广大农民意愿，调动起农民的积极性、主动性、创造性。通过强化农村基层民主，使农民能够享有对农村事务的知情权、参与权、决策权和监督权，让农民群众广泛参与到乡村振兴中。把维护农民群众根本利益、促进农民共同富裕作为乡村振兴工作的出发点和落脚点，把农民对美好生活的向往化为推动乡村振兴的原动力。坚持为了农民、依靠农民，只有农民参与、农民决策的

---

① 资料来源：中国政府网，网址：http：//www.gov.cn/xinwen/2022－06/29/content_5698404.htm。

乡村振兴才是农民的乡村振兴。保障农民主体地位，是乡村振兴的工作导向，也是乡村振兴取得实效的关键。

第三，重塑新型城乡关系，走城乡融合发展的乡村振兴之路。城市和乡村是互相促进、相互支撑的命运共同体。重塑工农互促、城乡互补、全面融合、共同繁荣的新型城乡关系，促进城乡融合发展，是中国推动乡村振兴的基本路径和基本逻辑（何仁伟，2018）。新时代的乡村振兴拥有城乡双重资源的集成，致力于推动城乡融合改革，促进城乡要素双向流动。到2022年，中国已初步建立起城乡融合发展的体制机制，城乡关系逐步朝更加健康、更加协调、更加融合的方向发展，城乡要素自由流动制度性通道基本打通，城市落户限制逐步消除，财政、土地、社保等配套政策加快完善，城乡发展差距和居民生活水平差距显著缩小。根据国家统计局数据，城乡居民人均可支配收入比由2012年的2.88下降到2021年的2.50。通过重塑城乡关系，激发乡村活力，增强城乡发展协调性，促进城乡在社会、经济、生态环境等方面的全面融合，实现城乡多维发展均衡、居民生活品质相当。在城乡融合发展中推动乡村产业、人才、文化、生态、组织在内的全面振兴。

第四，提升农村基础设施水平，扎实推进乡村建设。乡村建设事关农民切身利益、农业现代化和农村长远发展，扎实推进乡村建设有助于全面落实乡村振兴战略（黄季焜，2022）。加强乡村建设是农业农村发展的有力支撑、是缩小城乡差距实现共同富裕的重要举措，也是促进乡村振兴的必要条件。新时代以来，各部门各地区认真贯彻党中央、国务院决策部署，把公共基础设施建设重点放在农村，持续改善农村生产生活条件，乡村面貌发生巨大变化。国家财政用于农村综合改革支出由2012年的987亿元增长到2020年的1822亿元，村庄建设投入由2012年的7420亿元，增长到2020年的11503亿元。坚持"乡村振兴为农民而兴、乡村建设为农民而建"的要求，明确"自下而上、村民自治、农民参与"的实施机制，健全乡村建设实施机制，接续实施农村人居环境整治提升五年行动，稳妥有序推进道路、供水、能源、物流、信息化、综合服务、农房、农村人居环境8个方面基础设施建设，推进数字乡村建设，加强公共服务县域统筹等方面，稳步扎实推进乡村建设，打造宜居宜美丽乡村，助力乡村振兴。

二、新时代中国乡村振兴的时代价值

第一，乡村振兴对于化解新时代社会主要矛盾的实践价值。我国社会主要矛盾是人民日益增长的美好生活需要和不平衡不充分的发展之间的矛盾。乡村振兴是着力解决中国"三农"问题的重大战略，也是解决城乡发展不平衡和农村发展不充分矛盾的重大举措。一方面，随着乡村振兴的持续推进，农村发展活力得以充分激发，农民在物质生活、精神生活的需求得到更好满足。农村焕发新气象，农民收入大幅提升，人居环境明显改善，农村文化活动条件不断优化，党组织领导下的自治、法治、德治相结合的乡村治理体系逐步健全，农民共享发展成果，农民的满足感与幸福感不断增强。另一方面，乡村振兴推进城乡规划一体化，优化重构城乡融合系统，促进城乡基础设施和公共服务等要素实现均衡配置，形成新型乡村社会结构，重塑工农互促、城乡互补、全面融合、共同繁荣的城乡关系，能够有效地解决城乡发展不平衡问题。乡村振兴能够改善农民生活水平和提升农民生活质量，缓解城乡二元结构问题，是化解新时代社会主要矛盾的重要途径。

第二，乡村振兴对于实现共同富裕的时代意义。共同富裕是全体人民共同富裕，是人民群众物质生活和精神生活都富裕，不是少数人的富裕，也不是整齐划一的平均主义。中国共产党领导下的中国人民所追求的共同富裕，是物质文明、政治文明、精神文明、社会文明、生态文明的协调发展，不仅体现在经济收入维度，还体现在城乡基础设施、民生事业、公共服务等方面发展差距的缩小上。促进共同富裕，最艰巨最繁重的任务仍然在农村。新时代全面建设社会主义现代化国家新征程和全面推进乡村振兴伟大实践就是中国共产党领导中国人民扎实迈向共同富裕的伟大进程。乡村振兴在巩固脱贫成果的同时，以更有力的举措、汇聚更强大的力量，拓宽农民致富渠道，提升农民生活水平，促进城乡人才流动，提升农民精神风貌，打造宜居美丽乡村，不断推进农业农村现代化进程，进一步缩小城乡发展差距，使共同富裕取得实质性进展。

第三，中国乡村振兴的世界意义。中国拥有数亿农民，"大国小农"是基本国情，立足自身国情探索出一条中国特色社会主义乡村振兴道路，有利于丰富和发展世界农业现代化理论，同时也为广大发展中家解决"三农"问题提供了中国方案。深化农业供给侧结构性改革，构建现代农业产业体系、生产体系、经营体系，实现农村一二三产业深度融合发展，为发展中国家提供了全新的农业现代化体系。坚持"绿水青山就是金山银山"的生态理念，统筹山水林田湖草沙系统治理，加强农村人居环境整治，为发展中国家提供了全新的人与自然和谐共生关系。以传承发展中华优秀传统文化为核心，培育文明乡风、良好家风、淳朴民风，为发展中国家提供了全新的乡村文化建设路径。加强农村基层基础工作，健全乡村治理体系，打造共建共治共享的现代社会治理格局，为发展中国家提供了全新的乡村善治模式。重塑城乡关系，走城乡融合发展之路，超越了西方城乡对立和城乡割裂的逻辑，为发展中国家提供了全新的城乡融合发展机制。

第六节　结论与展望

267

一、结论

党的十八大以来，党中央把解决"三农"问题作为全党工作重中之重，全面深化农村改革，农业农村发展取得历史性成就、发生历史性变革，乡村振兴取得重大成就。本章深刻阐释实施乡村振兴的重要意义和丰富内涵，系统梳理新时代中国乡村振兴的重大举措和实践历程，从"产业兴旺、生态宜居、乡风文明、治理有效和生活富裕"5个维度构建乡村振兴评价指标体系，采用定基极差法、等权重赋权法和纵向堆叠数据法测度2012～2020年中国30个省份的乡村振兴综合指数和五个分项指数，利用核密度和马尔科夫链量化分析工具动态立体地展示新时代中国乡村振兴发展取得的重大成就。党的十八大以来，中国的乡村振兴取得显著成效，尤其是党的十九大将乡村振兴上升为国家战略以来，乡村振兴综合指数和各分项指数实现大幅提高。在区域层面，四大板块的乡村振兴水平实现全面提高，东部地区在乡村振兴空间格局中扮演引领者角色，其余三个地区对东部地区呈追赶态势，中国的乡村振兴在空间上表现趋同趋势；东部地区的主要优势为生活富裕，中部、西部和东北地区的主要优势均为乡风文明和生态宜居。在省际层面，山东、江苏、浙江、北京、天津、上海和河北发挥了引领示范作用，中国各省份乡村振兴的潜力得到快速释放，各分项指数不断向高水平发展。从核密度分析看，中国乡村振兴综合指数和分项指数的密度曲线均呈现右移趋势，综合指数的分布由双峰向单峰演变，表明各省份的乡村振兴水平实现了在协同中提升。从马尔科夫链结果看，乡村振兴综合指数和各分项指数向高水平转移的概率不断加大，中国乡村振兴正处于向中高水平和高水平阶段稳步发展的进程中。在系统梳理乡村振兴的实践历程与重大成就的基础上，总结出中国在坚持党的领导、保障农民主体地位、城乡融合发展、推进乡村建设等方面积累的乡村振兴中国经验，不仅有助于化解新时代社会主要矛盾、实现共同富裕，而且也为发展中国家解决"三农"问题提供经验借鉴。

二、展望

按照党的十九大提出的决胜全面建成小康社会、分两个阶段实现第二个百年奋斗目标的战略安排，《国家乡村振兴战略规划（2018—2022年）》明确了"到 2035 年，乡村振兴取得决定性进展，农业农村现代化基本实现；到 2050 年，乡村全面振兴，农业强、农村美、农民富全面实现"[①] 的远景谋划。对标乡村振兴目标任务，我们为深入实施乡村振兴战略提供如下对策建议。

第一，抓重点、强优势、补短板，全面系统推进乡村振兴。习近平总书记指出："产业兴旺，是解决农村一切问题的前提。"[②] 因此，要加快发展乡村产业，深化农业供给侧结构性改革，构建现代农业产业体系、生产体系、经营体系，实现农村一二三产业深度融合发展，更好地推动农业全面升级、农村全面进步、农民全面发展。同时，基于乡村振兴分项指数结果，继续发挥乡风文明与生态宜居的优势。挖掘文化潜力，弘扬传统文化，发展旅游产业，以文化引领乡村振兴；牢固树立和

---

① 资料来源：人民网，网址：http://politics.people.com.cn/n1/2018/0926/c1001 –30315263.html。

② 资料来源：中国共产党新闻网，网址：http://theory.people.com.cn/n1/2021/0225/c40531 –32036234.html。

践行绿水青山就是金山银山的理念，建设生活环境整洁优美、生态系统稳定健康、人与自然和谐共生的生态宜居美丽乡村。补齐乡村治理短板，充分释放潜力，建立健全党委领导、政府负责、社会协同、公众参与、法治保障的现代乡村社会治理体制，坚持自治、法治、德治相结合，确保乡村社会和谐有序。乡村振兴的出发点和落脚点，是为了让亿万农民生活得更美好，通过全面推进乡村振兴，不断提高乡村振兴水平，让广大农民在共同富裕的道路上赶上来、不掉队，让亿万农民群众在共建共享发展中有更多获得感。

第二，增强乡村振兴区域协调性，因地制宜推进乡村振兴。我国乡村振兴综合指数呈现上升趋势，但在 2020 年东部地区与西部地区的乡村振兴综合指数相差 0.1503，我国地区间乡村振兴水平与经济发展水平一样存在较大差异。西部地区仍有较大的提升空间，区域发展不平衡问题是未来提高乡村振兴发展水平所面临的挑战。应注重区域协同性，不断缩小乡村振兴的区域差异，实现协调中提升，提升中协调。同时，尊重乡村振兴的区域异质性。不同区域间的乡村振兴不仅存在阶段上的差距，也存在发展能力上的差距，各地区应在乡村振兴战略的指导下，结合各自的自然环境、经济环境和人文环境，明确发展优势。农村情况千差万别，"百里不同风，十里不同俗"，应因地制宜创新基层实践，积极探索符合本地实际的发展路径和方法策略，防止一刀切，注重地域特色，体现乡土风情，激活落后地区的内生动力，实现乡村振兴的全面均衡发展。

第三，加快农业数字化转型，推动数字科技赋能乡村振兴。数字乡村建设是乡村振兴的新阶段、新形态、新引擎、新基座，以数字技术创新为乡村振兴的核心驱动力，通过数字化赋能加速重构乡村经济社会发展模式，最终促进乡村经济社会完成转型升级（曾亿武等，2021）。我国乡村振兴和农业农村现代化发展存在巨大的数字赋能空间，数字技术可以通过自身具备的扩散效应、普惠效应以及信息和知识的溢出效应，促进农业数字化转型，有效赋能农业农村现代化，从而成为实现乡村振兴的有效引擎和持续动力。未来应以物联网、人工智能等新一代数字化基础设施为硬件基础，以数据化知识和信息为关键生产要素，以数字技术创新为核心驱动力，以现代互联网信息平台为重要载体，通过数字技术与乡村振兴深度融合，实现农村地区跨越式发展，全力推动农业农村高效率、高质量发展（张旺和白永秀，2022），促进实现乡村全面振兴。

第四，加强乡村振兴制度供给，以立法的形式推动乡村振兴。乡村振兴离不开制度化、规范化和法制化，2021 年 6 月 1 日起施行的《中华人民共和国乡村振兴促进法》①，是习近平总书记关于"三农"工作重要论述的贯彻落实，也是已有政策体系和改革成果的法律体现。通过立法的手段促进乡村振兴的支持政策法制化和长期化，以立法的形式推动乡村振兴，使乡村振兴获得稳定的制度性保障。要通过法律，调动各类资源要素投入乡村振兴，把各级政府在公共财政投入、城乡要素配置、基础设施建设等方面的支持政策纳入统一规范。促进乡村振兴法律体系、规划体系、工作体系、监督体系之间系统衔接，形成强有力的制度供给，为各地制定乡村振兴法规提出基本要求和指明方向，运用法治思维和法治手段回应并解决乡村发展中面临的新问题。

沧桑成就正道，历史昭示未来。乡村振兴必须坚持党的领导，坚持农民主体地位，笃行致远，砥砺前行。抓住机遇，迎接挑战，发挥优势，顺势而为，努力开创农业农村发展新局面，推动农业全面升级、农村全面进步、农民全面发展，谱写新时代乡村全面振兴新篇章。

参考文献

[1] 陈秋分、黄修杰、王丽娟：《多功能理论视角下的中国乡村振兴与评估》，载《中国农业资源与区划》2018 年第 6 期。

[2] 丁志刚、王杰：《中国乡村治理 70 年：历史演进与逻辑理路》，载《中国农村观察》2019 年第 4 期。

[3] 方创琳：《城乡融合发展机理与演进规律的理论解析》，载《地理学报》2022 年第 4 期。

[4] 韩磊、刘长全：《乡村振兴背景下中国农村发展进程测评及地区比较》，载《农村经济》2018 年第 12 期。

[5] 何仁伟：《城乡融合与乡村振兴：理论探讨、机理阐释与实现路径》，载《地理研究》2018 年第 11 期。

[6] 洪银兴、刘伟、高培勇等：《"习近平新时代中国特色社会主

① 资料来源：中国政府网，网址：http://www.gov.cn/xinwen/2021－04/30/content_5604050.htm。

义经济思想"笔谈》，载《中国社会科学》2018 年第 9 期。

［7］黄季焜：《全面落实乡村振兴战略 需扎实稳妥推进乡村建设》，载《农村工作通讯》2022 年第 5 期。

［8］黄祖辉：《准确把握中国乡村振兴战略》，载《中国农村经济》2018 年第 4 期。

［9］纪志耿、罗倩倩：《习近平关于乡村振兴重要论述的发展脉络与创新性贡献》，载《经济学家》2022 年第 4 期。

［10］贾晋、李雪峰、申云：《乡村振兴战略的指标体系构建与实证分析》，载《财经科学》2018 年第 11 期。

［11］刘彦随：《中国新时代城乡融合与乡村振兴》，载《地理学报》2018 年第 4 期。

［12］吕承超、崔悦：《乡村振兴发展：指标评价体系、地区差距与空间极化》，载《农业经济问题》2021 年第 5 期。

［13］乔陆印、刘彦随：《新时期乡村振兴战略与农村宅基地制度改革》，载《地理研究》2019 年第 3 期。

［14］魏后凯：《中国乡村振兴综合调查研究报告（2021）》，中国社会科学出版社 2022 年版。

［15］徐雪、王永瑜：《中国乡村振兴水平测度、区域差异分解及动态演进》，载《数量经济技术经济研究》2022 年第 5 期。

［16］闫周府、吴方卫：《从二元分割走向融合发展——乡村振兴评价指标体系研究》，载《经济学家》2019 年第 6 期。

［17］曾亿武、宋逸香、林夏珍等：《中国数字乡村建设若干问题刍议》，载《中国农村经济》2021 年第 4 期。

［18］张海鹏、郜亮亮、闫坤：《乡村振兴战略思想的理论渊源、主要创新和实现路径》，载《中国农村经济》2018 年第 11 期。

［19］张军：《乡村价值定位与乡村振兴》，载《中国农村经济》2018 年第 1 期。

［20］张挺、李闽榕、徐艳梅：《乡村振兴评价指标体系构建与实证研究》，载《管理世界》2018 年第 8 期。

［21］张旺、白永秀：《数字经济与乡村振兴耦合的理论构建、实证分析及优化路径》，载《中国软科学》2022 年第 1 期。

［22］张旺、白永秀：《中国乡村振兴水平的区域差异、分布动态

271

演进及空间相关性研究》，载《数量经济技术经济研究》2022 年第 2 期。

［23］张雪、周密、黄利等：《乡村振兴战略实施现状的评价及路径优化——基于辽宁省调研数据》，载《农业经济问题》2020 年第 2 期。

［24］Liu Y., Zang Y., Yang Y., "China's Rural Revitalization and Development: Theory, Technology and Management", *Journal of Geographical Sciences*, Vol. 30, No. 12, 2020, pp. 1923 – 1942.

［25］Xu Z., Chau S. N., Chen X., et al., "Assessing Progress Towards Sustainable Development over Space and Time", *Nature*, Vol. 577, No. 7788, 2020, pp. 74 – 78.

第九章 新时代中国民生发展重大成就的量化分析

——基于中国人类发展指数（CHDI）的考察

本章简介： 本章聚焦党的十八大以来中国的民生发展实践，基于中国人类发展指数（CHDI）对新时代中国民生发展取得的重大成就进行量化分析，从医疗健康、文化教育、收入消费、民生改善、可持续发展五个维度构建中国人类发展指数体系，采用两阶段熵权法进行客观赋权，从全国、区域、省际等多个空间层次对新时代中国民生发展重大成就进行多维立体展示，并从分布动态视角利用核密度估计和马尔科夫链方法揭示新时代中国民生发展的演进趋势。研究发现：进入新时代以来，中国坚持以人民为中心的发展思想，多措并举加快推动民生建设，民生发展水平不断提高。2012~2020年，中国人类发展指数从0.316上升至0.472，累积提高了49.37%，5个分项指数实现稳步提升，四大区域板块和五大国家重大战略区域均实现全面提高，广东、江苏等东部省份发挥重要的引领作用，各个维度均向好演变。实践表明，进入新时代以来中国的民生发展已经成功迈上新台阶。最后，本章为"十四五"时期进一步保障和改善民生，提出了可行对策建议。

第一节 引 言

人民对美好生活的向往就是我们的奋斗目标，充分体现了党的十八大以来以习近平同志为核心的党中央始终坚持以人民为中心的发展思想。"我们的人民热爱生活，期盼有更好的教育、更稳定的工作、更满意的收入、更可靠的社会保障、更高水平的医疗卫生服务、更舒适的居住条件、更优美的环境，期盼孩子们能成长得更好、工作得更好、生活得更好。"① 党的十八届一中全会后的中外记者见面会上，习近平总书记用深情的话语展现了新一届中央领导集体的"民生情怀"。党的十八大以来，在以习近平同志为核心的党中央领导下，中国坚持发展和民生优先的方针，从人民群众最关心、最直接的医疗、教育、户籍、社会保障等问题入手，人民生活全方位改善，民生发展取得了历史性成就。"大国之大，也有大国之重。千头万绪的事，说到底是千家万户的事"②，在 2020 年新年贺词中，习近平总书记心系民生冷暖、情牵万家灯火，强调"民之所忧，我必念之；民之所盼，我必行之"③，再次诠释了中国共产党人不变的价值追求。党的十九届六中全会审议通过了《中共中央关于党的百年奋斗重大成就和历史经验的决议》（以下简称《决议》），《决议》在全面总结党的百年奋斗重大成就和历史经验的基础上，重点总结了新时代党和国家事业取得历史性成就。《决议》的第四部分深入阐释了新时代中国以保障和改善民生为重点的社会建设取得的重大成就。《决议》强调，"人民对美好生活的向往就是我们的奋斗目标，增进民生福祉是我们坚持立党为公、执政为民的本质要求，让老百姓过上好日子是我们一切工作的出发点和落脚点，补齐民生保障短板、解决好人民群众急难愁盼问题是社会建设的紧迫任务。"为了保障和改善民生，党按照坚守底线、突出重点、完善制度、引导预期的思路，在收入分配、就业、教育、社会保障、医疗卫生等方面推出一系列重大举措，注重加强普惠性、基础性、兜底性民生建设，推进基本公共服务均等化。在此背景下，本章聚焦党的十八大以来中国的民生发展实践，并遵循"让事实说话、让数据说话"的原则，构建"中国人类发展指数（China's Human Development Index，CHDI）"，对党的十八大以来中国民生发展取得的辉煌成就进行量化分析，真实、立体展示中国在民生发展领域取得的进步。

民生是一个永恒的主题，也是学界关注的热点问题。特别是党的十八大以来，随着中国对民生发展的重视程度不断提升，学界围绕民生问

---

① 资料来源：中国政府网，网址：http://www.gov.cn/ldhd/2012 – 11/15/content_2266858.htm。

②③ 资料来源：中国政府网，网址：http://www.gov.cn/xinwen/2021 – 12/31/content_5665868.htm。

题开展了大量的研究，为我们直观认识和把握中国民生发展的成就提供了重要参考。科研机构及学者基于不同角度构建评价体系对民生发展水平进行了测度。北京市统计局"民生统计研究"课题组（2010）从就业收入、福利保障、文化教育、健康医疗、居住交通、社会安全和资源环境七个维度构建民生统计指标体系，全面系统地反映了北京市民生建设状况。北京师范大学"中国民生发展报告"课题组（2011）从民生质量、公共服务、社会管理三个维度构建中国民生发展指数，从省域层面对中国民生发展状况进行了测度。国务院发展研究中心"中国民生指数研究"课题组（2015）从主、客观两个方面分别构建民生指数，客观指数从居民生活、公共服务、公共安全、生态文明四个维度反映省域民生发展及改善水平，主观指数反映了居民的生活满意度。李志强（2013）采用层次分析法和熵权法综合赋权，将生态学理论与经济统计学方法融合，从社会、环境、民生、经济四个层面构建民生生态系统评价指标体系。乔榛和田明珠（2018）采用主成分分析法从教育、就业、收入及社会保障四个维度构建民生指数指标体系，对民生发展与经济增长的关系进行实证分析，指出民生发展与经济增长相互影响。还有学者基于民生发展水平的测算，对民生发展差异及影响因素进行探究。王圣云等（2018）利用空间基尼指数、泰尔分解指数等方法对人类福祉发展差距进行测度，地区间人类福祉差距逐渐缩小，加强社会保障、城镇化发展、教育支出有利于缩小区域差距。陈明华等（2020）利用Dagum基尼系数和方差分解方法考察了空间和结构双视角下中国城市民生发展差异，结果表明新时代以来民生发展水平向优，不均衡现象愈加显著。钟业喜和吴思雨（2021）利用泰尔系数、空间自相关及GWR方法，指出中国城市民生发展水平存在空间集聚趋势，2012年以来空间集聚程度减弱，空间异质性有所增加，热点区稳定在长三角、粤港澳及京津冀地区，各地区在国内生产总值、财政支出、固定资产投资和社会消费品零售总额四个方面均存在差异。

改善民生是中国特色社会主义民生建设的重点，大量文献以时间为发展脉络，回顾与总结了中国共产党民生改善的思想发展、历史进程、基本经验，从理论基础、基本经验、现实启示对中国共产党民生发展的指导思想与实践进行深入解读。王道勇（2018）总结了中国民生建设在改革动力、制度改革、现代化治理三个层面的基本经验，认为中国民生建设与经济发展实现良性循环，与国家治理实现良性互动，增量改革与存量改革形成统一。王历荣（2019）认为新中国成立以来，民生建设经历了解放型、温饱型、发展型、和谐型的演变，指出新时代民生建设应立足于无产阶级利益，立足于人民群众利益，解放发展生产力，坚持改革创新。师吉金和李长达（2020）总结了民生改善需正确把握民生问题的内在规律，大力发展经济奠定物质基础，坚持统筹兼顾、公平正义，加强制度与法治建设，指出民生发展应坚持党和政府的主导作用，坚持发展经济与深化改革，坚持推动制度化、法制化建设。一系列保障与改善民生举措的持续推进造就了新时代的民生发展，部分文献从多个方面对中国共产党百年来民生事业取得的重大成就进行了展示。郑功成（2021）认为在以人民为中心的发展思想指导下，中国共产党百年来坚持以民生为重，民生发展取得卓越成就，实现飞跃式发展。范玉仙（2021）认为建党百年来，中国民生建设实现阶跃式发展，从新时代视角下通过总结百年来民生改善实践成果，把握经验及规律。

以上文献对于厘清党的民生发展思想体系、精髓和实践机制，衡量中国民生发展水平具有重要借鉴意义。但梳理总结新时代中国民生发展实践历程的文献相对较少，而专门针对新时代中国民生发展重大成就开展量化分析的文献更为稀少。阐释好、总结好、展示好中国新时代民生发展的实践历程与重大成就是心怀"国之大者"的科研工作者的一项重要任务。本章对新时代以来民生发展的指导思想及战略举措进行梳理，按照"让数据自己说话"的原则，结合新发展理念，构建中国人类发展指数，从空间和指数构成两个层面，展示新时代中国民生发展的重大成就，综合采用描述性统计、核密度估计、马尔科夫链等方法，从医疗健康、文化教育、收入消费、民生改善、可持续发展5个维度，以及全国、区域和省际3个层面，真实立体地展示新时代以来中国民生发展所取得的重大成就，同时，对标新时期民生发展的新要求，从建设高效医疗服务体系、提高居民生活品质、促进可持续发展等方面，就新时期继续推进民生发展工作，继续提高居民生活水平提出建议。

第二节 新时代中国民生发展的实践历程

悠悠万事，民生为大。党的十八大以来，不论是建成世界上规模最大的社会保障体系，还是消除绝对贫困的繁重任务和实现全面建设小康社会的总体目标，抑或是"始终坚持人民至上、生命至上"[①] 的国家防疫工作部署，都集中体现了党的十八大以来以习近平同志为核心的全党领导情系全国民众安危冷暖，始终把保障民生作为重中之重，是当代共产党人坚持以人民为中心的发展思想，坚持以人民对美好生活的向往为奋斗目标的生动写照。

一、新时代中国民生发展的指导思想

党的十八大以来，中国特色社会主义建设步入了新时代，以习近平同志为核心的党中央始终坚持把人民利益放在首位，着力于提高人民生活水平，积极倡导多谋民生之利，多解民生之忧。民生发展的指导思想主要涉及以下几个角度。

（一）确定新时代民生发展的奋斗目标

2012 年 11 月，党的十八大报告中明确提出了全面建成小康社会的目标，把保障和改善民生摆在更加突出的位置，使全民受教育程度和创新型技术人才培养水平都取得明显改善，基本实现教育现代化，推动人口充分就业，缩小收入分配差距，社会保障实现全民覆盖，让每个人都能享受到基本的医疗卫生服务[②]。2013 年 11 月，党的十八届三中全会审议通过《中共中央关于全面深化改革若干重大问题的决定》，指出在社会体制改革中要促进社会公平发展，深化社会体制和收入分配制度改革，促进全民共同富裕，促进基本公共服务均等化，推动建设充满活

---

① 资料来源：人民网，网址：http://politics.people.com.cn/n1/2022/0329/c1001 - 32386317.html。

② 资料来源：共产党员网，网址：https://www.12371.cn/2012/11/17/ARTI1353154601465336.shtml。

力、和谐有序的社会①。2014 年 12 月，习近平总书记在江苏调研时强调："要像抓经济建设一样抓民生保障，像落实发展指标一样落实民生任务，民生工作面广、量大、头绪多，一定要注重稳定性、连续性、累积性，一件事情接着一件事情办，一年接着一年干，一任接着一任做"。② 2017 年 1 月，习近平总书记在世界经济论坛年会开幕式演讲时，指出发展是为了造福人民，发展成果人人共享，提升发展的公平性③。2017 年 10 月，党的十九大报告在"学有所教、劳有所得、病有所医、老有所养、住有所居"基础上增加"幼有所育、弱有所扶"两项内容④。2019 年 10 月，党的十九届四中全会提出坚持和完善统筹城乡民生保障体系，完善国家基本公共服务体系，加强普惠民生建设，促进优质就业，构建服务于全民终身学习的教育体系，提高人民健康水平，满足人民群众的美好生活需求。2020 年 10 月，党的十九届五中全会提出了"十四五"时期经济社会发展的主要目标，使人民的思想道德素质、科学文化素质和身心健康素质显著提高，完善公共文化服务体系和文化产业体系，丰富人民精神文化生活。

（二）明确新时代民生发展的价值取向

2012 年 11 月，习近平总书记在十八届中央政治局常委同中外记者见面讲话时强调"人民对美好生活的向往，就是我们的奋斗目标"⑤，表达了新时代党中央与人民团结一心、同甘共苦的决心。2012 年 12 月，习近平总书记在广东考察工作时强调："在发展经济的基础上不断提高人民生活水平是党和国家一切工作的根本目的。"⑥ 2015 年 10 月，

---

① 资料来源：中国政府网，网址：http://www.gov.cn/jrzg/2013 - 11/15/content_2528179.htm。
② 资料来源：人民网，网址：http://politics.people.com.cn/n/2014/1215/c70731-26205559.html。
③ 资料来源：央广网，网址：http://china.cnr.cn/gdgg/20170118/t20170118_523497379.shtml。
④ 资料来源：中国政府网，网址：http://www.gov.cn/zhuanti/2017 - 10/27/content_5234876.htm。
⑤ 资料来源：中国政府网，网址：http://www.gov.cn/ldhd/2012 - 11/15/content_2266858.htm。
⑥ 资料来源：共产党员网，网址：http://www.12371.cn/special/xjpscgd/。

党的十八届五中全会正式提出了以人民为中心的发展思想①。坚持为人民谋发展，把提高人民生活水平作为发展的根本目的；坚持依靠人民谋发展，倡导人民当家作主，激发各族人民的主人翁意识，让人民成为改革开放的动力；确保发展成果由人民共享，使全体人民在共建共享发展中有更大的利益感。2017 年 10 月，党的十九大报告强调"必须坚持人民主体地位，坚持立党为公、执政为民，践行全心全意为人民服务的根本宗旨，把党的群众路线贯彻到治国理政全部活动之中，把人民对美好生活的向往作为奋斗目标，依靠人民创造历史伟业"。② 2018 年 2 月，习近平总书记在 2018 年春节团拜会上强调国家富强，民族复兴，最终要体现在千千万万个家庭都幸福美满上，体现在亿万人民生活不断改善上，把实现个人梦、家庭梦融入国家梦、民族梦之中③。2019 年 12 月，在中共中央召开的党外人士座谈会上，习近平总书记强调"坚持勤俭节约、反对铺张浪费，持续为基层减负，反对形式主义、官僚主义，把资源真正用到发展经济和改善民生上来。"④ 2020 年 1 月，习近平总书记在中共中央政治局常务委员会会议上讲话，强调疫情就是命令，防控就是责任，把人民群众的生命安全和身体健康放在首要位置⑤。

（三）反思新时代民生发展的现存短板

2016 年 3 月，习近平总书记在参加十二届全国人大四次会议湖南代表团审议时讲话中指出，要一手抓结构性改革，一手抓补齐民生短板，推进城乡社会救助体系建设⑥。2017 年 10 月，党的十九大报告强调，坚持在发展中保障和改善民生，指出民生领域还有不少短板，脱贫

---

① 资料来源：共产党员网，网址：https：//news. 12371. cn/2015/11/03/ARTI1446542 549525771. shtml。

② 资料来源：中国政府网站，网址：http：//www. gov. cn/zhuanti/2017－10/27/content_5234876. htm。

③ 资料来源：中国政府网站，网址：http：//www. gov. cn/xinwen/2018－02/14/content_5266872. htm。

④ 资料来源：党建网，网址：http：//www. dangjian. com/djw2016sy/djw2016wkztl/wkztl 2016xihy/201912/t20191220_5358087. shtml。

⑤ 资料来源：共产党员网，网址：https：//www. 12371. cn/2020/01/25/ARTI157995 4639775345. shtml。

⑥ 资料来源：人民网，网址：http：//finance. people. com. cn/n1/2016/0309/c1004－28 183315. html。

攻坚任务艰巨，城乡区域发展和收入分配差距依然较大，群众在就业、教育、医疗、居住、养老等方面面临不少难题①。2021 年 3 月，习近平总书记在参加十三届全国人大四次会议青海代表团审议时发表讲话，指出着力补齐民生短板，破解民生难题，兜牢民生底线，办好就业、教育、社保、医疗、养老、托幼、住房等民生实事，提高公共服务可及性和均等化水平②。党的十八大以来，随着经济水平的不断提高和社会结构的不断调整，中国逐步建立起覆盖教育、就业、医疗、住房保障、社会保障、文化体育等较为完善的基本公共服务体系，但供给不足和失衡的矛盾依然存在。

（四）推进新时代民生发展的深度改革

党的十八大以来，中国推出多项政策在多个方面进行改革，促进人民生活改善。在教育改革方面，坚定实施科教兴国战略，促进教育公平，推进优质教育资源的公平分配，提高义务教育巩固率，努力办好人民满意的教育，2017 年 10 月，习近平总书记在党的十九大报告中提出"加快一流大学和一流学科建设，实现高等教育内涵式发展"③，注重教育质量与效益的增长。在就业改革方面，推出扶持就业创业的优惠政策，2013 年 5 月，习近平总书记在天津考察时强调，就业是民生之本，搞好职业技能培训④。完善就业服务体系。在医疗健康改革方面，提高城乡居民基本医保补助标准，2020 年 2 月，习近平总书记在中央全面深化改革委员会第十二次会议中指出改革完善疾病预防控制体系，健全公共卫生服务体系，加强公共卫生队伍建设，持续加强全科医生培养、分级诊疗等制度建设，改革完善重大疫情防控救治体系。在居民保障改革方面，统筹推进城乡社会保障体系建设，建成覆盖城乡居民的社会保

---

① 资料来源：中国政府网，网址：http：//www.gov.cn/zhuanti/2017 - 10/27/content_ 5234876.htm。

② 资料来源：共产党员网，网址：https：//www.12371.cn/2021/03/07/ARTI1615121 884418534.shtml。

③ 资料来源：中国政府网，网址：http：//www.gov.cn/zhuanti/2017 - 10/27/content_ 5234876.htm。

④ 资料来源：人民网，网址：http：//paper.people.com.cn/rmrb/html/2022 - 05/24/ nw.D110000renmrb_20220524_2 - 04.htm。

障体系①。2022 年 3 月，习近平总书记在看望参加全国政协十三次会议的农业界社会福利和社会保障界委员时，强调树立大食物观，掌握人民群众食物结构变化趋势，深化社会救助制度改革②。在可持续发展改革方面，强化污染源协同治理，部署污染防治措施，2018 年 5 月，习近平总书记在全国生态环境保护大会上强调"良好生态环境是最普惠的民生福祉"，坚决打赢蓝天保卫战，深入实施水污染防治行动计划，全面落实土壤污染防治行动计划，满足人们日益增长的对美好生态环境的需要③。

（五）总结新时代民生发展的重要成果

2017 年 10 月，党的十八届七中全会指出新时代以来人民生活不断改善，人民获得感显著提升。2020 年 10 月，党的十九届五中全会高度评价决胜全面建成小康社会取得的决定性成就，指出我国人民生活水平显著提高，高等教育进入普及化阶段，城镇新增就业超过 6000 万人，建成世界上规模最大的社会保障体系，基本医疗保险覆盖超过 13 亿人，基本养老保险覆盖近 10 亿人。2021 年 2 月，习近平在全国脱贫攻坚总结表彰大会上讲话，指出党的十八大以来，平均每年 1000 多万人脱贫，贫困人口全面实现"两不愁三保障"，脱贫攻坚的阳光照到每一个角落④。2021 年 7 月 1 日，习近平在庆祝中国共产党成立一百周年大会上庄严宣告："经过全党全国各族人民持续奋斗，我们实现了第一个百年奋斗目标，在中华大地上全面建成了小康社会，历史性地解决了绝对贫困问题，正在意气风发向着全面建成社会主义现代化强国的第二个百年奋斗目标迈进。"⑤

---

① 资料来源：中国政府网，网址：http：//www.gov.cn/xinwen/2020 - 02/14/content_5478896.htm。

② 资料来源：共产党员网，网址：https：//www.12371.cn/2022/03/06/ARTI164657692 3722637.shtml。

③ 资料来源：中华人民共和国生态环境部，网址：https：//www.mee.gov.cn/home/zt-bd/gzhy/qgsthjbhdh/qgdh_tt/201807/t20180713_446605.shtml。

④ 资料来源：中国政府网，网址：http：//www.gov.cn/xinwen/2021 - 02/25/content_5588866.htm#1。

⑤ 资料来源：中国政府网，网址：http：//www.gov.cn/xinwen/2021 - 07/15/content_5625254.htm。

关注民生、重视民生、保障民生、改善民生，是中国一以贯之的价值坚守，是"以人民为中心"思想的体现（见图9-1）。在国家制度和国家治理方面，集中体现为不断保障和改善民生、增进人民福祉，促进人的全面发展，走共同富裕道路，满足人们对美好生活的新需求。在医疗健康上，持续解决"看病难，看病贵"的问题，健全多层次医疗保障制度体系。在文化教育上，追求全民受教育水平的提高，提供丰富的精神食粮，提高人民科学文化素养。在收入消费上，致力于缩小收入差距，把扩大消费同改善人民生活品质结合起来。在民生改善上，坚持完善民生保障制度，健全国家公共服务制度体系。在可持续发展上，提高污染治理能力，提供更多优质绿色产品满足人民日益增长的优美生态环境需要。增进人民福祉、促进人的全面发展是中国共产党一切工作的出发点和落脚点，不仅顺应了人民群众对美好生活的向往，织就了密实的民生保障网，也为党和国家事业兴旺发达、长治久安筑就了力量之基、培厚了信心之源。

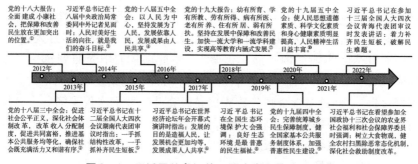

图9-1 习近平总书记关于民生发展的重要论述

资料来源：笔者根据公开资料整理绘制。图中资料具体来源：①共产党员网，网址：https：//www. 12371. cn/2012/11/17/ARTI1353154601465336. shtml。②中国政府网站，网址：http：//www. gov. cn/jrzg/2013－11/15/content_2528179. htm。③中国政府网，网址：http：//www. gov. cn/ldhd/2012－11/15/content_2266858. htm。④共产党员网，网址：https：//news. 12371. cn/2015/11/03/ARTI1446542549525771. shtml。⑤人民网，网址：http：//finance. people. com. cn/n1/2016/0309/c1004－28183315. html。⑥央广网，网址：http：//china. cnr. cn/gdgg/20170118/t20170118_523497379. shtml。⑦中华人民共和国生态环境部网站，网址：https：//www. mee. gov. cn/home/ztbd/gzhy/qgsthjbhdh/qgdh_tt/201807/t20180713_446605. shtml。⑧共产党员网，网址：https：//www. 12371. cn/2019/11/05/ARTI1572948516253457. shtml。⑨共产党员网，网址：https：//www. 12371. cn/2020/10/29/ARTI1603964233795881. shtml。⑩共产党员网，网址：https：//www. 12371. cn/2021/03/07/ARTI1615121884418534. shtml。⑪共产党员网，网址：https：//www. 12371. cn/2022/03/06/ARTI1646576923722637. shtml。

二、新时代中国民生发展的战略举措

党的十八大以来，以习近平同志为核心的党中央始终把保障和改善民生放在突出位置，以人民对美好生活的向往作为奋斗目标，以增进人民福祉为立党为公、执政为民的本质要求，以让老百姓过上好日子作为一切工作的出发点和落脚点，以补齐民生短板、破解民生难题为社会建设的紧迫任务，一件事情接着一件事情办，在医疗健康、文化教育、收入就业、社会保障、可持续发展等方面多措并举，推出一系列卓有成效的重大举措。

加强顶层设计，构建民生发展战略规划体系建设。中共中央、国务院发布《乡村振兴战略规划（2018—2022 年）》对"三农"工作做出决策部署，为补齐农村民生短板，改善农民生活具有重要的指导意义。《中华人民共和国国民经济和社会发展第十四个五年规划和 2035 年远景目标纲要》中将"增进民生福祉，提升共建共治共享水平"作为单独一篇，对国家公共服务制度体系、就业、收入分配、社会保障、妇幼残权益保障、基层社会治理等与人民生活息息相关的领域问题提出具体要求，为"十四五"时期民生发展指明方向。

在医疗健康方面，全面推进健康中国建设，普及健康生活。健全医疗保障体系，完善药品供应体系，中共中央、国务院发布《"健康中国2030"规划纲要》以共建共享为基本路径，以全民健康为根本目的，加强体育强国建设，提高全民身体素质，丰富完善全民健身体系，广泛开展全民健身活动。中共中央办公厅、国务院办公厅发布《关于构建更高水平的全民健身公共服务体系的意见》，营造人人参与体育锻炼的社会氛围，提高全民健身热情。坚持人口与发展共同决策，逐步调整完善优化生育政策，积极应对人口老龄化，中共中央、国务院发布《关于优化生育政策促进人口长期均衡发展的决定》组织实施三孩生育政策，提高优生优育服务水平。疫情就是命令，防控就是责任，面对突如其来的新冠肺炎疫情，以习近平同志为核心的党中央领导全党全国各族人民开展气壮山河的疫情阻击战，中共中央发布《关于加强党的领导、为打赢疫情防控阻击战提供坚强政治保证的通知》为疫情工作做好部署。

在文化教育方面，加快建设教育强国。中共中央、国务院发布《关于深化教育教学改革全面提高义务教育质量的意见》，坚持德智体美劳

"五育"并举，全面发展素质教育，着力培养担当民族复兴大任的时代新人。培养多样化人才，推动职业教育高质量发展。中共中央办公厅、国务院办公厅发布《关于推动现代职业教育高质量发展的意见》，为推动建设高质量现代职业教育，加快构建现代职业教育体系提出要求。中共中央办公厅、国务院办公厅发布《关于进一步减轻义务教育阶段学生作业负担和校外培训负担的意见》，规范校外培训，减轻学生课业负担，实施"双减"政策，提高学校教育教学质量和服务水平。

在收入就业方面，不断深入收入分配制度改革。就业是最大的民生，把稳就业放在突出位置，始终坚持增加城乡居民收入，缩小城乡差距，推动居民收入增长与经济发展同步。国务院发布《"十四五"就业促进规划》为"十四五"时期高质量就业发展指明方向。支持多渠道灵活就业，鼓励劳动者自主创业，国务院办公厅陆续发布《关于支持多渠道灵活就业的意见》《促进残疾人就业三年行动方案（2022—2024年）》等文件，完善就业创业政策并举，增加就业机会，促进残疾人实现高质量就业创业，支持发展新就业形态。

在社会保障方面，坚持把社会保障作为社会发展的稳定器，全面建成覆盖全民、城乡统筹的多层次社会保障体系。全面实施全民参保计划，完善居民基本养老保险制度和城乡居民基本医疗保险制度，国务院先后发布《关于整合城乡居民基本医疗保险制度的意见》《关于健全重特大疾病医疗保险和救助制度的意见》等文件对基本医疗保险工作作出规划。统筹城乡社会救助体系，注重家庭家教家风建设，保障妇女儿童权益，加快发展残疾人事业，提高社会福利水平，目前，中国已建成世界上规模最大的社会保障体系。

在可持续发展方面，生态文明建设是关乎中华民族永续发展的根本大计，必须坚持绿水青山就是金山银山的理念，坚持山水林田湖草沙一体化保护和系统治理，主张像保护眼睛一样保护生态环境，像对待生命一样对待生态环境。党的十八大以来，在共产党领导下，着力打赢污染防治攻坚战，深入实施大气、水、土壤污染防治三大行动计划，打好蓝天、碧水、净土保卫战。中共中央、国务院发布《关于加快推进生态文明建设的意见》引领全社会深入持久推进生态文明建设，国务院发布《全国资源型城市可持续发展规划（2013—2020年）》，提高资源利用率，促进国民经济与生态保护协调可持续发展。

第三节　中国人类发展指数测度与样本数据

当前，中国的主要矛盾已经由生存型民生向发展型民生全面升级，本章以中国 30 个省份为样本研究对象，由于西藏自治区缺失数据较多，因此不包含西藏。对医疗健康、文化教育、收入消费、民生改善、可持续发展五个维度的民生发展水平进行量化分析。研究的时间覆盖范围为2012～2020 年。

一、指标体系构建

构建科学简便，内涵丰富的中国人类发展指数指标体系（见表 9 - 1），对于准确衡量民生发展水平，展示民生发展成就具有重要意义。参考有关民生发展水平指标体系的研究成果（北京师范大学"中国民生发展报告"课题组，2011；陈明华等，2020；钟业喜和吴思雨，2021），剔除重复指标，保留测量稳定性高的指标，将"中国人类发展指数"作为一级指标，将"医疗健康、文化教育、收入消费、民生改善、可持续发展"5 个维度设为二级指标，选取 24 个三级指标，最终构建中国人类发展指数指标体系。

民生发展是一个医疗发展、文化教育、收入消费水平、居民生活改善、可持续发展高度和谐相互促进的发展过程。在医疗健康方面，2016年，健康医疗大数据纳入国家战略布局，其关系到国家战略安全、人民生命安全，能够帮助更好地建立民众医疗保障体系。医疗条件的好坏，医疗水平的高低，养老保险领取人数多少，安全事故的有效控制对于维护人类健康、延长人类寿命是至关重要的。在文化教育方面，接受教育可以使学生修养更高，行为更规范，成为一个有教养的文明人，为学生成才奠定了良好的基础，为提高居民幸福感做出了重大贡献。在收入消费方面，居民收入增长促进居民消费水平提高，居民人均可支配收入决定了居民的基本生活水准和消费水平，更高的收入消费水平能够体现更好的民生发展。在民生改善方面，政策惠民促进居民转移净收入增长，在国家财政支持下，医疗保障体系持续完善，失业率进一步下降，一系列惠民政策给居民生活带来很好的改善，能够更好地提高民生水平。可持续发展水平的提高，能够促进人与自然的和谐发展，使后代具有同样的发展机会。

表 9−1 中国人类发展指数指标体系

一级指标	二级指标	三级指标	单位	指标性质
中国人类发展指数	医疗健康	每万人医疗机构床位数	张	正向
		每万人拥有卫生技术人员数	人	正向
		人均卫生经费支出	元	正向
		安全事故发生数	个	负向
	文化教育	专利授权总量	项	正向
		每十万人口高中阶段平均在校生数	人	正向
		每十万人口高等学校平均在校生数	人	正向
		人均拥有公共图书馆藏量	册/人	正向
		数字电视用户数	万户	正向
	收入消费	居民人均可支配收入	元/人	正向
		社会消费品零售总额	亿元	正向
		农村居民最低生活保障人数	万人	正向
		人均 GDP	元/人	正向
		城乡收入差距	元	负向
	民生改善	城镇单位在岗职工平均工资	元	正向
		地方财政社会保障和就业支出	亿元	正向
		城镇登记失业率	%	负向
		人均城市道路面积	平方米	正向
		人均财政支出	元/人	正向
	可持续发展	城市污水日处理能力	万立方米	正向
		生活垃圾无害化处理率	%	正向
		建成区绿化覆盖率	%	正向
		规模以上工业企业 R&D 经费	万元	正向
		单位 GDP 用水量	吨/元	负向

资料来源：笔者整理绘制。

二、测度方法

本章采用两阶段熵权法进行客观赋权测度中国人类发展指数，利用核密度、马尔科夫链等量化分析方法，对新时代以来中国民生发展水平的重大成就及演进趋势进行量化分析，其中核密度、马尔科夫链等量化分析方法发展已经较为成熟，此处不作过多赘述，具体可参见刘华军等（2021），本章着重对两阶段熵权法进行详细介绍。

测算中国人类发展指数，必须对指标体系的各级指标进行权重赋值。熵权法属于客观赋值法，其权重的分配不依赖指标构建者的主观判断，受主观因素影响较小。一阶段熵权法仅对三级指标进行一次赋权，从而导致下属三级指标较多的二级指标所占权重较大，两阶段熵权法对一阶段熵权法进行改进，对每个三级指标进行一次熵权法，得到二级指标得分，再对二级指标进行第二次熵权法，得到一级指标得分。两阶段熵权法具体操作步骤如下：

构建原始三级指标数据矩阵。有 m 个区域，n 项指标，T 个年份，形成原始三级指标数据矩阵。

$$X = \{ X_{ij}^t \}_{mT \times n} (1 \leqslant i \leqslant m, \ 1 \leqslant j \leqslant n, \ 1 \leqslant t \leqslant T) \quad (9.1)$$

式中，X_{ij}^t 为第 t 年第 i 个区域的第 j 项指标的指标值。

数据无量纲处理。共有 24 个三级指标，其中正向指标 20 个，逆向指标 4 个。为了方便不同单位或量级的指标进行比较和加权，通常采用数据标准化的方法对数据进行无量纲处理，剔除单位限制，将数据转化为纯数值。对于各地区的纵向比较，采用式（9.2）的极差归一法对原数据进行无量纲化处理，能够客观反映各指标在时间上的实际变化。为消除零的影响，同时对数据进行平移。

$$正向指标 \ y_{ij}^t = \frac{x_{ij}^t - \min x_j}{\max x_j - \min x_j} + 1 \quad 负向指标 \ y_{ij}^t = \frac{\max x_j - x_{ij}^t}{\max x_j - \min x_j} + 1$$

$$(9.2)$$

式中，y_{ij}^t 表示第 t 年第 i 个区域的第 j 项指标无量纲值，x_{ij}^t 为第 t 年第 i 个区域的第 j 项指标的指标值。$\min x_j$ 表示第 j 个三级指标在所有年份中的最小值，$\max x_j$ 表示第 j 个三级指标在所有年份中的最大值。

计算指标所占比重。

$$p_{ij}^t = \frac{y_{ij}^t}{\sum\limits_{t=1}^{T} \sum\limits_{i=1}^{m} y_{ij}^t} \qquad (9.3)$$

式中，p_{ij}^t 为第 t 年第 i 个指标值在第 j 项指标下所占比重。

计算熵值。

$$e_j = -k \sum\limits_{t=1}^{T} \sum\limits_{i=1}^{m} p_{ij}^t \ln p_{ij}^t \qquad (9.4)$$

式中，e_j 为第 j 项指标的熵值，$0 \leqslant e_j \leqslant 1$；$k = 1/\ln(mT)$，k 决定于省市数和年份数。

确定权重。

$$w_j = (1 - e_j) / \sum\limits_{j=1}^{n} (1 - e_j) \qquad (9.5)$$

式中，w_j 为第 j 项指标权重，$0 \leqslant w_j \leqslant 1$，$\sum\limits_{j=1}^{n} w_j = 1$。

测算二级指标得分。

$$s_i = \sum\limits_{i=1}^{n} w_j y_{ij}^t \qquad (9.6)$$

式中，s_i 为一级指标综合得分。

测算一级指标得分。得到全部二级指标得分后，重复上述步骤，对所有二级指标进行一次熵权法，确定各二级指标权重，5 个二级指标标准化后的得分与其权重之积得到中国人类发展指数综合得分，以此来客观量化我国民生发展水平。

三、样本数据

《中共中央关于党的百年奋斗重大成就和历史经验的决议》指出，党的十八大以来，中国特色社会主义进入新时代。本章聚焦新时代以来中国民生发展的实践历程与重大成就，因此以 2012~2020 年作为样本考察期，选取具有代表性并能完整反映各省份民生发展状况的指标年度数据，构建中国人类发展指数。相关指标原始数据来源于国家统计局数据库及各省份统计年鉴，其中为消除价格因素的影响，对地区生产总值、卫生经费支出、社会消费品零售总额、城乡收入差距、城镇单位在岗职工平均工资、财政支出、规模以上工业企业 R&D 经费等受物价影响的指标以 2012 年为基期进行平减。

第四节 新时代中国民生发展重大成就的量化分析

伴随民生发展一系列举措的深入推进，居民生活水平不断提高，各项民生指标持续向优发展，本章基于全国、区域、省际等多个空间层次，从医疗健康、文化教育、收入消费、民生改善、可持续发展五个维度对新时代中国民生发展重大成就进行多维立体展示。

一、全国层面的考察

新时代以来，中国民生发展取得显著成效，具体表现为中国人类发展指数不断上升，医疗保障更加完善，文化教育逐渐普及，收入消费水平不断提高，民生改善成效卓著，可持续发展水平显著提升。如图 9-2 所示，中国人类发展指数由 2012 年的 0.316 增长到 2020 年的 0.472，累积增长了 49.37%，年均增长率达 5.15%，表明我国民生发展水平呈现不断优化的态势，充分体现了新时代党和国家对民生发展的重视以及民生发展的成效。在中国人类发展指数各分项指数表现上，自党的十八大以来，医疗健康和民生改善指数一直领先，分别取得了 83.44%、45.03% 的累计增长，实现了 7.87%、4.77% 的年均增长，可持续发展、文化教育及收入消费三项指数尽管低于医疗健康和民生改善指数，但是实现了较大的增长幅度及稳定的增长速度，累计增长率分别达 23.81%、20.94%、9.24%，年均增长率分别达 2.72%、2.38%、1.11%，医疗健康及民生改善指数整体呈现上升趋势且增长率处于高位水平，对中国人类发展指数的提升起到关键作用。究其原因，自 2012 年至今，中国特色社会主义进入新时代，以习近平同志为核心的党中央始终将为中国人民谋幸福、为中华民族谋复兴作为初心和使命，准确把握社会主要矛盾新变化和人民美好生活新需要，以实现全体人民共同富裕为目标，进行"全面小康型"民生建设，使民生建设不断取得新成就。

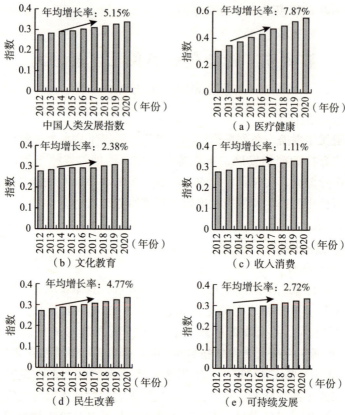

图 9 - 2　中国人类发展指数及各分项指数：2012 ~ 2020 年

资料来源：笔者测算并绘制。

二、区域层面的考察

党的十八大以来，在中国四大区域板块①经济布局的基础上，中国相继实施了京津冀协同发展、长江经济带发展、粤港澳大湾区建设、长三角一体化发展、黄河流域生态保护和高质量发展等一系列国家重大区

———————

① 四大区域板块分别为东部地区、中部地区、西部地区和东北地区。其中，东部地区包括北京、天津、河北、上海、江苏、浙江、福建、山东、广东、海南 10 个省份；中部地区包括山西、安徽、江西、河南、湖北、湖南 6 个省份；西部地区包括内蒙古、广西、重庆、四川、贵州、云南、陕西、甘肃、青海、宁夏、新疆 11 个省份；东北地区包括辽宁、吉林、黑龙江 3 个省份。

域发展战略，形成了区域发展新格局。下面分别从四大区域板块和五大
国家重大战略区域①考察新时代中国能源革命的重大成就。

（一）基于四大区域板块的考察

党的十八大以来，四大区域板块的中国人类发展指数持续攀升，
形成以东部地区为引领，各地区竞相发展的良好态势。根据图9-3，
从总指数看，东部地区充分发挥其发展起点高的优势，中国人类发展
指数由2012年的0.4273增长到2020年的0.6005，累计增长幅度达
40.53%，以4.34%的年均增长率持续增长。中部地区、西部地区、
东北地区的中国人类发展指数累计增长幅度分别达58.93%、
55.09%、57.86%，实现5.96%、5.64%、5.87%的年均增长，表
现出对东部地区强劲的追赶态势。党的十八大以来，党和政府在幼有
所育、学有所教、劳有所得、病有所医、老有所养、住有所居、弱有
所扶多个方面持续用力、久久为功，居民生活水平在多方面得到
改善。

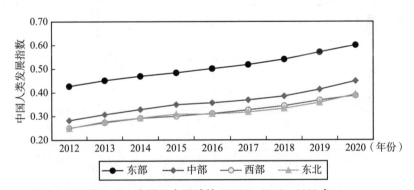

图9-3　中国四大区域的 CHDI：2012～2020 年

资料来源：笔者测算并绘制。

---

①　五大国家重大战略区域分别为京津冀地区、长江经济带、粤港澳大湾区、长三角地区
和黄河流域。其中，京津冀地区包括北京、天津、河北3个省份；长江经济带包括上海、江
苏、浙江、安徽、江西、湖北、湖南、重庆、四川、贵州、云南11个省份；由于样本中不包
含中国香港和中国澳门，因此以广东省代表粤港澳大湾区；长三角地区包括上海、江苏、浙
江、安徽4个省份；黄河流域包括陕西、甘肃、青海、四川、宁夏、内蒙古、山西、河南、山
东9个省份。

在中国人类发展指数的各分项指数表现上，四大区域板块的各分项指数总体呈现增长态势（见图9-4）。党的十八大以来，中国四大区域板块的医疗健康均实现了明显提升。东部、中部、西部和东北地区的医疗健康指数分别由2012年的0.2727、0.2497、0.3441、0.3516上升到2020年的0.4955、0.5129、0.6152、0.6051，实现了7.75%、9.41%、7.53%、7.02%的年均增长，党的十八大以来，中国共产党坚持健全医疗保障体系，提供丰富的医疗资源，医疗健康水平显著提高。东部地区可持续发展指数呈现稳定上升趋势，实现了19.30%的累计增长，东部地区经济发展速度较快，同时注重发展的健康可持续性，居民生活水平实现多方面提高。对中部地区而言，随着时间发展，医疗健康和民生改善成为其民生发展的主要优势，应该充分发挥两者对民生发展水平的拉动作用。西部地区的医疗健康增长率在四大区域板块中居于首位，民生改善以5.81%的年均增长率高速发展，西部大开发战略、区域协调发展战略、"一带一路"倡议等的实施，为西部地区民生水平的提高带来了巨大的发展机遇。东北地区的可持续发展水平起点是最低的，仅为0.19，然而东北地区可持续发展累计增长幅度达54.07%，在四大区域板块中居于首位，不断缩小与其他区域的差距。

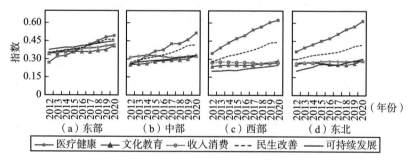

图9-4 四大区域板块CHDI分项指数

资料来源：笔者测算并绘制。

（二）基于五大国家重大战略区域的考察

党的十八大以来，中国五大国家重大战略区域板块的中国人类发展指数均实现了明显的提升（见图9-5）。京津冀地区、长江经济带、粤港澳大湾区、长三角地区、黄河流域的中国人类发展指数分别由2012

年的 0.3705、0.3460、0.6033、0.4527、0.2815 上升到 2020 年的
0.5197、0.5243、0.8298、0.6678、0.4142。粤港澳大湾区保持引领地
位，中国人类发展指数始终保持较高水平，实现了 37.55% 的累计增长
率，年均增长率达 4.07%，呈现稳中有进的良好态势。长三角地区实
现了 47.52% 的累计增长率，年均增长率达 5.33%。长江经济带和京津
冀地区中国人类发展指数相近，保持稳定的增长态势，其中长江经济带
对粤港澳大湾区呈现明显追赶态势，实现了 51.53% 的累计增长率。黄
河流域的中国人类发展指数呈现"起点低，进步快"的特征。

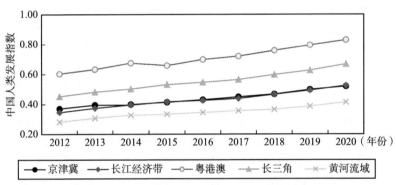

图 9-5 中国五大战略区域的 CHDI（2012~2020 年）
资料来源：笔者测算并绘制。

观察中国人类发展指数的各分项指数，五大国家重大战略区域的民
生发展在多维度呈现上升态势（见图 9-6）。对京津冀地区而言，医疗
健康指数最高，由 2012 年的 0.3813 增长到 2020 年的 0.5887，年均增
长 5.58%，其余各项指数稳定中上升。对长江经济带而言，医疗健康
指数，年均增长 9.76%，对民生发展水平的提高起到了引领作用，文
化教育指数年均增长 3.18%，增长速度领先于其他地区。对粤港澳大
湾区而言，其医疗健康指数呈现"起点低，进步快"的特点，发展速
度在五大区域中居于首位，以 25.88% 的年均增速高速增长，追赶势头
迅猛，逐步缩小与其他地区差距，其可持续发展指数在民生发展中起到
引领作用，追求健康可持续性的发展。对长三角地区而言，其各指数水
平相近，居民生活在各方面都得到较好的发展。对黄河流域而言，医疗
健康及民生改善在民生发展过程中起到引领作用。

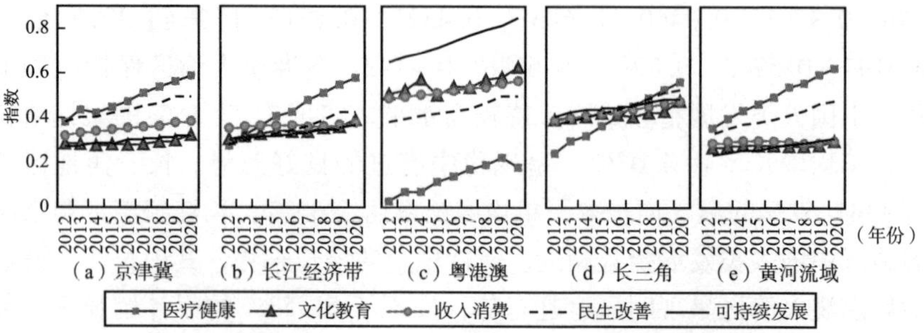

图9-6 五大战略区域 CHDI 分项指数

资料来源：笔者测算并绘制。

三、省际层面的考察

党的十八大以来，中国各省份把保障和改善民生作为重点，均取得了不同程度的进展。本部分基于中国人类发展指数、医疗健康、文化教育、收入消费、民生改善、可持续发展6个维度，从整体和部分两个方面，展示新时代中国民生发展在省际层面取得的重大成就。

新时代以来，30个省份的中国人类发展指数均呈现上升态势。根据图9-7，直观观察2012年、2020年各省份 CHDI 总指数及分项指数演变趋势，发现2012~2020年各省份都在平稳发展中逐渐优化进步。从中国人类发展指数来看，青海省的年均增长率达10.38%，位居第一，青海省在经历了国家实施的西部大开发战略之后，发挥其特色资源优势，城乡居民生活水平持续快速提升。吉林省作为国家重要的老工业基地，年均增长率达8.31%，仅次于青海省。从医疗健康指数来看，青海、北京、上海的居于高位，2020年其医疗健康指数分别达到0.8088、0.7843、0.6660，领先于其他省份，为居民的医疗健康服务创造良好的条件。广东、安徽、浙江、湖南、江苏的医疗健康指数实现快速增长，年均增长率均超过10%，意味着东部和中部省份发展水平持续高速提高。从文化教育指数来看，2020年广东、江苏、浙江文化教育指数以0.6055、0.5653、0.5016处于领先地位，贵州、河南、广西、江西分别以7.74%、7.29%、5.80%、5.32%年均增速持续改善，充分体现了中部及西部省份文化教育水平"起点低、进步快"的特征。从收入消费指数来看，2020年广东、江苏、上海以0.5462、0.5205、0.4844领先

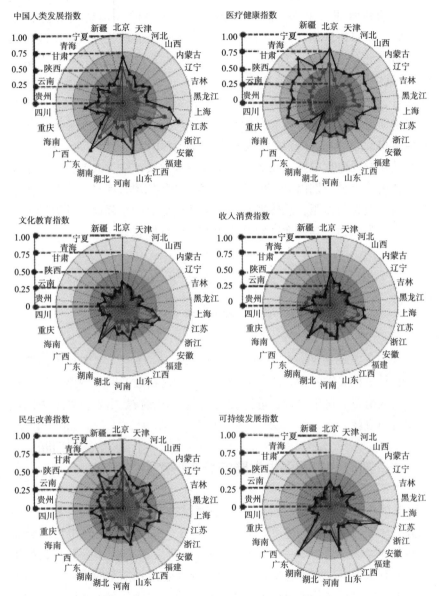

图 9-7　各省 CHDI 总指数及分项指数演变趋势

资料来源：笔者测算并绘制。

于其他省份，得益于粤港澳大湾区及东部地区雄厚的经济基础以及居民较高的消费水平，上海、北京、浙江、重庆的收入消费指数分别以3.40%、3.33%、2.97%、2.93%的年均增速平稳增长。从民生改善指数来看，北京、青海、江苏、上海、内蒙古、江西在2020年均超过0.5，其中青海省在居于领先地位的同时，以6.98%的年均增速持续高速攀升，充分体现了青海省注重居民幸福感的提高，为持续改善居民生活水平而努力。从可持续发展指数来看，广东、江苏、山东遥遥领先于其他省份，2020年可持续发展指数分别为0.8190、0.7556、0.6312，表明其在发展过程中重视经济的可持续健康发展，注重人与自然和谐相处，甘肃、吉林分别以15.90%、12.45%的年均增长率高速攀升，不断缩小与其他省份差距。总体来看，民生发展形成以东部地区及粤港澳大湾区省份为引领，其他地区省份竞相追赶的良好态势。

第五节　新时代中国民生发展的分布形态及其演变态势

基于分布动态学（Distributional dynamics）理论，本节利用核密度估计和马尔科夫链两种方法，从中国人类发展指数及医疗健康、文化教育、收入消费、民生改善、可持续发展5个分项指数出发，展示中国民生发展的成就。

一、新时代中国民生发展的分布形态及其演变

党的十八大以来，中国人类发展指数核密度曲线的分布位置、主峰态势、延展情况均向好演变。观察图9-8，中国人类发展指数的分布形态呈现如下特征：第一，从主峰分布态势看，中国人类发展指数的主峰峰值有所下降，宽度越来越大，呈现显著地向右拓宽的趋势，表明中国民生发展水平在总体上呈现上升态势。第二，从分布延展性看，中国人类发展指数伴随逐年增加的右拖尾，波峰数量增加，分布曲线有所拓宽，主要原因在于江苏省、广东省等部分民生发展较好的省份取得了更好的发展，中国民生发展水平存在"好中更好"的现象。

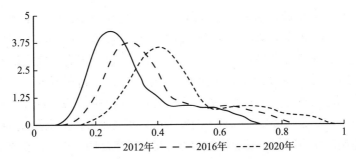

图9－8　中国人类发展指数的演进

资料来源：笔者测算并绘制。

对党的十八大以来的民生发展水平从医疗健康、文化教育、收入消费、民生改善、可持续发展5个维度，分析我国各省份民生发展水平的分布形态及其演变趋势。根据图9－9（a）~图9－9（e），中国民生发展水平在5个维度主要呈现以下特点：第一，从分布位置来看，主峰中心位置均呈现逐渐向右侧移动的趋势，反映了中国民生发展水平在各个方面都是不断改善的，整体呈现上升态势。第二，从分布形态来看，除可持续发展出现双峰趋势，其余维度的分布形态的变化并不明显，始终维持单峰分布，表明各省份的民生发展水平存在集聚现象，两极分化并不明显。医疗健

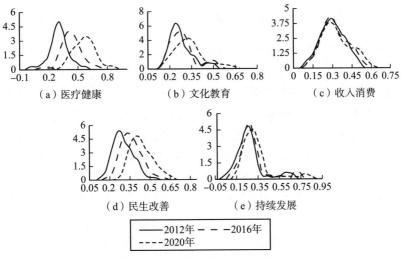

图9－9　CHDI分项指数的演进

资料来源：笔者测算并绘制。

康维度右移趋势最为明显，收入消费的分布变化较小，处于中间水平的省份分布密度的下降以及逐年肥大的右拖尾都反映了中等收入消费的省份对应的比例在逐渐减小。第三，从分布的延展性来看，收入消费维度的拖尾现象并不明显，而医疗健康、民生改善的右拖尾现象，表明存在"优中更优"现象，可持续发展方面随时间推移左拖尾现象减小，表明在初始阶段可持续发展处于低水平的省份得到明显改善，文化教育方面明显的右拖尾现象表明部分发展较好的省份得到了更好的发展，广东省、江苏省、浙江省、山东省、上海市为文化教育发展起到引领示范作用。

二、新时代中国民生发展的转移概率及其演进趋势

马尔科夫链分析方法可以对中国人类发展指数的概率转移及其演变趋势进行研究，与核密度估计相互补充，更加深入地反映中国民生发展水平的分布动态并预测其演变趋势。本章利用传统马尔科夫链分析方法，将马尔科夫链分析的时间跨度分别设定为 1 年、2 年和 3 年，并将全部省份的中国人类发展指数划分为低水平、中低水平、中高水平和高水平共四种类型。对角线上的元素表示状态类型未发生转移的概率，反映各省份状态演变的稳定性，而非对角线上的元素则表示不同状态类型之间发生转移的概率，反映了各省份状态转移的流动性。

（一）总指数的演进趋势分析

根据图 9 - 10，中国人类发展指数的转移概率及其演变趋势主要呈现如下特点：第一，中国人类发展指数对角线元素以下的转移概率基本为 0，这意味着中国各省份整体不存在民生发展水平下降的现象，中国人类发展指数向更高水平转移。第二，中国人类发展指数呈现明显向好的趋势。除高水平省份外，随着时间推移，对角线的概率逐渐减小，对角线上方概率增大，短期内低水平省份继续保持低水平的概率为 69%，上升为中低水平的概率为 31%。而随着时间跨度的延长，低水平平稳转移的概率下降为 33%，上升为中低水平的概率达 42%，部分省份跨级跃迁的概率增长到 25%，可见在长期内低水平的省份的民生能得到很好的发展，迈向更高水平。从中低水平及中高水平看，长期内向更优状态转移的概率分别为 90%、33%。根据上述结果，民生发展水平相对较高的省份在未来一段时期会向更高水平转移。第三，高水平省份维持原有水平的稳定

性较强。不论是短期还是中长期，高水平省份保持原有发展水平的概率均为 100%，不存在后退现象。第四，从整体的演变趋势看，低水平的中国人类发展指数将不再存在，指数会朝着中高水平和高水平转移。

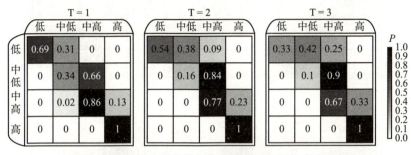

图 9 – 10　中国人类发展指数的转移概率及其动态演变

资料来源：笔者测算并绘制。

（二）分项指数的演进趋势分析

图 9 – 11 展示了五个分项指数的演变特征，长期内医疗健康、文化教育、收入消费、民生改善、可持续发展各个方面将共同向优发展。

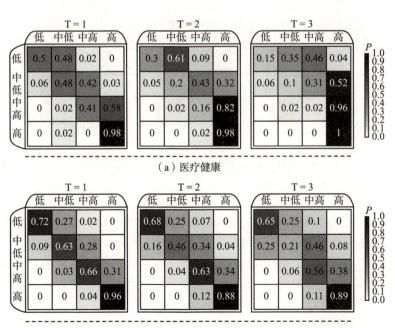

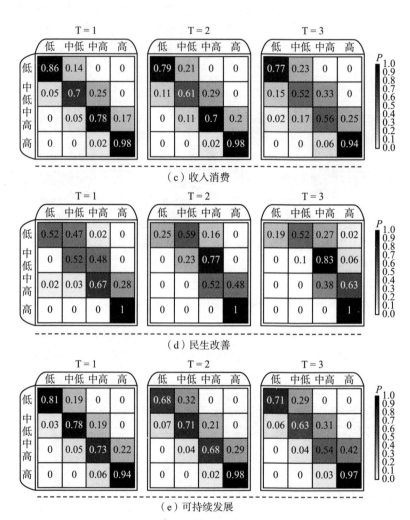

图 9-11　各分项指数的转移概率及其动态演变

资料来源：笔者测算并绘制。

医疗健康水平呈现向高水平发展趋势。短期内处于高水平的区域平稳发展的概率达 98%，时间跨度为 3 年时，不存在水平下降情况，其将维持高水平状态。短期内医疗健康处于低、中低、中高水平的区域维持原水平及向更高水平发展的概率较大，向下转移的概率较小。长期内由低水平向上转移及跨越式转移的概率提高到 50%，中低水平、中高水平向上转移的概率分别为 83%、96%。中国共产党坚持全面建立中国特色基本医疗卫生制度，坚持基本医疗保险实现全民覆盖，持续解决"看病难，看病贵"的问题，建立优质高效的医疗卫生服务体系，在党的领导下，我国医疗健康水平大概率向更高水平发展。

文化教育水平呈现向优发展态势。短期内，对角线转移概率大于非对角线，表明短期内文化教育水平保持平稳状态的可能性较大。随着时间的推移，当时间跨度为 3 年时，文化教育指数水平为低、中低水平的省份平稳转移的概率降至 65%、21%，中高水平的省份平稳转移的概率为 56%，低、中低、中高水平向上转移的概率分别为 35%、54%、38%。表明中国文化教育在各时期平稳发展及向上转移的概率较大，且存在跨越式转移的可能性。

收入消费水平发展出现分化现象。收入消费水平存在明显的"马太效应"，即收入消费水平处于低水平和高水平的省份，发生转移的概率较小，维持自身稳定性的概率依旧较大。其两极分化现象在中低、中高区域较为明显，在三种时间跨度下，中低、中高水平的区域向上及向下转移的概率逐年提升，平稳转移概率逐年下降。在缩小居民收入差距同时，仍需注重提高居民消费水平，以消费拉动经济增长。

民生改善水平呈现快速持续改善趋势。低水平区域表现出强劲的增长态势，短期内就出现跨越式等级跃迁，中低、中高水平区域也呈现出明显的向上转移趋势，向更高水平转移的概率逐年提高，高水平省份将始终保持平稳，不存在后退现象。中国坚持完善民生保障制度，加强普惠性民生建设，满足人民对美好生活的需求，民生改善水平得到不断提高。

可持续发展水平稳中求进。低水平区域及高水平区域稳定性较强，转移概率变化相对较小，在时间跨度为 1 年时，低、中低、中高水平的省份保持平稳转移的概率相对更高，分别为 81%、78%、73%，高水平省份平稳转移概率达 94%，在时间跨度为 3 年时，低，中低、中高水平的省份向上转移的概率分别为 29%，31%，42%，切实加强生态建设，走绿色可持续发展道路，在经济发展中促进绿色转型，促进可持续发展逐步向更高水平演进。

第六节　结论与建议

一、研究结论

党的十八大报告中提出"提高人民物质文化生活水平，是改革开放和社会主义现代化建设的根本目的"，无论是经济建设、政治建设、文化建设、社会建设、生态文明建设"五位一体"的中国特色社会主义总体布局，还是全面建成小康社会、"创新、协调、绿色、开放、共享"的发展理念、实现中华民族伟大复兴的宏伟目标，无一不贯穿着民生这条主线。从联合国公布的用以衡量各个国家与地区的发展水平的人类发展指数中，中国排名从 2012 年的 100 名上升到 2021 年的 85 名。从全国层面看，中国人类发展指数从 0.316 增长至 0.472，累积增长了 49.37%，各分项指数呈不断优化的上升趋势；从区域层面看，四大区域板块的民生发展水平均呈现上升趋势，形成以东部地区为引领，其他地区竞相追赶的良好态势，在五大国家重大战略区域中，粤港澳大湾区民生发展水平居首，黄河流域地区呈现"起点低，进步快"的特征；从分省层面看，各省份在医疗健康及民生改善方面成绩优异，江苏、广东、山东、北京、上海、浙江、四川、河南、湖北、湖南的民生发展水平位居全国前十。从核密度结果看，五个维度的整体分布均呈现逐渐向右侧移动的趋势，反映了中国民生发展水平在各个方面均得到改善，可持续发展、文化教育、民生改善呈现右拖尾现象，且越来越长，表明部分发展水平较高的省份得到强劲提升。从马尔科夫链结果看，随着时间的推移，中国人类发展指数及各分项指数向更高水平转移的概率明显增强，表明我国民生发展水平更大概率向优发展。党的十八大以来，在中国共产党的领导下，中央和地方的民生工作始终坚持以人民为中心，中国民生发展取得了举世瞩目的成就。

二、新时期民生发展的建议

民生稳，社会稳。2022 年是我国踏上全面建设社会主义现代化国家、向第二个百年奋斗目标进军新征程的重要一年，是迈入意气风发的新时代的重要一年，做好民生发展工作意义重大。新的一年，民生发展应深入学习习近平总书记关于民生工作的系列重要论述，瞄准发展不平衡不充分问题和人民群众急难愁盼问题。本章在系统总结中国民生发展实践的重大成就，充分借鉴我国民生发展实践的基本经验的基础上，提出如下建议：

为建设优质高效医疗服务体系，提高人民健康水平出实招见实效。加强医疗学科建设，培养专业人才，强化对医务人员科研知识和能力的培养，加强医疗卫生队伍建设，加强医疗方面科技创新，建设研究创新型医疗机构。建立稳定的财政经费保障机制，加大政府对基层医疗卫生事业的投入，重视基础医疗，推动更多患者就近享有高水平医疗服务。重视与知名医疗机构的沟通合作，建设医疗信息平台，充分利用互联网资源对患者进行远程诊疗。强化公共卫生防疫能力，建立疫情联防联控机制和异常卫生事件监测预警机制。

为推进义务教育及素质教育，夯实居民文化底蕴出实招见实效。习近平总书记对教育的重要作用有过明确的阐释："教育是提高人民综合素质、促进人的全面发展的重要途径，是民族振兴、社会进步的重要基石。"[①] 我国的教育大业必须坚持中国特色社会主义教育发展道路，我国社会主义教育就是要培养德智体美劳全面发展的社会主义建设者和接班人。提供更多公共教育资源，鼓励全民培养读好书的习惯，充分利用公共图书资源。积极开展多种形式的实践活动，鼓励科技创新，支持智力成果保护，做好专利授权工作。

为提高居民收入水平，促进居民消费出实招见实效。消费是人们对美好生活需要的直接体现，促进消费重在提高居民可支配收入，坚持在经济增长的同时促进居民收入实现同步增长。就业是家庭获取收入的主要方式，解决企业招工难，员工就业难的现象，减少信息不对称造成的劳动力富余，逐步提高居民的生活保障水平，拓宽居民劳动收入渠道。推动工业化及城镇化进程，重视对市场秩序的规范。继续健全农产品价格保护制度和农业补贴制度，建立健全基本公共服务体系，逐渐缩小城乡收入差距。

---

① 中共中央文献研究室：《习近平关于社会主义建设论述摘编》，中央文献出版社 2017 年版，第 49 页。

为提高居民生活品质，改善居民生活出实招见实效。加强对提高民生财政支出的管理利用，对居民生活领域进行精准改善，真正落实到居民的生活中，推动生活性服务业的发展，构建更高水平的居民公共服务体系。推进公共产业建设，把稳就业摆在突出位置，降低城镇失业率。做好社会服务兜底保障，加强对困境儿童、残疾人等重点群体的关爱保护。加快新农村建设，提高农村居民物质生活质量，丰富精神生活，对农村居民进行技能培训，促进农民增收，完善包括农村医疗保险及养老保险在内的农村社会保障的发展。

为坚持新发展理念，实现可持续发展出实招见实效。坚持生态优先，节约资源，绿色低碳发展。加强可持续发展方面的科技创新，拓展健康、绿色、创新领域的相互合作，提高污水处理能力，加强垃圾分类处理机制，提高垃圾无害化处理技术水平。提议政府对产生污染的企业建立治理制度，对研发低碳生活产品的企业进行鼓励与扶持。宣传与可持续发展相关的生活习惯，牢固树立健康生活的理念，让绿色发展深入人心，让低碳生活更好地贯穿于居民生活。搞好居民居住社区、公共场所的美化，有效控制日常生活产生的污染。

"民之所忧，我必念之；民之所盼，我必行之。"增进民生福祉是发展的根本目的，党的十八大以来中国在民生发展上取得举世瞩目的重大成就，真真切切地为让老百姓过上好日子而奋斗。以百姓心为心，是民生事业不竭的力量和源泉。在中国共产党领导下，我国民生发展工作应把握人民新需求，顺应群众新期待，满足居民新愿望，深入学习宣传贯彻党的十九届六中全会精神，把以人民为中心贯彻到促进民生发展的各个方面。

参考文献

[1] 北京师范大学"中国民生发展报告"课题组：《中国民生发展指数总体设计框架》，载《改革》2011年第9期。

[2] 陈明华、刘玉鑫、刘文斐、王山：《中国城市民生发展的区域差异测度、来源分解与形成机理》，载《统计研究》2020年第5期。

[3] 陈明华、刘玉鑫、王山、刘文斐：《中国十大城市群民生发展差异来源及驱动因素》，载《数量经济技术经济研究》2020年第1期。

[4] 戴建兵、王磊、黄煜曦：《基于人类发展指数的减贫政策效果

实证分析》，载《统计与决策》2021 年第 13 期。

［5］范玉仙：《建党百年来中国民生事业的阶跃式发展及发生机理研究》，载《经济纵横》2021 年第 5 期。

［6］国务院发展研究中心"中国民生指数研究"课题组、张玉台、吴晓灵、韩俊、叶兴庆、葛延风、金三林：《我国民生发展状况及民生主要诉求研究——"中国民生指数研究"综合报告》，载《管理世界》2015 年第 2 期。

［7］刘呈军、聂富强、任栋：《我国人类发展水平的测度研究——基于新发展理念的 HDI 拓展研究》，载《经济问题探索》2020 年第 3 期。

［8］刘华军、郭立祥、乔列成、石印：《中国物流业效率的时空格局及动态演进》，载《数量经济技术经济研究》2021 年第 5 期。

［9］李志强：《民生发展指标体系构建的赋权方法》，载《统计与决策》2013 年第 3 期。

［10］民生统计研究课题组：《北京市民生统计指标体系建设研究》，载《数据》2010 年第 7 期。

［11］乔榛、田明珠：《民生发展与经济增长：基于民生指数的分析》，载《社会科学研究》2018 年第 3 期。

［12］任栋：《中国各地人类发展指数的编制和研究》，载《贵州省党校学报》2020 年第 2 期。

［13］师吉金、李长达：《新中国成立以来中国共产党改善民生的经验与启示》，载《昆明理工大学学报（社会科学版)》2020 年第 1 期。

［14］王道勇：《改革开放以来我国民生建设的基本经验》，载《中国特色社会主义研究》2018 年第 5 期。

［15］王历荣：《新中国 70 年民生建设的理论基础及经验启示》，载《甘肃社会科学》2019 年第 6 期。

［16］王圣云、罗玉婷、韩亚杰、李晶：《中国人类福祉地区差距演变及其影响因素——基于人类发展指数（HDI）的分析》，载《地理科学进展》2018 年第 8 期。

［17］朱帮助、张梦凡：《绿色发展评价指标体系构建与实证》，载《统计与决策》2019 年第 17 期。

［18］郑功成：《中国共产党百年历程与中国民生发展的不断飞跃》，载《人民论坛·学术前沿》2021 年第 20 期。

［19］钟业喜、吴思雨：《中国城市民生发展水平时空演化特征及其影响因素》，载《南昌大学学报（人文社会科学版)》2021 年第 3 期。

［20］赵志强、叶蜀君：《东中西部地区差距的人类发展指数估计》，载《华东经济管理》2005 年第 12 期。

［21］Francesco, C., Stefano, P., "A Multiattribute Measure of Human Development", *Social Indicators Research*, Vol. 36, No. 2, 1995, pp. 145 – 176.

［22］José, P., "Sustainability and Human Development: A Proposal for a Sustainability Adjusted Human Development Index", *Theoretical and Practical Research in Economic Fields*, Vol. 3, No. 2, 2012, pp. 71 – 98.

［23］Herrerias, M. J., "Weighted Convergence and Regional Growth in China: An Alternative Approach (1952—2008)", *The Annals of Regional Science*, Vol. 49, No. 3, 2012, pp. 685 – 718.

［24］Quah, D., Twin, P., "Growth and Convergence in Models of Distribution Dynamics", *The Economic Journal*, Vol. 106, No. 437, 1996, pp. 1045 – 1055.

［25］Quah, D., "Galton's Fallacy and Tests of the Convergence Hypothesis, Candinavian", *Journal of Economics*, Vol. 95, No. 4, 1993, pp. 427 – 442.